教育部职业教育与成人教育司推荐教材
中等职业学校汽车运用与维修专业教学用书

中等职业院校汽车运用与维修专业技能型紧缺人才培养培训教材

Qiche Cheshen Dianqi ji Fushu Dianqi Shebei Jianxiu

汽车车身电气及附属电气设备检修

（第二版）

韩 飒 主 编

人民交通出版社股份有限公司
China Communications Press Co.,Ltd.

内 容 提 要

本书是教育部职业教育与成人教育司推荐教材，也是中等职业院校汽车运用与维修专业技能型紧缺人才培养培训教材，依据教育部颁布的《中等职业院校汽车运用与维修专业技能紧缺人才培养培训指导方案》以及国家和交通行业职业标准编写而成。

本书内容主要包括：认识汽车车身电气系统、汽车电源系统的检修、汽车车身数据通信系统的检修、汽车照明与信号系统的检修、汽车信息与通信系统的检修、汽车安全系统的检修、汽车辅助电气系统的检修、汽车空调系统的维护与检修，共计8个项目。

本书是中等职业院校汽车运用与维修等专业的教材，亦可供相关专业人员学习参考。

图书在版编目(CIP)数据

汽车车身电气及附属电气设备检修 / 韩飒主编. —2版. —北京：人民交通出版社股份有限公司，2015.10

ISBN 978-7-114-12450-1

Ⅰ.①汽… Ⅱ.①韩… Ⅲ.①汽车—车体—电气设备—维修—中等专业学校—教材 Ⅳ.①U472.41

中国版本图书馆CIP数据核字(2015)第192391号

书　　名：汽车车身电气及附属电气设备检修(第二版)
著 作 者：韩　飒
责任编辑：闫东坡
出版发行：人民交通出版社股份有限公司
地　　址：(100011)北京市朝阳区安定门外外馆斜街3号
网　　址：http://www.ccpress.com.cn
销售电话：(010)59757973
总 经 销：人民交通出版社股份有限公司发行部
经　　销：各地新华书店
印　　刷：北京市密东印刷有限公司
开　　本：787×1092　1/16
印　　张：15.25
字　　数：360千
版　　次：2005年8月　第1版
2015年10月　第2版
印　　次：2015年10月　第1次印刷　累计第8次印刷
书　　号：ISBN 978-7-114-12450-1
定　　价：36.00元

第二版前言

为深入贯彻《国务院关于加快发展现代职业教育的决定》以及教育部等六部委《关于实施职业院校制造业和现代服务业技能型紧缺人才培养培训工程的通知》精神，积极推进课程改革和教材建设，为中等职业教育教学提供更加丰富和多样化的实用教材，适应经济发展、产业升级和技术进步，满足交通运输业科学发展的需要。人民交通出版社股份有限公司组织全国交通职业院校的专业教师，按照“专业设置与产业企业岗位需求对接、课程内容与职业标准对接、教学过程与生产过程对接，明显提升职业院校毕业生就业质量”的要求，依据教育部颁布的《中等职业院校汽车运用与维修专业领域技能型紧缺人才培养培训指导方案》，对教育部职业教育与成人教育司推荐教材进行了再版修订，供全国中等职业院校汽车运用与维修等专业教学使用。

此次再版修订教材符合国家对技能型紧缺人才培养培训工作的需要，体现了中等职业教育的特色，教材特点如下：

1.“以服务发展为宗旨，以促进就业为导向”，加强文化基础教育，强化技术技能培养，符合高素质中、初级汽车专业实用人才培养的需求；

2.总结近几年教学改革经验，教材修订符合中等职业院校学生的认知规律，注重知识的实际应用和对学生职业技能的训练，符合中职院校教学与培训的需要；

3.依据最新国家及行业标准，剔除第一版教材中陈旧过时的内容，教材修订量在20%以上，反映了新知识、新技术、新工艺。

《汽车车身电气及附属电气设备检修》是汽车运用与维修专业课程之一，教材主要内容包括：认识汽车车身电气系统、汽车电源系统的检修、汽车车身数据通信系统的检修、汽车照明与信号系统的检修、汽车信息与通信系统的检修、汽车安全系统的检修、汽车辅助电气系统的检修、汽车空调系统的维护与检修，共计8个项目。四川交通职业技术学院韩飒担任主编，四川交通职业技术学院多位专业教师参加了编写。编写分工为：韩飒编写项目一、项目三和项目七之任务一、二，韩蕾编写项目二和项目五之任务一、二，李华编写项目四，孟金编写项目五之任务三、四、五，任东编写项目六，姜晓红编写项目七之任务三、四和项目八。

限于编者经历和水平，教材内容难以覆盖全国各地中等职业院校的实际情况，希望各学校在选用和推广本系列教材的同时，注重总结教学经验，及时提出修改意见和建议，以便再版修订时改正。

编　者

2015年5月

目　录

项目一　认识汽车车身电气系统

任务一　认识汽车车身电气系统的组成及特点

学习目标

1. 简单叙述车身电气系统的发展过程和发展趋势；
2. 简单叙述车身电气系统的组成；
3. 正确叙述车身电气系统的特点；
4. 能熟练地查阅维修资料，正确描述雪佛兰科鲁兹轿车车身电气系统的组成；
5. 实训过程中自觉保持场地整洁，物品摆放有序。

任务导入

客户来店咨询科鲁兹 1.6L/AT 2013 款轿车配置及其功能，现安排你为客户介绍此车车身电气系统的组成及功能。

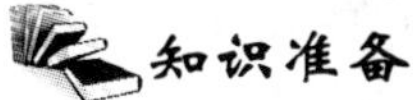

知识准备

一、车身电气设备的发展历程及发展趋势

20 世纪 50 年代以前，汽车的发展以机械设备为主，电气设备在汽车上的应用较少，只有一些必要的电源和用电设备。20 世纪 50 年代以后，伴随电子技术的发展，汽车上开始采用电子设备。随着电子技术与汽车技术的不断深入结合，汽车油耗、排放、安全等方面法规要求的不断提高，促进了汽车电子技术的飞速发展。目前，平均每辆汽车上的电子装备已经占到整车成本的 30% 左右，在一些豪华轿车上，电子产品的成本已经占到整车成本的 50% 以上。

汽车电子技术的发展带来了车身电气设备的巨大进步，出现了各种各样增强汽车安全性、舒适性和方便性的设备，主要包括照明信号灯、组合仪表、报警、中央防盗门锁、安全气囊、电动座椅、电动车窗、电动后视镜、电动刮水器、空调、音响等。

1 车身电气的发展阶段

汽车车身电气的发展与汽车电子技术的发展过程同步，大致可以分为分立电子元件控制、集成电路独立控制、微机综合控制和车载网络控制四个阶段。

(1)分立元件控制阶段。从 20 世纪 50 年代初期至 70 年代中期，汽车电子设备主要采用分立电子元件组成的电子控制器，应用电子装置代替传统的机械部件，并由分立电子元件产品向集成电路产品过渡。车身电气设备的主要产品有电子闪光器、晶体管收音机等。

(2)集成电路独立控制阶段。从 20 世纪 70 年代中期至 80 年代末期，汽车电子设备广泛采用大规模集成电路控制,主要应用在某些机械装置所无法解决的复杂控制功能方面。此阶段出现的车身电气设备主要有防抱死制动系统(ABS)、电子控制门锁、车辆防盗等。

(3)微机综合控制阶段。从20世纪80年代末期至90年代末期,微机技术的发展给汽车电子控制技术带来了一场技术革命。汽车电子设备广泛应用微处理器进行各种功能的综合控制及车辆整体系统的综合控制,此时的控制技术开始向智能化方向发展。出现的车身电气设备主要有防抱死制动与牵引力控制系统、声音合成与识别系统、通信与导航系统、自动防追尾碰撞系统、自动驾驶系统等。

(4)车载网络控制阶段。自2000年以来,汽车已进入网络控制时代。汽车车载局域网LAN(Local Area Network)是指分布在汽车上的电子设备在物理上互相连接,并按照网络协议相互进行通信,以共享硬件、软件和信息等资源为目的电子控制系统。目前常用的车身网络主要有控制器局域网络CAN(Controller Area Network)、局部互联网络LIN(Local Interconnect Network)、多媒体定向系统传输网络MOST(Media Oriented System Transport)等。

2 未来车身电气设备的发展趋势

未来汽车车身电气设备的发展方向仍然是环保、节能、安全和舒适,主要变化如下。

(1)提高汽车供电系统电压。随着汽车车载电器持续增加,同时电子设备用电功率也在不断增加,现有车载供电系统提供的功率可能满足不了实际需求,汽车的供电系统由12V向24V转化,甚至将来可能采用集成起动机—发电机的42V供电系统。汽车供电电压的提高结合车载网络系统,将使线束的体积和质量得以有效地减少,机械式的继电器、熔丝式保护电路将被淘汰,电能的损耗得以降低。

(2)向智能网络化方向发展。随着智能运输系统和汽车车载电气网络化的发展,车身电气设备将向智能化、网络化的方向发展,将广泛使用蜂窝电话与全球定位系统(GPS),以及采用多路总线分布式网络来集成所有汽车部件的电子控制模块,使整个系统具有数据融合、故障诊断和一定的自修复功能。

二、车身电气设备的组成

汽车车身电气设备可分为电源、用电设备和电路及配电装置三部分。

1 电源

电源主要包括蓄电池、发电机。发电机是其主要电源,蓄电池是辅助电源。发电机与蓄电池并联,发动机不工作时,由蓄电池供电;发动机起动后,主要由发电机供电。

2 用电设备

汽车上车身电气用电设备数量较多,大致包括以下几类。

(1)照明系统,包括车内外各种照明灯,用来保证夜间安全行车所必需的灯光,其中以前照灯最为重要。

(2)信号系统,包括灯光信号和声音信号,用来提供车辆安全运行所必需的信号。主要装置为电喇叭及各种信号灯。

(3)信息与通信系统,包括仪表及报警装置、音响装置、导航装置、倒车雷达等,为驾驶员提供车辆运行状况信息及娱乐信息。

(4)安全系统,包括中控门锁、防盗系统、安全气囊等,提高车辆及车内物品的安全性及驾驶的安全性。

(5)附属电气系统,包括电动后视镜、电动车窗、电动刮水器及洗涤装置、电动座椅等。为适应驾驶舒适性的需要,车身附属电气设备的数量和类型还在增加。

(6)空调系统,包括制冷、采暖、通风和空气净化等装置,用于保持车内适宜的温度、湿度和空气清新。

3 电路及配电装置

电路及配电装置包括中央配电盒、电路开关、保护装置、导线束和插接器等,使车身电路构成一个统一的整体。

三、车身电气系统的特点

1 直流

汽车采用直流系统的原因是发动机要靠电力起动机起动,起动机由蓄电池供电,而蓄电池电能消耗后又必须用直流电充电,发电机必须输出直流电,所以汽车电气系统为直流系统。

2 低压

目前汽油车电气系统的额定电压普遍采用12V,低压系统的优点主要是安全性好,对减少蓄电池质量和尺寸有利。

3 单线制

普通电气系统电路必须用两条导线,一条为电源线,另一条为零线,形成闭合回路,使用电设备正常工作。单线制是指从电源到用电设备只用一根导线连接,而用汽车底盘、发动机等金属机体作为另一根共用导线。由于单线制节省导线,线路简化清晰,安装和检修方便,且电器机件也不需要与车体绝缘,所以现代汽车电气系统普遍采用单线制,如图1-1所示。

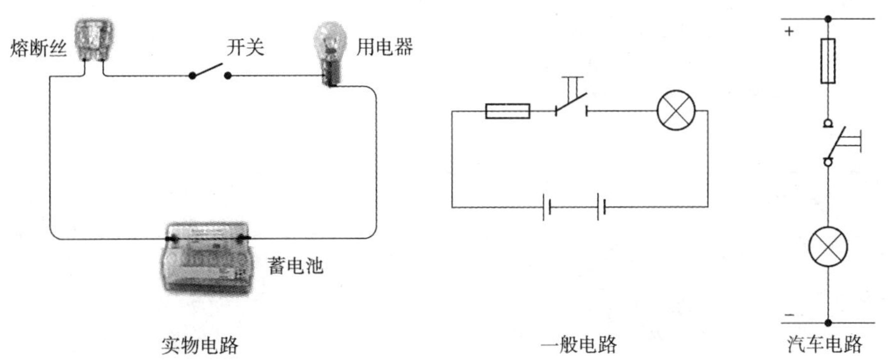

图1-1 汽车电路图

4 负极搭铁

采用单线制时,蓄电池的一个电极接到车体上,俗称“搭铁”。若蓄电池的负极与车体相接,就称负极搭铁;反之为正极搭铁。按照国家标准规定,国产汽车电气系统均采用负极搭铁。

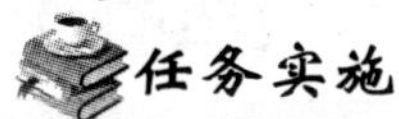

任务实施

查找车身电气系统用电设备

一、作业准备

作业准备见表1-1。

作　业　准　备　　表1-1

序号	项　　目	作业记录
1	汽车停放和三角块放置状况	
2	座椅套、转向盘套、换挡手柄套、脚垫、翼子板护围安装状况	
3	纸质或电子版使用手册情况	

二、填写汽车车身电气设备

利用教学车辆及该车型资料，将雪佛兰科鲁兹1.6L/AT 2013款轿车车身电气系统中用电设备填入表1-2中。

汽车车身电气设备　　表1-2

实　物　图	汽车车身电气设备

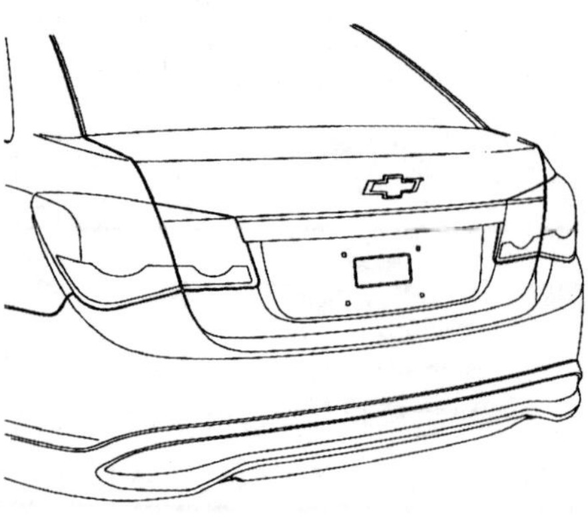	

续上表

实　物　图	汽车车身电气设备
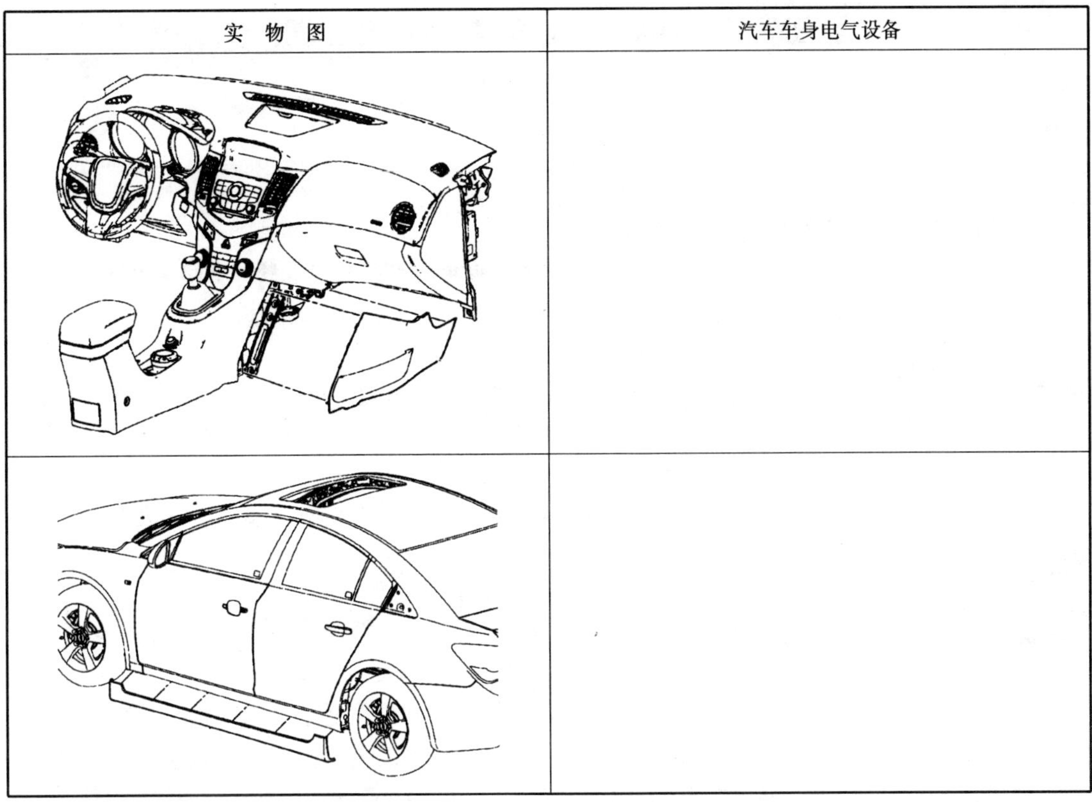	

三、现场恢复

清洁工具设备并归位，拆除防护装置，清洁车辆，将车辆驶出举升机工位。

评价与反馈

对本任务进行评价，见表1-3。

评　分　表　　　　表1-3

考核项目	评分标准	分值	学生自评	小组互评	教师评价	小计
资料检索	熟练地查阅维修资料，能否找到诊断策略	15				
任务方案	是否根据手册提供的诊断策略进行维修	10				
操作过程	工艺步骤是否合理，方法是否正确	30				
设备、工具操作	是否正确	20				
安全生产	是否符合安全操作规程	5				
5S规范	场地是否整洁，物品摆放是否有序	5				
记录表填写	是否按要求填写，记录值是否准确	15				
总　　分		100				

注意：违反操作规程，出现人身伤害或设备严重事故，本任务考核0分。

任务二　阅读汽车车身电气系统电路图

学习目标

1. 简单叙述车身电气系统电路图组成及分类;
2. 正确识读电路图基本元件;
3. 能熟练地查阅维修资料,正确查找科鲁兹轿车车身电气系统各组成装置电路及电路中元件;
4. 实训过程中自觉保持场地整洁,物品摆放有序。

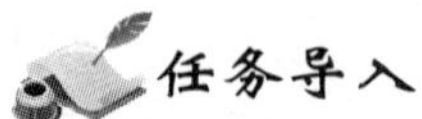

任务导入

客户在使用雪佛兰科鲁兹 1.6L/AT 2013 款轿车过程中,操作灯光组合开关,发现远光灯不亮。客户现将车辆开至雪佛兰服务站,服务顾问已开出工单,要求你们小组排除此故障,请先利用维修手册,查找前照灯的工作电路,进行电路图识读,并在实车上查找相关元件。

知识准备

一、车身电气系统电路图组成及分类

用电设备能够正常地工作,就需要用导线将用电设备和电源连接起来构成闭合的电流回路,这种电流流过的路径称为电路。汽车电路图不仅可以用来表达汽车电气设备工作电路,还可以表示各用电设备、线束等在车上的具体位置。

1 车身电气系统电路图组成

汽车电路图可以用来表达整车电路,也可以用来表达局部电路。整车电路就是汽车用电设备总电路,通常将汽车上各种电气设备按照其各处的工作特点和相互联系,通过各种开关、配电装置用导线把它们合理地连接起来而构成整体电路。局部电路又称某一系统电路或某一部分电路。

车身电气系统电路图通常由若干个局部电路组成,一般按照用电设备进行分类,通常可以分为电源系统、照明系统、信号系统、仪表及报警系统、音响系统、导航系统、倒车雷达系统、中控门锁系统、防盗系统、安全气囊系统、电动后视镜系统、电动车窗系统、电动刮水器及洗涤装置系统、电动座椅系统和空调系统等局部电路。

2 车身电气系统电路图分类

世界上各汽车制造厂家在电路图的绘制上没有统一的规定,风格各异,但根据汽车电路图的特点,可以把汽车电路图分为汽车电气布线图、汽车电路原理图、汽车线束图和汽车电气设备定位图。车身电气系统常用的电路图为电路原理图、线束图和电气设备定位图。

1)电路原理图

电路原理图是用简明的图形符号,根据汽车各系统的工作原理和电气设备的连接关系绘制而成。电路原理图简洁清晰,电气设备间的连接控制关系十分清楚,对于维修人员了解电气设备的工作原理和分析排除电气系统的故障十分方便。

电路原理图多由汽车制造厂家提供,各汽车制造公司由于国家法规、传统习惯的差异,电

路图在具体表达上有很大差异，但也存在着很多相似处（以图1-2所示的科鲁兹轿车前雾灯电路原理图为例说明）：①导线旁都标注有颜色代码和规格，在有的车型上还标有线路代码，例如上海通用车系；②各元件旁边都标有设备名称和代码，通过该代码可以查找控制部件安装位置；③开关、继电器等控制器都处于断开状态，用电设备都处于停止工作状态；④电路图中的电源线常画在图的上方，例如一汽大众车系、上海通用车系，也有的画在图的左边，例如一汽丰田车系。在阅读汽车电路图时，可以充分利用不同车系电路图中的相似处来提高读图效率。

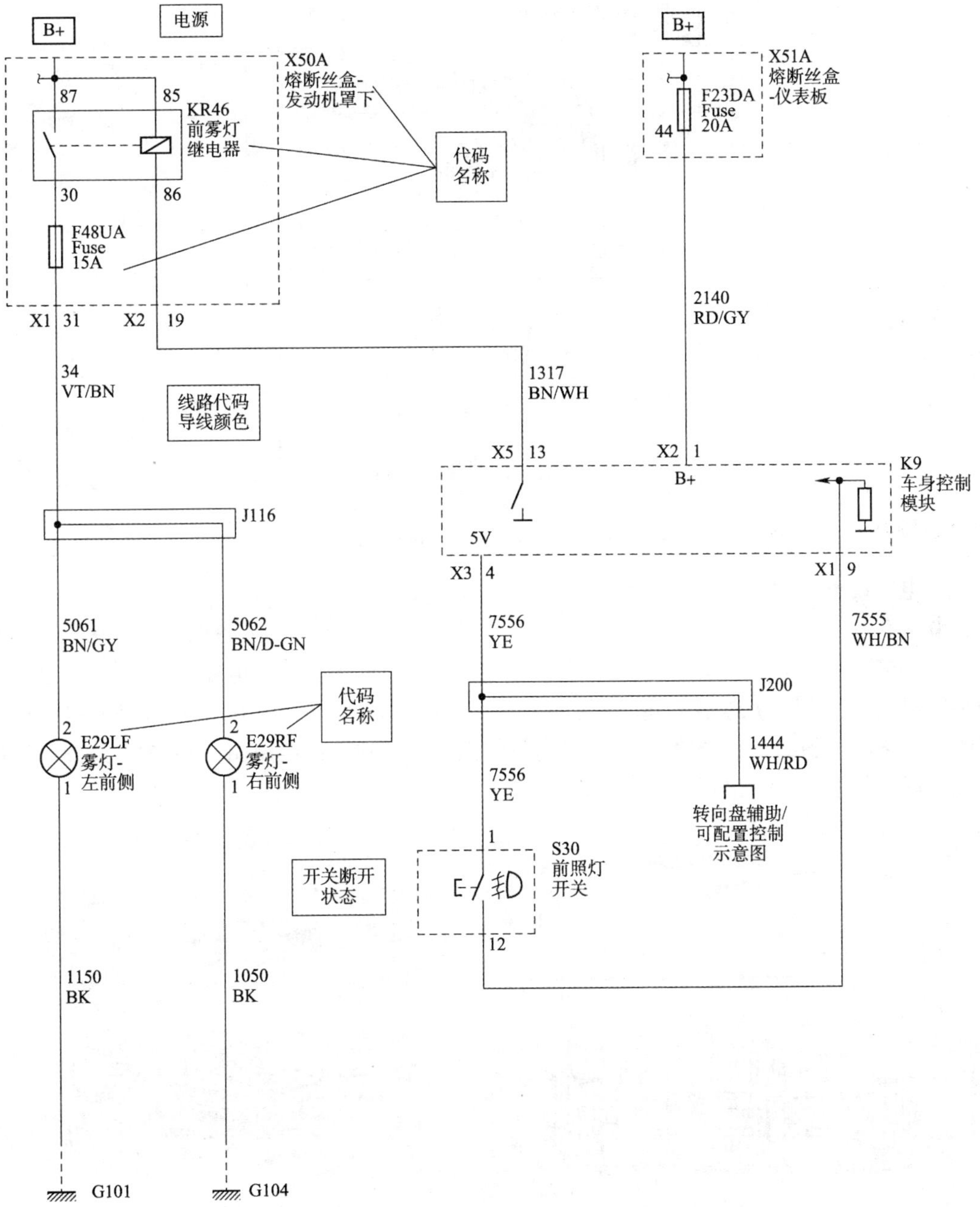

图1-2　科鲁兹轿车前雾灯电路原理图

2)线束图

所谓线束就是将汽车上走向相同的各类导线包扎在一起,构成像电缆一样的一束线。根据线束在汽车上的位置不同,可以把线束图分为底盘线束图、车身线束图(图1-3)和辅助线束图。辅助线束多用于辅助电器和车身线束、底盘线束间的连接,例如车顶线束、电动车窗线束、ABS线束等。

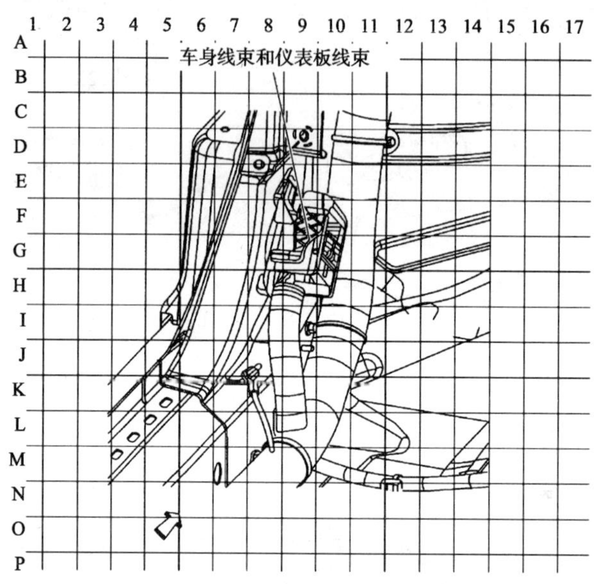

图1-3 科鲁兹轿车车身线束和仪表板线束

3)电气设备定位图

电气设备定位图一般采用立体图或实物照片的方式来标示汽车上各电气设备在车上的具体位置。按照汽车上电气设备的不同,汽车电气设备定位图可以分为电控单元定位图、过载保护装置定位图(图1-4)、搭铁点定位图(图1-5)、用电器定位图(图1-6)、诊断插座定位图等。在阅读电路原理图的时候,参照电气设备定位图能更容易地读懂电路图,并能把电路图与实物快速地联系起来,排除汽车电路的故障。

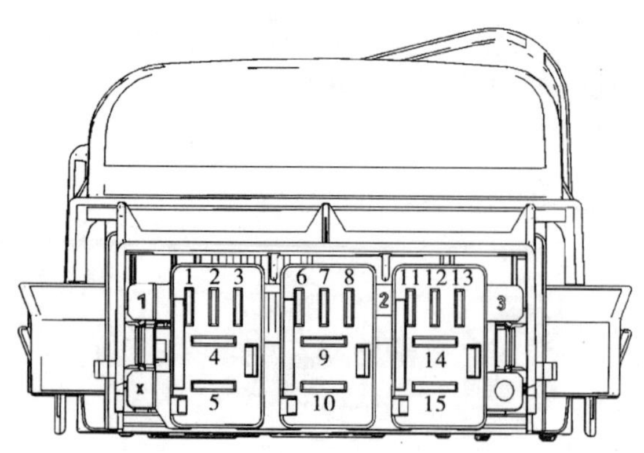

图1-4 仪表板熔断丝盒继电器安装位置图

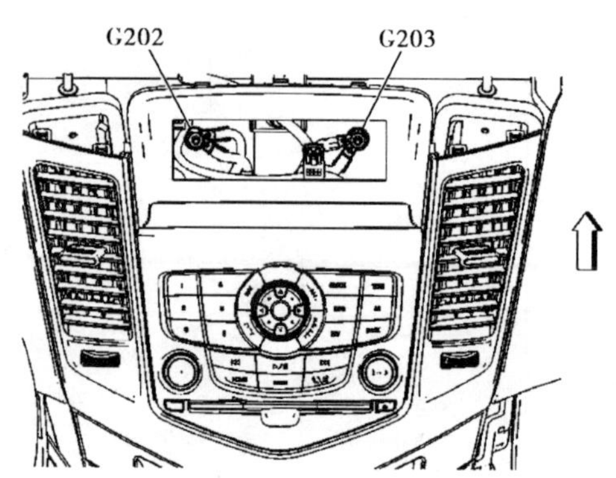

图1-5 仪表板中控台搭铁点

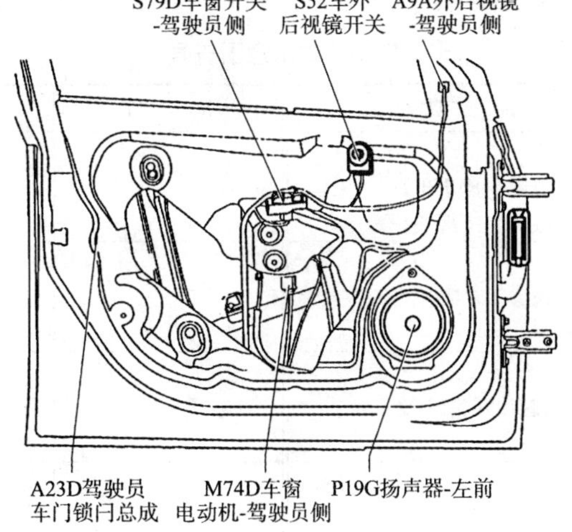

图 1-6 驾驶员侧车门部件(左驾)

二、车身电气系统电路图基本元件

车身电气系统电路基本元件包括电源、电路保护装置(熔断丝、继电器)、控制器件(开关、控制单元)、用电设备、导线与线束插接器、搭铁点等。各元件在电路中用特殊的图形符号进行标示,由于各国对电路图的绘制技术标准、文字标注等方面没有制定出统一的标准,因此世界各国各大汽车制造厂家绘制的电路在图形符号、连接关系的表达、文字标注等方面存在很大差异。下面以雪佛兰车系电路图符号为例说明电气元件的符号。

1 电源示意图符号(表1-4)

电源示意图符号 表1-4

符　号	说　明	符　号	说　明
B+	蓄电池电压	IGN0	点火开关 – Off(关闭)位置
IGN Ⅰ	点火开关 – Accessory(附件)位置	IGN Ⅱ	点火开关 – Run(运行)位置
IGN Ⅲ	点火开关 – Start(起动)位置		

2 电路保护装置示意图符号(表1-5)

电路保护装置示意图符号 表1-5

符　号	说　明	符　号	说　明
	熔断丝		易熔熔断丝
	4针单刀/单掷继电器-常开		5针继电器-常闭

❸ 控制器件(表1-6～表1-8)

控制开关示意图符号　　表1-6

符　号	说　明	符　号	说　明
	位置2常开开关		位置4开关
	位置2常闭开关	E---	开关执行器-推入式(瞬时)
	接触片开关(1线)	E∨--	开关执行器-推入式(锁门)
	位置3开关	]---	开关执行器－拉出式(瞬时)

控制开关位置图标　　表1-7

符　号	说　明	符　号	说　明
↑ ∧ △	常规向上箭头		On/Off(开/关)
↓ ∨ ▽	常规向下箭头		常规锁止
← < ◁	常规向左箭头		常规解锁
→ > ▷	常规向右箭头		常规车窗开关位置-4门
↓↓	常规快速向下箭头		常规车窗开关位置-2门

模块电路功能图标　　表1-8

符　号	说　明	符　号	说　明
	输入/输出下拉电阻器(－)		低电平参考电压
	输入/输出上拉电阻器(＋)		搭铁
	输入/输出高压侧驱动开关(＋)	↑↓	串行数据
	输入/输出低压侧驱动开关(＋)		天线信号-输入
	输入/输出双向开关(＋/－)		天线信号－输出
5V	参考电压		

4 用电设备(表1-9)

用电设备示意图符号　　表1-9

符　号	说　明	符　号	说　明
	蓄电池		电动机
	单丝灯泡		天线
	双丝灯泡		扬声器
	发光二极管(LED)		喇叭
	二极管		传声器
	电容器		安全气囊
	电阻器		SIR线圈
	可变电阻器		辅助充气式约束系统碰撞传感器
	压缩机离合器		

5 导线与线束插接器

插接器可分以下几类:第一类是连接线束和电气元件(图1-7);第二类是连接线束与线束(图1-8);第三类是线束与车身的连接(图1-9);第四类是过渡连接(图1-10),将插接器中需要连接的导线用短接端子连接起来。

为清楚地表示插接器中各导线的情况,通常对插接器内的导线插脚进行编号,以便在进行电路检查时,尽快找到插接器中的各条导线,如图1-11所示。

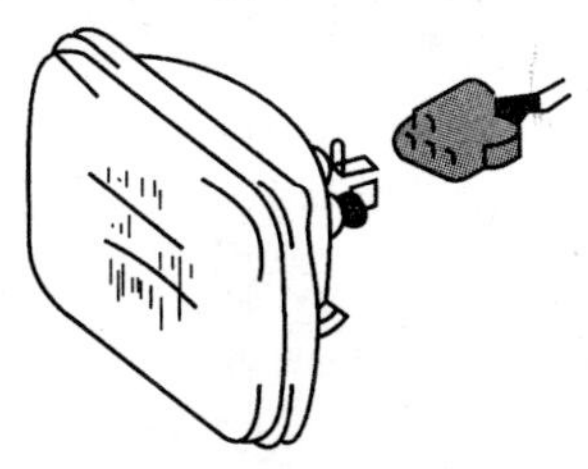

图1-7　连接线束和电气元件

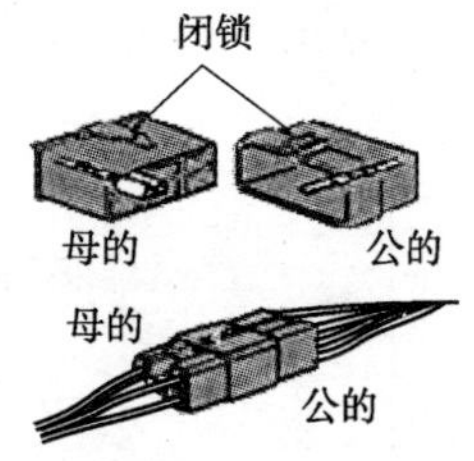

图1-8　连接线束与线束

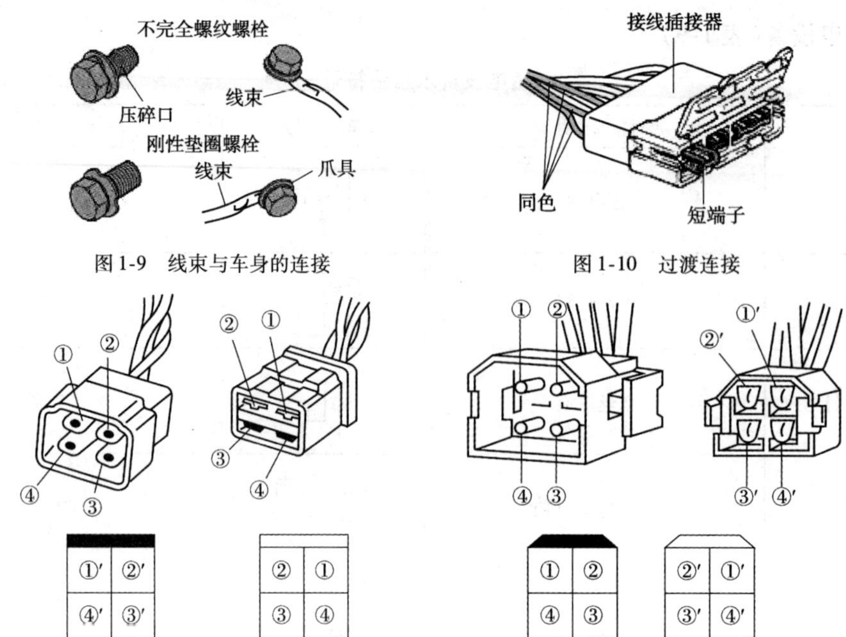

图 1-9　线束与车身的连接

图 1-10　过渡连接

图 1-11　插接器插脚编号

线束部件示意图符号见表 1-10。

线束部件示意图符号　　表 1-10

符　号	说　明	符　号	说　明
	导线交叉	9	铰合线
	搭铁		屏蔽
插座端子 X100 12 插头端子	直列式线束插接器		选装件断点
插头端子 X100 12 插座端子	直列式线束插接器		

三、导线的表示方法

在电路中，通常用字母表示导线的颜色。表示颜色的字母通常为英文中该颜色单词的第一字母或第二字母，见表1-11。随着汽车上使用的电器增多，导线数量增多，为便于安装和检修，采用双色线，主色为基础色，辅色为环布导线的条色带或螺旋色带，且标注时主色在前，辅色在后，如图1-12所示。

导线颜色符号　　表1-11

字　母	颜　色	字　母	颜　色	字　母	颜　色
BK	黑色	PK	粉红色	WH	白色
BU	蓝色	VT	紫色	YE	黄色
BN	棕色	GN	绿色	GY	灰色
RD	红色				

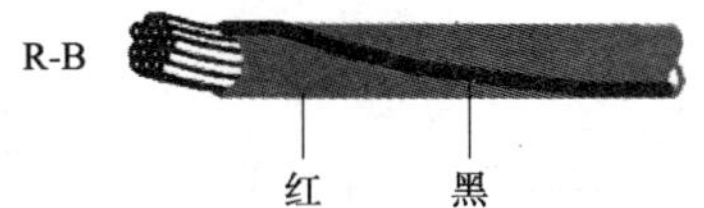

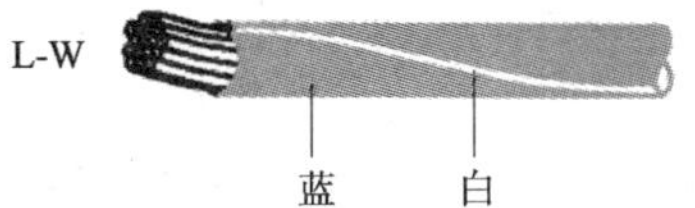

图1-12　双色导线

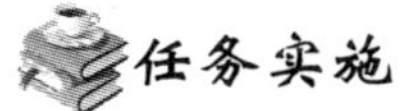

任务实施

识读电路图

一、作业准备

作业准备见表1-12。

作　业　准　备　　表1-12

序号	项　目	作业记录
1	汽车停放和三角块放置状况	
2	座椅套、转向盘套、换挡手柄套、脚垫、翼子板护围安装状况	
3	纸质或电子版使用手册情况	

二、填写前照灯工作原理图中数字或符号表示的含义

请利用维修手册及实训车辆，将图1-13中各个数字或符号表示的含义，填入表1-13。

数字或符号的含义　　表1-13

序号	含　义	序号	含　义
1		6	
2		7	
3		8	
4		9	
5		10	

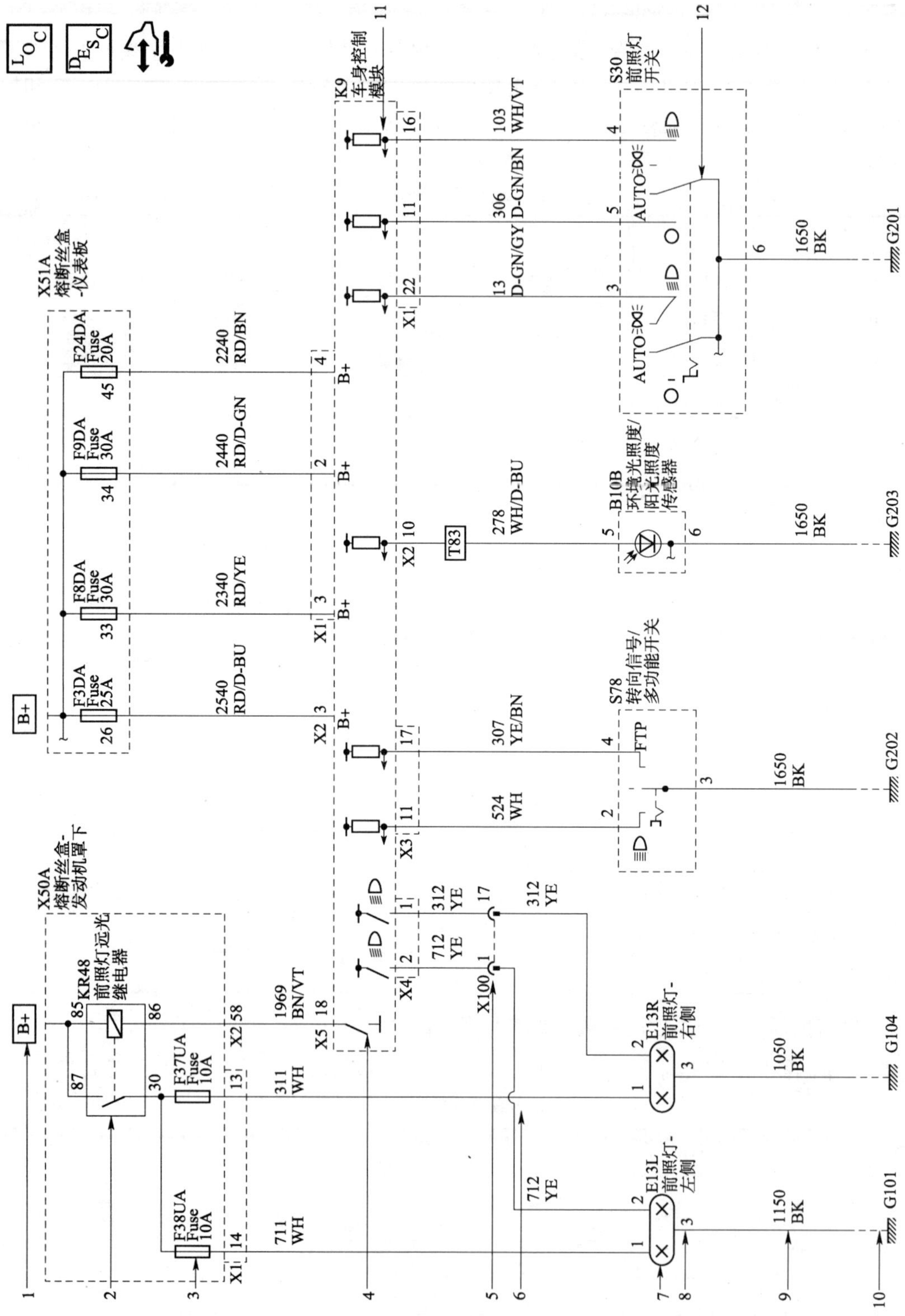

图 1-13　科鲁兹轿车前照灯工作原理图

三、现场恢复

清洁工具设备并归位,拆除防护装置,清洁车辆,将车辆驶出举升机工位。

评价与反馈

对本任务进行评价,见表1-14。

评　分　表　　表1-14

考核项目	评分标准	分值	学生自评	小组互评	教师评价	小计
资料检索	熟练地查阅维修资料,能否找到诊断策略	15				
任务方案	是否根据手册提供的诊断策略进行维修	10				
操作过程	工艺步骤是否合理,方法是否正确	30				
设备、工具操作	是否正确	20				
安全生产	是否符合安全操作规程	5				
5S规范	场地是否整洁,物品摆放是否有序	5				
记录表填写	是否按要求填写,记录值是否准确	15				
总　分		100				

注意:违反操作规程,出现人身伤害或设备严重事故,本任务考核0分。

任务三　认识汽车车身电气系统检修工具和设备

学习目标

1. 简单叙述万用表和故障诊断仪的功能;
2. 正确叙述车身电气系统检修的安全规范;
3. 按照维修手册提供的维修策略,正确使用万用表或故障诊断仪等进行故障诊断,确定故障部位;
4. 实训过程中自觉保持场地整洁,物品摆放有序。

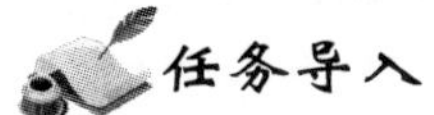

任务导入

客户在使用雪佛兰科鲁兹1.6L/AT 2013款轿车过程中,操作灯光组合开关,发现远光灯不亮。客户现将车辆开至雪佛兰服务站,维修技师通过故障现象初步分析故障原因为远光灯熔断丝或继电器故障,请你们小组进行检查并排除此故障。

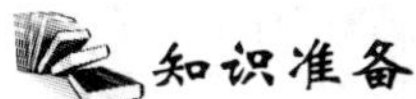

知识准备

一、电气系统检修常用工具和设备

1 跨接线

如图1-14所示,跨接线为一段导线,两端分别接有鳄鱼夹或其他形式的接头。跨接线用来对被怀疑断路的导线起替代鉴别作用,也可以在不需要某部件的功用时,用跨接线短路,将其隔离出去,以检查部件的工作情况。

❷ 万用表

万用表有指针式万用表和数字式万用表两种。数字式万用表是目前常用的一种数字化仪表。它具有以下特点:数字显示,读取直观、准确,可避免指针式万用表的读数误差;分辨率高;测量速度快;输入阻抗和集成度高;测试功能、保护电路齐全;功率损耗小;抗干扰能力强。下面以 fluke f17b 数字式万用表(图 1-15)为例进行介绍。

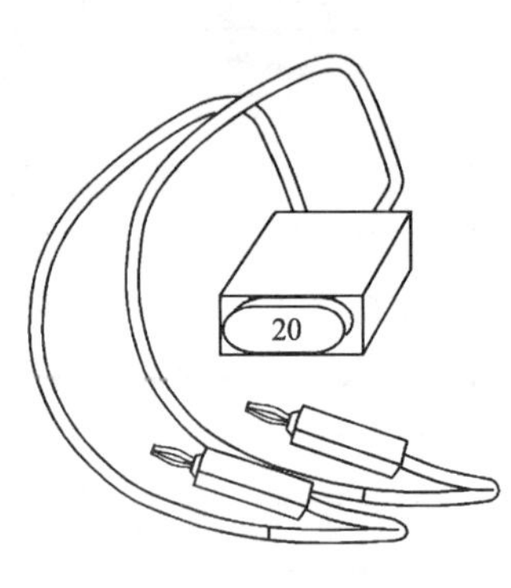

图 1-14 跨接线

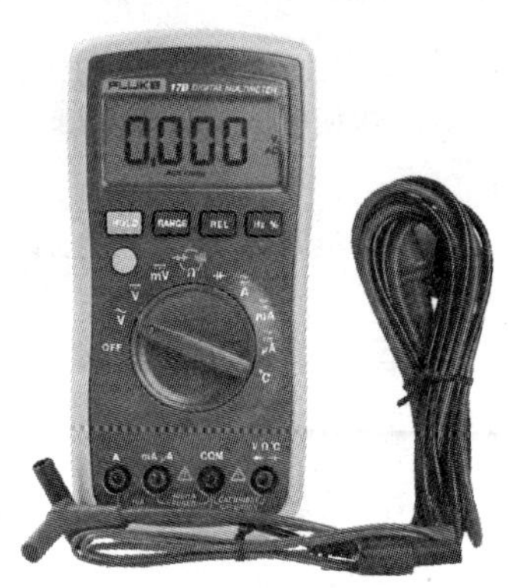

图 1-15 数字式万用表

数字式万用表有红黑两根表笔,表体上有 4 个孔,黑笔接“COM”孔,红笔按需要接入其他孔。万用表常用的挡位介绍如下。

(1)$\overline{V}$:直流电压挡,测量直流电压,汽车电气系统的额定电压为 12V 低压,用 20V 量程即可。

(2)$\tilde{V}$:交流电压挡,显示值为电压的平均值。

(3)Ω:电阻挡,测量电阻阻值,测量时应注意,用大量程测量小电阻会出现“000”,无阻值;用小量程测量大电阻会出现“1”表示无穷大。

(4)→|—))) 蜂鸣二极管挡,可以检测二极管和线路。

直流电流挡、交流电流挡,比较少用。另外,此万用表还可以检测电容、温度和频率。

❸ KT600 综合智能诊断仪

KT600 综合智能诊断仪(图 1-16)是集多种功能于一体的新型诊断设备,包含了大多数原厂通信协议及控制器局域网(CAN)的通信协议,可扩充性强;配备超大容量的 CF 卡,可随意扩充升级程序,实时保存诊断结果;带有精密的微型打印机,可实时打印诊断报告;彩色大屏幕,触摸屏操作,直观明了;实时检测点火系统、传感器、执行器等数据及波形,为准确判断汽车故障提供强有力的支持。

1)设备连接

(1)将 KT600 诊断盒插入诊断插槽,注意插入方向,印有“UP”字样的一面朝上。

(2)确定诊断座的位置、形状以及是否需要外接电源。

(3)根据车型及诊断座的形状选择相应的接头。

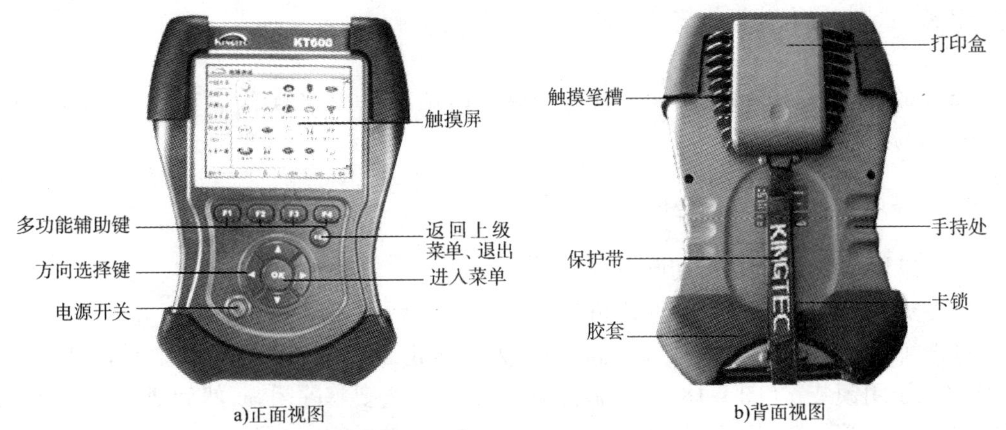

图1-16　KT600综合智能诊断仪

(4)将测试线的一端插入KT600的测试口内,另一端连接测试接头。

(5)将连接好测试线的测试接头插到车辆的诊断座上。

若汽车诊断座不供电时,具体连接请参考图1-17。

2)进入诊断系统

连接好仪器,打开点火开关,按下电源开关起动KT600,进入主菜单,选择汽车诊断模块。不同车型的诊断界面操作方法大体相似,各车型具体测试方法按照仪器界面提示操作。

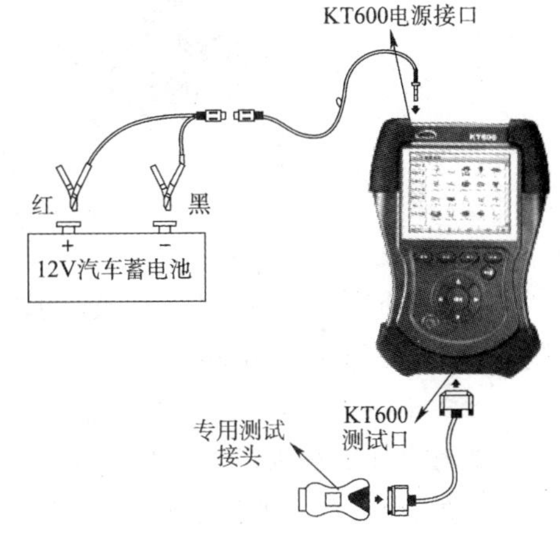

图1-17　KT600连接

测试功能主要包括读取车辆电脑型号、读取故障码、清除故障码、读取动态数据流、基本设定、控制器编码、元件控制测试、各种调整匹配、自适应值清除、系统登录、防盗钥匙匹配等。

(1)读取车辆电脑型号。该功能可以读取被测试系统的电脑信息,包括版本号、服务站代码以及相关信息。一般更换车辆控制模块时,需要对新的控制模块进行编码,此时需要原控制模块的版本号信息,以作为更换新控制模块时参考。

(2)读取故障码。该功能可以读取被测试系统ECM存储器内的故障码,帮助维修人员快速查到车辆故障引起的原因。若所测试系统无故障码,则屏幕显示“系统正常”字样。

(3)清除故障码。一般车型要严格按照常规顺序操作。先读故障码,并记录或打印然后再清除故障码,试车,再次读取故障码进行验证,确认故障码不再出现。

(4)元件控制测试。该功能可以检查执行元件的电路工作状况,进行元件控制测试时可以观察该元件是否正常工作,如果该执行元件不正常工作,则需要检查相关电气元件、插头线束或机械部位是否存在故障。

(5)故障排除。退出检测程序,关闭点火开关,检查检测仪显示故障部位,如检查元件的连接插头是否松动,导线是否断路或短路,元件安装是否正确,用万用表测量元件是否损坏等。

(6)再次清除故障码。打开点火开关,进入检测程序读取故障码,如果系统显示正常,说明故障排除,否则,应继续查找故障原因。

3)结束检测

故障排除后,退出检测程序,关闭故障检测仪电源开关,然后关闭点火开关,拔下检测插头,将故障检测仪清洁归位。

车身电气系统检修安全操作规范

(1)拆卸和安装元件时,应切断电源。

(2)更换熔断器时,一定要与原规格相同,切勿用导线替代。

(3)正确拆卸导线插接器(插头与插座)。为了防止插接器在汽车行驶中脱开,所有的插接器均采用了闭锁装置(图1-18)。要拆开插接器时,首先要解除闭锁,然后把插接器拉开,不允许在未解除闭锁的情况下用力拉导线,否则会损坏闭锁或连接导线。

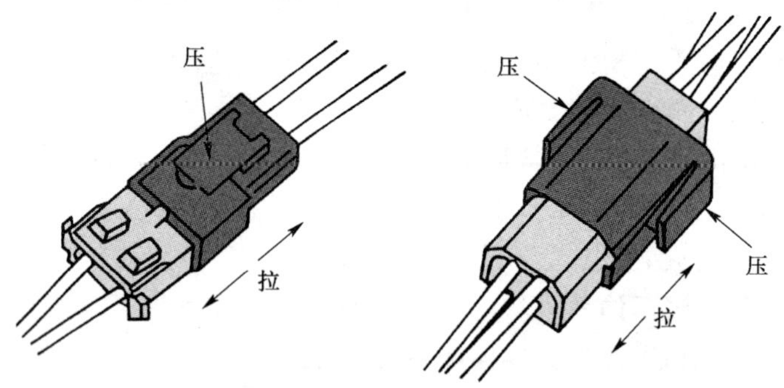

图1-18　闭锁装置

(4)靠近振动部件(如发动机)的线束部分应用卡子固定,将松弛部分拉紧,以免由于振动造成线束与其他部件接触。

(5)与尖锐边缘磨碰的线束部分应用胶带缠起来,以免损坏。安装固定零件时,应确保线束不要被夹住或被损坏。安装时,应确保插头接插牢固。

此外,现代汽车的许多电子电路,出于性能要求和技术保护等多种原因,往往采用不可拆卸的封装方式,如厚膜封装调节器、固封电子电路等。当电路故障可能涉及它们内部时,则往往难以判断。在这种情况下,一般先从其外围逐一检查排除,最后确定它们是否损坏。

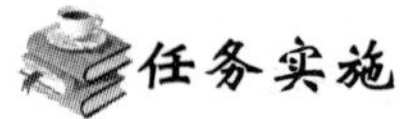

任务实施

检测熔断丝和继电器

一、作业准备

作业准备见表1-15。

作　业　准　备　　表1-15

序号	项　　目	作业记录
1	汽车停放和三角块放置状况	
2	座椅套、转向盘套、换挡手柄套、脚垫、翼子板护围安装状况	
3	纸质或电子版使用手册情况	

二、检测远光灯熔断丝和继电器

请利用万用表进行远光灯继电器和熔断丝的检测，并将检测数值填入表 1-16 和表 1-17。

1. 熔断丝的检测

数字式万用表的功能开关设置为电阻挡，将万用表的两支表笔放在熔断丝的两端（两支表笔可以互换）进行测量（图 1-19），记录测量的数值即可。如果熔断丝烧断了，万用表则显示电阻为无穷大（即显示“1”）；如果熔断丝没有烧断，则显示出比较小的一个电阻值。

熔断丝检测结果　　表 1-16

检测对象	测量值	判断结果
F37UA Fuse 10A		
F38UA Fuse 10A		

2. 继电器的检测

继电器按插脚数目分为 3 脚、4 脚、5 脚等多种，以 5 脚为例进行介绍。使用数字式万用表的电阻挡，测量线圈端子 1 和端子 2，检查其电阻是否符合要求；测量端子 3 和端子 4 是否导通，端子 3 和端子 5 是否断开。如果符合要求，再给继电器线圈加载工作电压，检查触点的工作情况。动合触点端子 3 和端子 5，加载工作电压后，触点应闭合，应导通；动断触点端子 3 和端子 4，加载工作电压后，触点应断开，测得电阻为无穷大，如图 1-20 所示。请按上述方法，检测 KR48 前照灯远光继电器，并将检测值填入表 1-17。

继电器检测结果　　表 1-17

检测对象	检测条件	测量值
85—86	未加载蓄电池电压	
30—87	未加载蓄电池电压	
	加载蓄电池电压	
判断结果		

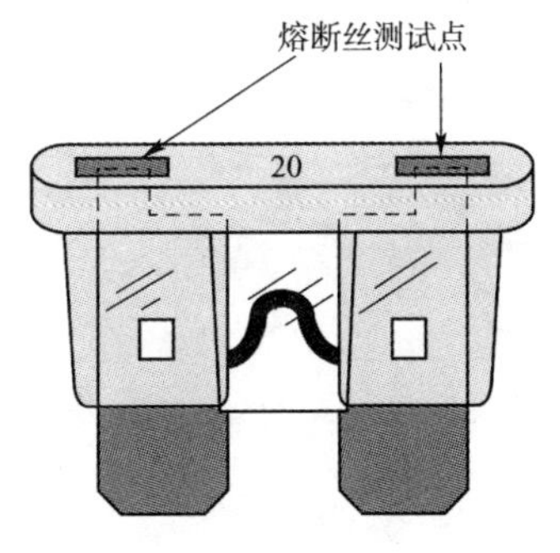

图 1-19　熔断丝的检测

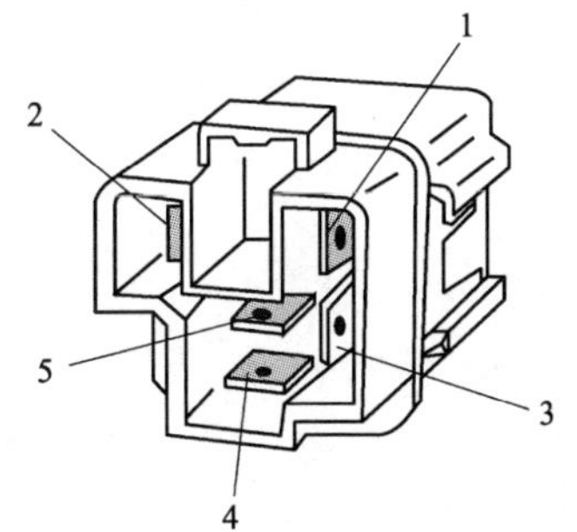

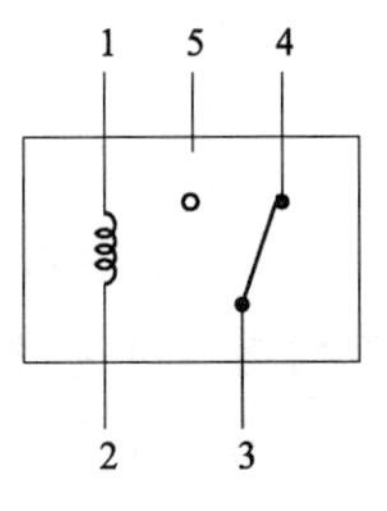

图 1-20　继电器的检测

三、现场恢复

清洁工具设备并归位，拆除防护装置，清洁车辆，将车辆驶出举升机工位。

评价与反馈

对本任务进行评价，见表 1-18。

评　分　表

表1-18

考核项目	评分标准	分值	学生自评	小组互评	教师评价	小计
资料检索	熟练地查阅维修资料,能否找到诊断策略	15				
任务方案	是否根据手册提供的诊断策略进行维修	10				
操作过程	工艺步骤是否合理,方法是否正确	30				
设备、工具操作	是否正确	20				
安全生产	是否符合安全操作规程	5				
5S规范	场地是否整洁,物品摆放是否有序	5				
记录表填写	是否按要求填写,记录值是否准确	15				
总　　分		100				

注意:违反操作规程,出现人身伤害或设备严重事故,本任务考核0分。

思考与练习

一、选择题

1. 汽车上的车身电气设备主要由电源、用电设备和(　　)组成的。

A. 熔断器　　B. 继电器　　C. 导线　　D. 全车线路及配电装置

2. 汽油车电气系统的额定电压普遍采用(　　)V。

A. 6　　B. 12　　C. 24　　D. 36

3. 用数字式万用表测量蓄电池电压,应该选择万用表的(　　)挡。

A. 电阻　　B. 电压　　C. 电流　　D. 二极管

二、填空题

1. 汽车上有两个电源:＿＿＿＿＿＿和＿＿＿＿＿＿。

2. ＿＿＿＿＿＿之间的连接＿＿＿＿＿＿之间的连接、＿＿＿＿＿＿之间的连接均采用插接器。

3. 车身电气系统常用的电路图为＿＿＿＿＿＿、＿＿＿＿＿＿和＿＿＿＿＿＿。

三、简答题

1. 简述汽车车身电气设备的发展趋势。

2. 简述汽车车身电气设备组成系统。

3. 简述汽车车身电气系统的特点。

4. 简述车身电气系统检修安全操作规范。

项目二　汽车电源系统的检修

任务一　认识汽车车身电气系统的电源系统

学习目标

1. 简单描述电源系统的作用；
2. 简单描述电源系统电路的组成；
3. 熟练查阅维修资料，正确描述科鲁兹轿车电源系统各部件的安装位置；
4. 操作过程中自觉保持场地整洁，物品摆放有序。

任务导入

1.6L/AT 2013 款科鲁兹轿车客户来电，询问有关车辆维护事宜，请你给客户介绍有关电源系统元件安装位置方面的知识。

知识准备

一、汽车电源系统的概述

汽车电源系统的作用是向整车用电设备提供电能、给蓄电池充电。电源系统主要由蓄电池、交流发电机、充电指示灯、点火开关等组成。其中交流发电机是主要电源，蓄电池是辅助电源。

在汽车上，蓄电池、交流发电机是并联的。电源系统电路的组成示意图如图 2-1 所示。起动时，蓄电池向起动机供电；发动机起动后，发动机正常工作时，交流发电机向用电设备供电并向蓄电池充电；充电指示灯用来指示蓄电池充放电状况。

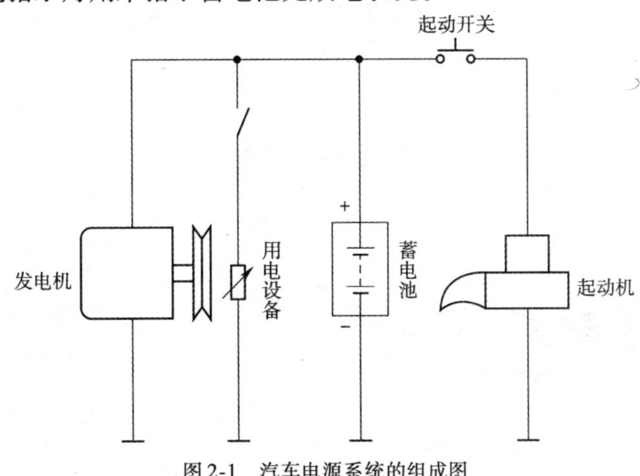

图 2-1　汽车电源系统的组成图

电源系统各部件的安装位置

一般电源系统各部件在汽车上的安装位置如图2-2所示。蓄电池安装在发动机罩内靠近右前端(面对轿车)的位置;发电机一般安装在发动机前端,由发动机通过传动带带动。

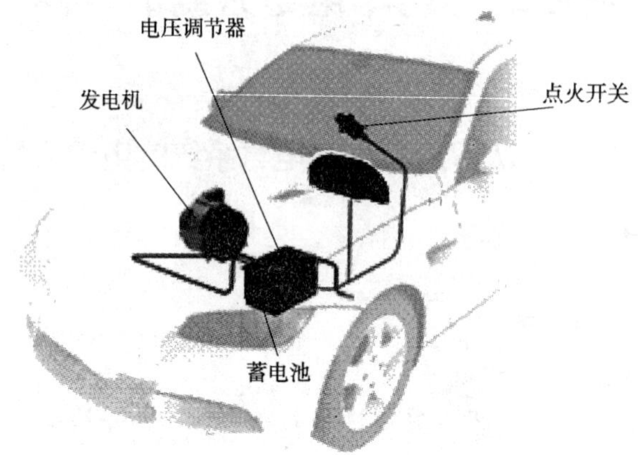

图2-2　电源系统各部件安装位置图

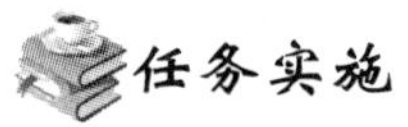

任务实施

查找电源系统各部件

一、作业准备

作业准备见表2-1。

作　业　准　备　　表2-1

序号	项　　目	作业记录
1	汽车停放和三角块放置状况	
2	座椅套、转向盘套、换挡手柄套、脚垫、翼子板护围安装状况	
3	纸质或电子版维护手册	

二、查找电源系统中各部件安装位置

请在实车中查找科鲁兹轿车电源系统各部件安装位置,并在图2-3中标示出交流发电机、蓄电池、充电指示灯的位置。

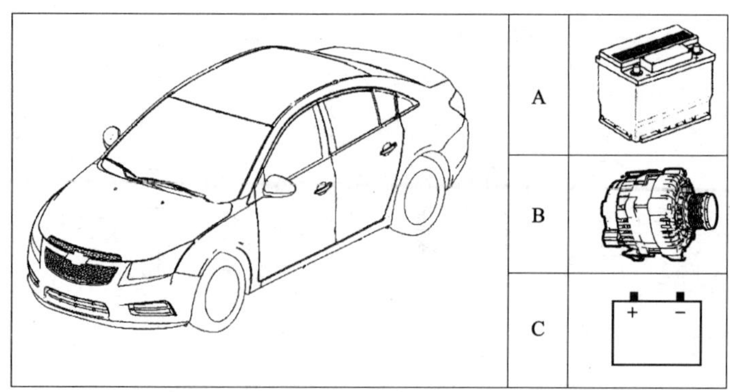

图2-3　科鲁兹轿车电源系统部件安装位置

三、现场恢复

清洁工具设备并归位，拆除防护装置，清洁车辆，将车辆驶出举升机工位。

评价与反馈

对本任务进行评价，见表2-2。

评　分　表　　　　表2-2

考核项目	评分标准	分值	学生自评	小组互评	教师评价	小计
资料检索	熟练地查阅维修资料，能否找到诊断策略	15				
任务方案	是否根据手册提供的诊断策略进行维修	10				
操作过程	工艺步骤是否合理，方法是否正确	30				
设备、工具操作	是否正确	20				
安全生产	是否符合安全操作规程	5				
5S规范	场地是否整洁，物品摆放是否有序	5				
记录表填写	是否按要求填写，记录值是否准确	15				
总　分		100				

注意：违反操作规程，出现人身伤害或设备严重事故，本任务考核0分。

任务二　蓄电池的检测

学习目标

1. 简单叙述蓄电池的功用、结构、工作原理；
2. 正确叙述蓄电池的分类、型号及选择方法；
3. 按照维修手册提供的维修策略，正确使用万用表或高率放电计等进行蓄电池的就车检测；
4. 根据维修手册在规定时间内，安全规范地对蓄电池进行补充充电；
5. 维修过程中自觉保持场地整洁，物品摆放有序。

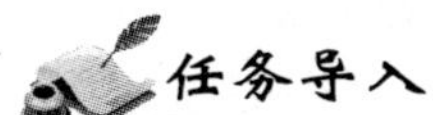

任务导入

客户在起动1.6L /AT 2013款科鲁兹轿车时，发现起动机运转无力，扬声器(喇叭)声音小。根据客户的描述，维修技师对此车的故障进行了验证，怀疑故障点为蓄电池，请你对车辆蓄电池进行检查。

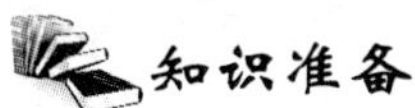

知识准备

一、汽车蓄电池的作用

(1)起动发动机。在起动发动机期间，蓄电池给起动系统和点火系统供电。

(2)备用供电。在发动机停止运转或低怠速运转期间，发电机电压较低或不发电，此时由蓄电池向用电设备供电，同时还向交流发电机供电。

(3)存储电能。在发动机中高速运转期间,发电机正常供电,此时蓄电池将剩余电能转换为化学能储存起来。

(4)协同供电。在发电机过载期间,蓄电池协助发电机向用电设备供电。

(5)稳定电源电压,保护电子设备。蓄电池相当于一个大容量的电容器,它不仅能够保持汽车电气系统的电压稳定,还能吸收电路中出现的瞬时过电压,防止电子设备被击穿。

二、蓄电池的结构

蓄电池的结构如图 2-4 所示,由外壳、极板、隔板、电解液、极柱、联条等组成。

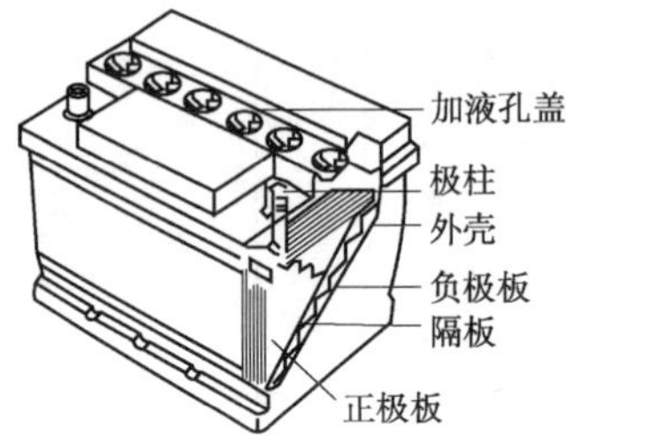

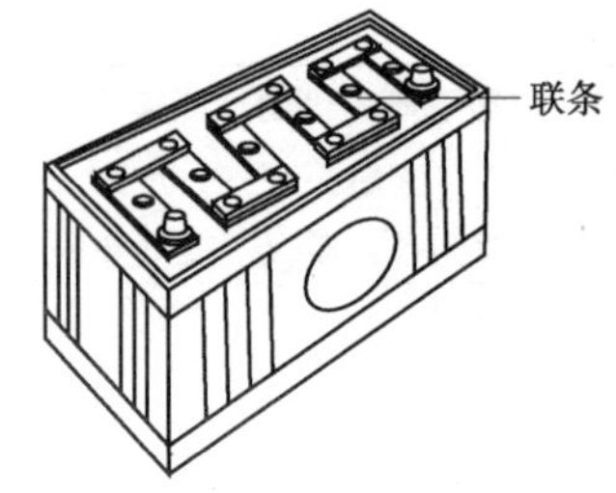

图 2-4　蓄电池结构

蓄电池壳体由电池槽和电池盖两部分组成,其作用是盛装电解液和极板组。一个整体的外壳分成若干个单格,通常标称为 12V 的汽车蓄电池,由 6 个单格电池通过联条串联组成。通过正负极柱与外电路相连,为了便于识别,在正极柱的上方或旁边标刻有“+”,负极柱的上方或旁边标刻有“-”。

蓄电池的核心部分是极板和电解液。在蓄电池充放电过程中,电能与化学能的相互转换,依靠极板上的活性物质与电解液进行化学反应来实现。电解液是由纯净硫酸和蒸馏水按一定的比例配制而成。蓄电池电解液的密度一般为 1.24 ~ 1.30g/cm^3,使用中密度应根据地区、气候条件和制造厂的要求而定。为防止相邻正、负极板接触而短路,在正负极板间设置了隔板。

三、蓄电池的分类

蓄电池是一种可逆的低压直流电源,它既能将化学能转化为电能,也能将电能转化为化学能。目前汽车上一般采用铅酸蓄电池(图 2-5)和免维护蓄电池(图 2-6)。免维护蓄电池在合理使用过程中不需添加蒸馏水,同时极柱腐蚀轻,内阻少,自行放电少,低温起动性能好,比常规蓄电池使用寿命长。

图 2-5　普通铅酸蓄电池

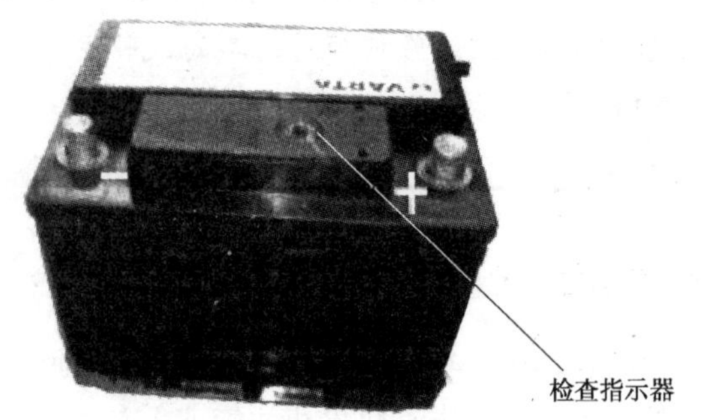

图 2-6　免维护蓄电池

四、蓄电池的型号

按照标准 JB/T 2599—2012 的规定，蓄电池型号由三部分组成，排列如下。

□—□ □—□ □

第一部分　　第二部分　　第三部分

第一部分：表示串联单格电池数，用阿拉伯数字表示，其中额定电压为这个数字的 2 倍。例如：6 表示 6 个单格电池，额定电压为 12V。

第二部分：表示蓄电池的类型和特征，用两个或以上汉语拼音字母表示。例如：第一个字母是 Q，表示起动用铅酸蓄电池，M 表示摩托车用。第二个字母表示蓄电池的特征代号，无字母则表示为普通式铅酸蓄电池，例如：A——干荷电式，W——免维护式。

第三部分：表示蓄电池的额定容量和特殊性能，我国目前采用 20h 放电率的额定容量，单位是 A·h（安培·小时），用数字表示，特殊性能用字母表示。例如：G——高起动率，S——塑料外壳，D——低温起动性能好。

以型号为 6－QW－60 的蓄电池为例，说明如下：

(1)6 表示由 6 个单格电池组成，每个单格电池电压为 2V，即额定电压为 12V。

(2)Q 表示为汽车起动用蓄电池。

(3)W 表示免维护型蓄电池。

(4)60 表示蓄电池的额定容量为 60A·h。

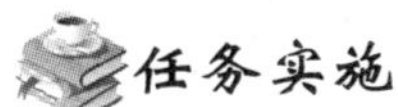

任务实施

蓄电池就车检测和补充充电

一、作业准备

作业准备见表 2-3。

作　业　准　备　　　　表 2-3

序号	项　　目	作业记录
1	汽车停放和三角块放置状况	
2	座椅套、转向盘套、换挡手柄套、脚垫、翼子板护围安装状况	
3	万用表、高率放电计、充电机、常用拆卸工具	
4	纸质或电子版维护手册	

二、蓄电池的就车检测

(1)蓄电池正负极端子导线是否松动。　□是□否

(2)蓄电池正负极柱是否被腐蚀。　□是□否

(3)蓄电池盖和外壳是否有油污、损伤、裂纹或者是渗漏现象。　□是□否

(4)蓄电池荷电状况的检查：充电状态指示器的颜色是________________。说明________________。

(5)用高率放电计检查蓄电池的端电压，高率放电计指针指在________________。说明蓄电池________________。

(6)用万用表______________挡测量蓄电池的开路电压(图2-7)为______________，说明蓄电池______________________________。

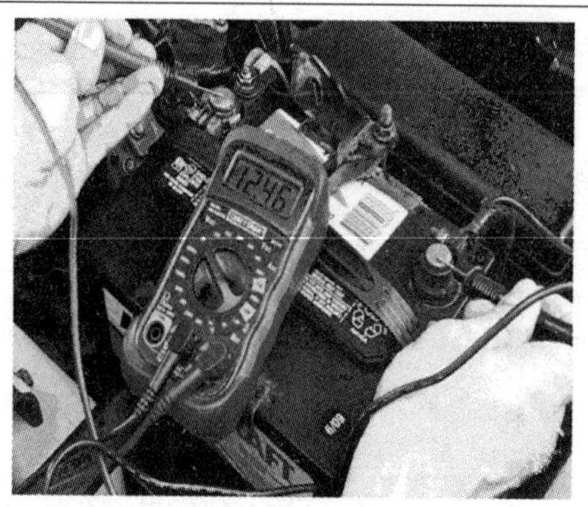

图2-7　检查蓄电池电压

三、对蓄电池进行补充充电

对蓄电池进行补充充电如图2-8、图2-9所示。

(1)灯光、空调、音响等用电设备是否已经关闭。 □是□否

(2)点火开关是否已经关闭。 □是□否

(3)发动机罩是否已经打开。 □是□否

(4)所有蓄电池端子连接是否清洁且紧固。 □是□否

(5)充电器正极引线是否连接至蓄电池正极端子。 □是□否

(6)充电器负极引线是否连接至发动机舱内的发动机搭铁或者搭铁柱(发动机搭铁和搭铁柱直接连接至蓄电池负极端子，但是远离蓄电池)。 □是□否

(7)充电器是否接通并设置在正常充电电压。 □是□否

(8)起动蓄电池充电器后是否每30min检查一次蓄电池。 □是□否

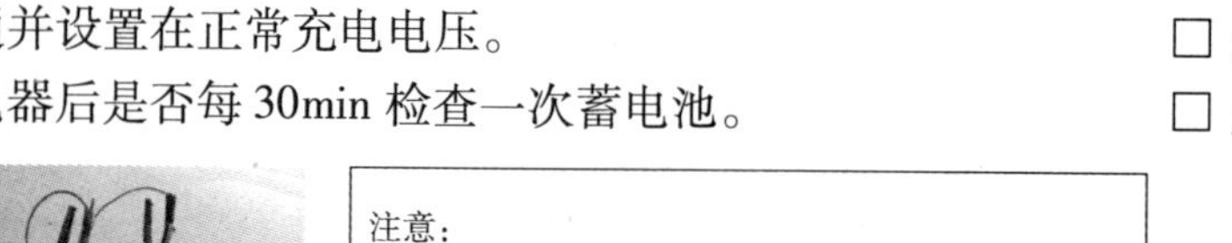

注意：

(1)对蓄电池进行充电，直到充电器显示蓄电池充满。

(2)触摸蓄电池侧面，检测蓄电池的温度。如果触摸起来感觉过热或者其温度超过45°C(125°F)，中断充电，使蓄电池冷却后再继续充电。

图2-8　蓄电池充电图

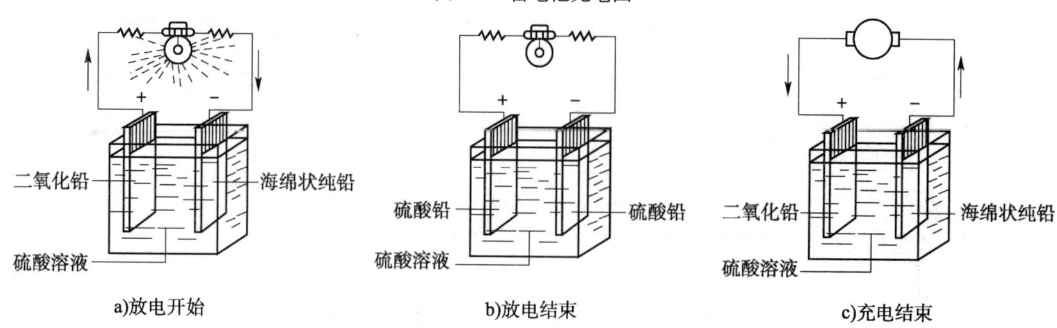

图2-9　蓄电池基本工作原理

蓄电池在充、放电时，化学反应过程可用下式表示：

$$Pb_2 + Pb + 2H_2\ SO_4 \underset{充电}{\overset{放电}{\rightleftharpoons}} 2PbSO_4 + 2H_2O$$

在放电过程中，正、负极板上的活性物质都转化为 $PbSO_4$，同时，电解液中的 H_2SO_4转化为水，电解液的密度不断下降。在充电过程中，正、负极板上的 $PbSO_4$分别转化为 PbO_2和 Pb，电解液中硫酸成分逐渐增多，电解液的密度逐渐上升。

四、确认故障排除

(1)打开点火开关旋置起动挡，检查起动机是否正常工作。　□是 □否

(2)完成此次故障排除，在操作过程中，容易出现错误的地方有：__________。

(3)总结蓄电池使用过程中需要注意的事项：____________________________。

五、现场恢复

清洁工具、设备并归位，拆除防护装置，清洁车辆，将车辆驶出举升机工位。

评价与反馈

对本任务进行评价，见表 2-4。

评　分　表　　表 2-4

考核项目	评分标准	分值	学生自评	小组互评	教师评价	小计
制定任务方案	是否正确、合理	15				
实训过程	是否根据手册提供的操作步骤进行	40				
现场 7S	场地是否整洁，物品摆放是否有序	10				
工具和设备用	是否规范、标准	10				
个人参与程度	是否积极主动	5				
劳动纪律	是否能严格遵守	5				
团队合作精神	是否协调	5				
记录表填写	是否按要求填写，记录值是否准确	5				
任务完成情况	是否圆满完成	5				
总　分		100				

注意：违反操作规程，出现人身伤害或设备严重事故，本任务考核 0 分。

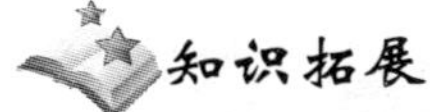

知识拓展

一、蓄电池的日常维护

(1)不连续使用起动机，每次起动的时间不得超过 5s，如果一次未能起动发动机，应间隔 15s 以上再第二次起动，连续三次起动不成功，应查明原因，排除故障后再起动发动机。

(2)放完电的蓄电池应在 24h 内及时充电，每两个月至少进行补充充电一次。

(3)应经常清除蓄电池表面的灰尘污物，保持蓄电池表面清洁、干燥。

(4)应经常检查蓄电池在车上的安装是否牢靠，电极接线柱与接线头的连接是否紧固。

(5)从车上拆卸蓄电池电缆时，应先拆下蓄电池的负极，再拆下蓄电池的正极；安装时，应先安装蓄电池的正极，再安装蓄电池的负极。

二、蓄电池的跨接起动

(1)打开缺电车辆发动机罩，准备好电缆线。

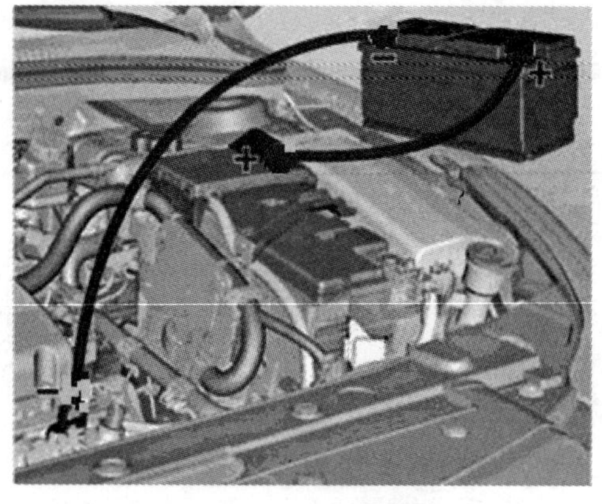
图 2-10 跨接起动

(2)将应急救援的车辆停在缺电车辆的旁边并熄火。

(3)打开应急救援车辆的发动机罩,区分蓄电池的正、负极。

(4)如图 2-10 示,将红色跨接导线连接至应急救援车辆蓄电池的正极接线柱;把红色跨接线的另一端连接到缺电车辆蓄电池的正极接线柱上;再将黑色跨接导线连接至应急救援车辆蓄电池的负极接线柱,另一端连接至缺电车辆搭铁点,比如发动机缸体或发动机固定螺栓。连接时尽可能远离缺电车辆的蓄电池。

(5)连接好两车的蓄电池正、负极后,起动应急救援车辆,就可以给缺电的车辆提供工作电压。

任务三 发电机的检修

学习目标

1. 简单描述交流发电机的作用、组成和基本工作原理;
2. 正确地向客户介绍交流发电机的正确使用方法;
3. 完成交流发电机的常见维护作业;
4. 按照维修手册提供的维修策略,正确使用万用表等进行交流发电机的常见维护;
5. 根据维修手册在规定时间内,安全规范的进行发电机的更换;
6. 维修过程中自觉保持场地整洁,物品摆放有序。

任务导入

客户驾驶 1.6L/ AT 2013 款科鲁兹轿车途中发现仪表板上充电指示灯常亮。根据车主的描述,维修技师对此车的故障进行了验证,怀疑故障点为发电机故障,请你对发电机进行检修。

知识准备

一、交流发电机的作用

交流发电机在汽车上的安装位置如图 2-11 所示。交流发电机是汽车的主要电源,其作用是:在发动机正常工作时,向用电设备供电;当蓄电池存电量不足时,向蓄电池及时充电。

图 2-11 交流发电机的安装位置

二、交流发电机的类型

1 按照总体结构不同分类

(1)普通交流发电机,使用时需要配装电压调节

器的发电机，如图2-12a）所示。

（2）整体式交流发电机，内装电压调节器的交流发电机，如图2-12b）所示。

（3）带泵交流发电机，和汽车制动系统中的真空助力泵安装在一起，多用于柴油车，如图2-12c）所示。

（4）无刷交流发电机，无电刷和集电环结构的交流发电机，如图2-12d）所示。

（5）永磁交流发电机，转子磁极采用永磁材料的交流发电机，如图2-12e）所示。

a)普通交流发电机

b)整体式交流发电机

c)带泵交流发电机

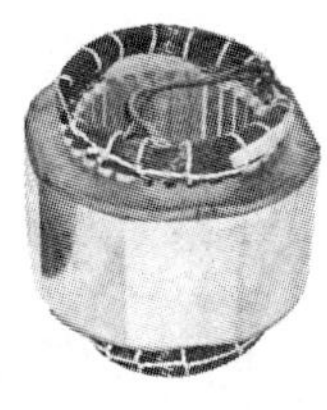

d)无刷交流发电机

e)永磁交流发电机

图2-12　交流发电机的类型

❷ 按整流器结构不同分类

按整流器结构不同，交流发电机又可分为六管交流发电机、八管交流发电机、九管交流发电机和十一管交流发电机。如图2-13为八管交流发电机。

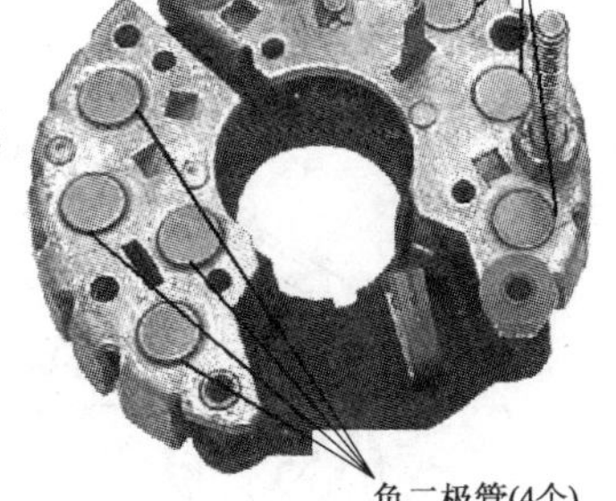

图2-13　八管交流发电机

❸ 按定子绕组的连接形式不同分类

按定子绕组的连接形式不同，交流发电机分为Y形连接发电机［图2-14a）］和三角形连接发电机［图2-14b）］。

三、交流发电机的结构

目前国内外生产的汽车交流发电机，结构基本相同，主要由转子、定子、电刷与电刷架、整流器、电压调节器、风扇、皮带轮、前后端盖等组成，如图2-15所示。

四、交流发电机的基本原理

交流发电机的基本原理是电磁感应原理，如图2-16所示。当蓄电池给电刷通电，通过集电环流入励磁绕组中，此时在转子上产生磁场，而当产生磁场的转子旋转时，磁力线和定子绕组间产生相对的切割运动，在定子绕组内便会产生交流感应电动势。

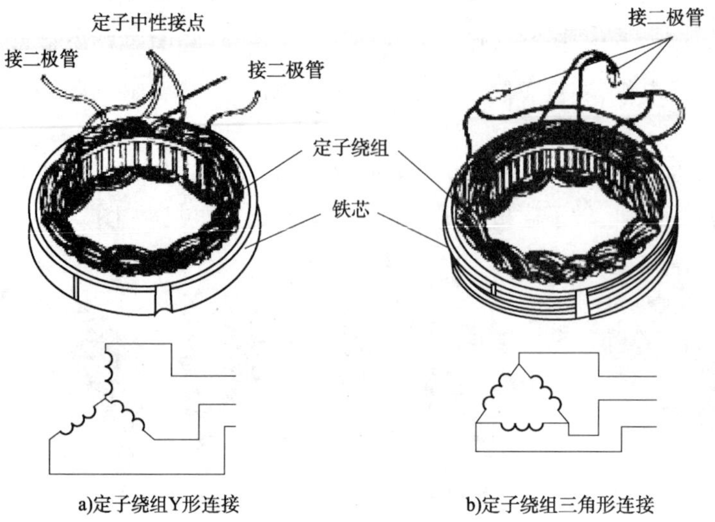

图 2-14　交流发电机定子连接方式

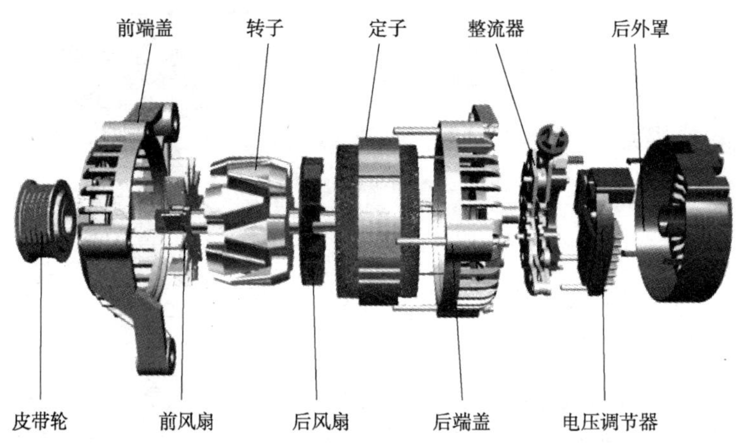

图 2-15　交流发电机的结构

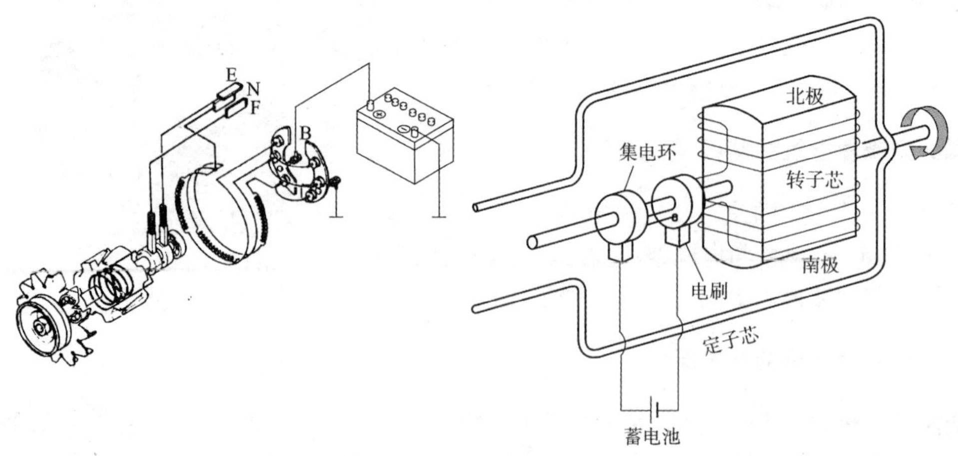

图 2-16　交流发电机的基本工作原理

五、国产交流发电机的型号

根据我国汽车行业标准 QC/T 73—1993《汽车电气设备产品型号编制方法》规定，国产汽车交流发电机型号主要由下列五大部分组成，即：

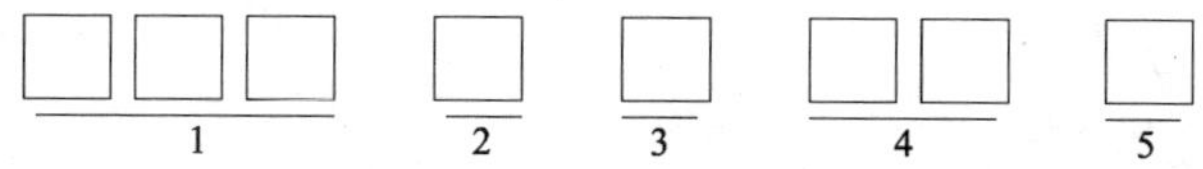

第一部分为产品名称代号。交流发电机产品名称代号为 JF；整体式交流发电机产品名称代号为 JFZ；带泵交流发电机产品名称代号为 JFB；无刷交流发电机产品名称代号为 JFW。字母 J、F、Z、B 和 W 分别为“交”、“发”、“整”、“泵”和“无”字的汉语拼音第一个大写字母。

第二部分为分类代号，即电压等级代号，用一位阿拉伯数字表示：1 表示 12V；2 表示 24V；6 表示 6V。

第三部分为电流等级代号，用一位阿拉伯数字表示，见表 2-5 所示。

电　流　等　级　　表 2-5

电流等级	1	2	3	4	5	6	7	8	9
电流(A)	≤19	20～29	30～39	40～49	50～59	60～69	70～79	80～89	≥90

第四部分为设计序号，按产品设计先后顺序，用阿拉伯数字表示。

第五部分为变型代号，交流发电机以调整臂的位置作为变型代号。从驱动端看，Y 表示右边；Z 表示左边；在中间不加标记。

例如：以型号为 JFZ132 的发电机为例，说明如下：

(1)JFZ 表示整体式交流发电机。

(2)1 表示电压 12V。

(3)3 表示电流 30～39A。

(4)2 表示第二次设计。

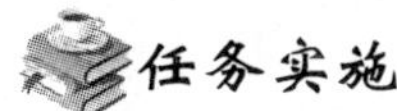

任务实施

拆卸并检测发电机

一、作业准备

作业准备见表 2-6。

作　业　准　备　　表 2-6

序号	项　　目	作业记录
1	汽车停放和三角块放置状况	
2	座椅套、转向盘套、换挡手柄套、脚垫、翼子板护围安装状况	
3	万用表、常用拆卸工具	
4	交流发电机	
5	纸质或电子版维护手册	

二、拆卸检查发电机

1)拆卸发电机

拆卸发电机如图 2-17～图 2-20 所示。

(1)断开蓄电池负极电缆。

(2)通过逆时针转动来释放皮带、张紧器上张力并用 EN－6349 销锁止。

(3)拆下发电机线束螺母。

(4)拆下发电机正极电缆螺母。拆下发电机和空调压缩机皮带。

(5)拆下发电机正极电缆螺母和发电机正极电缆。

(6)断开发电机线束插头。

(7)拆下两个发电机螺栓。

(8)拆下发电机。

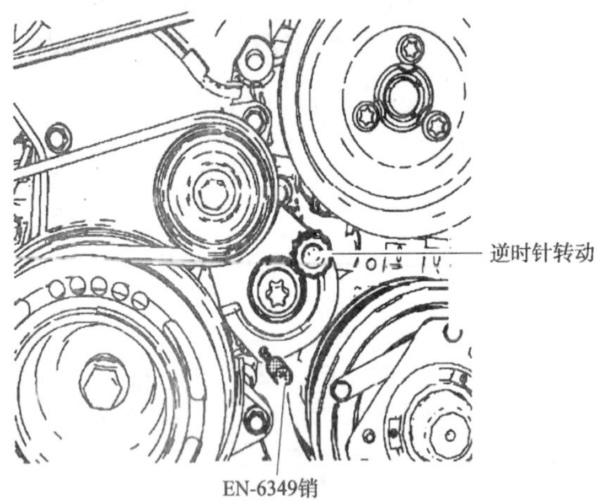

图 2-17　拆卸发电机皮带

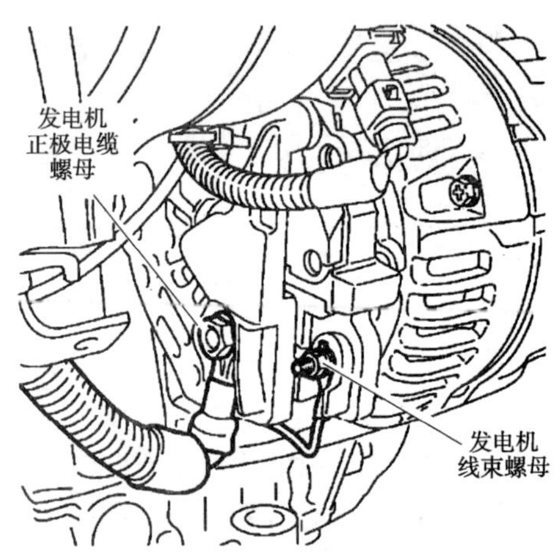

图 2-18　拆卸发电机线束螺母

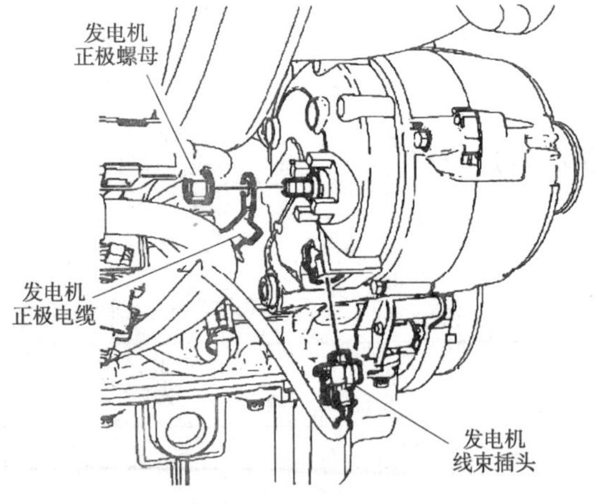

图 2-19　断开发电机线束

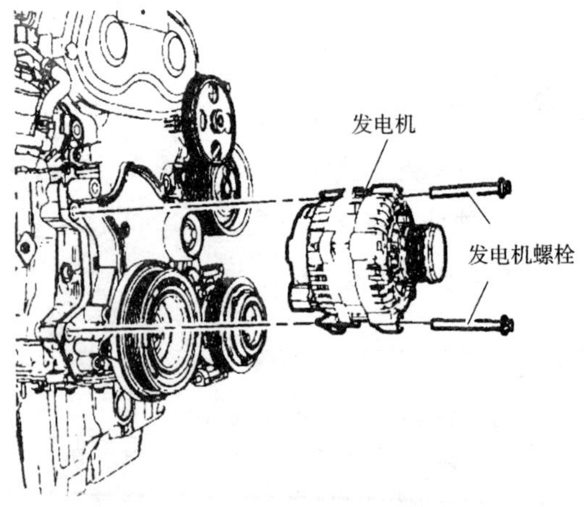

图 2-20　拆卸发电机

2)解体发电机

(1)拆下发电机后端盖上的 B＋和后端盖固定螺钉,取下后端盖,如图 2-21 所示。

(2)拆下电压调节器总成的两个固定螺钉,取下电压调节器总成,如图 2-22。

(3)拆卸发电机的 4 个穿心螺栓,取下定子总成和转子总成 ,如图 2-23 所示。

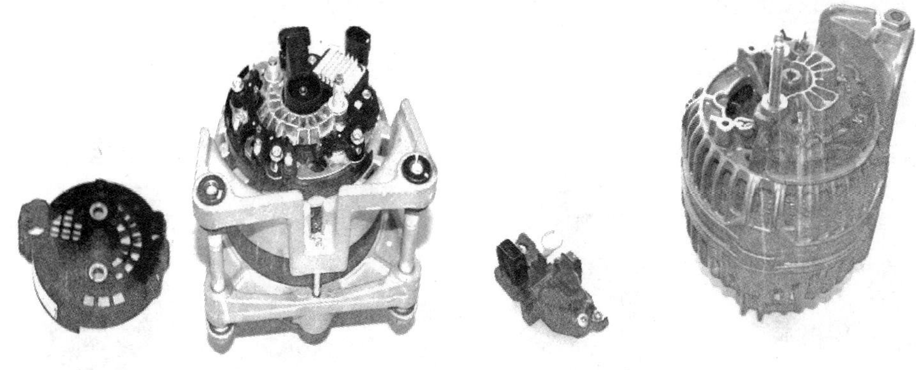

图 2-21 取下后端盖 图 2-22 取下电压调节器总成

图 2-23 取下定子总成和转子总成

(4)清洁零件。将已解体的机械部分浸入清洗液中清洗,电气部分可以用棉纱蘸少量汽油擦拭干净。

3)检测发电机元件

(1)发电机转子总成检测。

①目视检查。检查集电环是否变脏或烧蚀。 □是 □否

用布料和毛刷清洁集电环和转子。如果脏污和烧蚀明显,应更换转子总成。

②磁场绕组(即两个集电环)之间断路和短路检测。如图 2-24 所示,用万用表电阻挡的最小挡位来检查集电环之间是否导通,如果发现超出规定值范围,应更换转子。

测量两个集电环之间的电阻值为:______,标准值为:________。结论:________。

③磁场绕组搭铁故障检测。如图 2-25 所示,用万用表电阻挡的最大挡或 20k 挡测量集电环与转子轴之间的电阻,万用表的一支表笔接任意一个集电环,另一支表笔接转子轴,每个集电环与转子轴之间的阻值都应该是无穷大,否则,说明绝缘不良。

搭铁性能测量数据是:________。标准值是:________。结论:______。

(2)定子检测。

①定子绕组断路故障检测。如图 2-26 所示,用万用表电阻挡的最小挡测量三相绕组 A、B、C 任意两相的电阻值,三相间任意两相阻值应一致且小于 10Ω,否则,说明有断路故障。将检测结果填写到表 2-27 中。

②定子绕组搭铁故障检测。定子绕组搭铁的检修如图 2-27 所示。用万用表电阻挡的最大挡位对三相绕组中的任一组与铁芯间的电阻进行测试,即万用表的一支表笔接三相绕组中

的任一组,另一支表笔接铁芯,测量得到的阻值应为无穷大。否则,说明定子绕组绝缘不良。将检测结果填写到表 2-7 中。

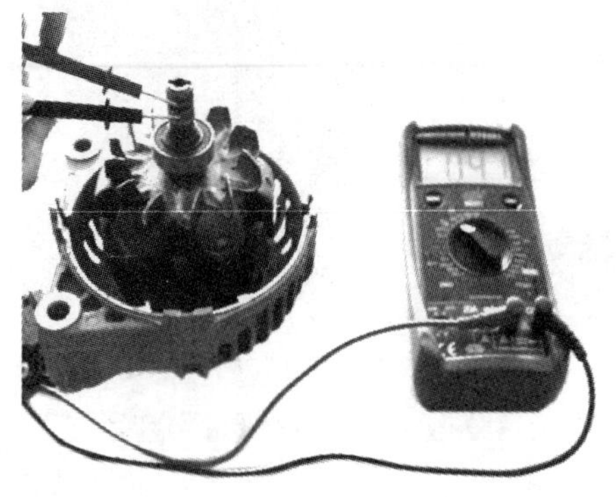

图 2-24　测量磁场绕组导通情况

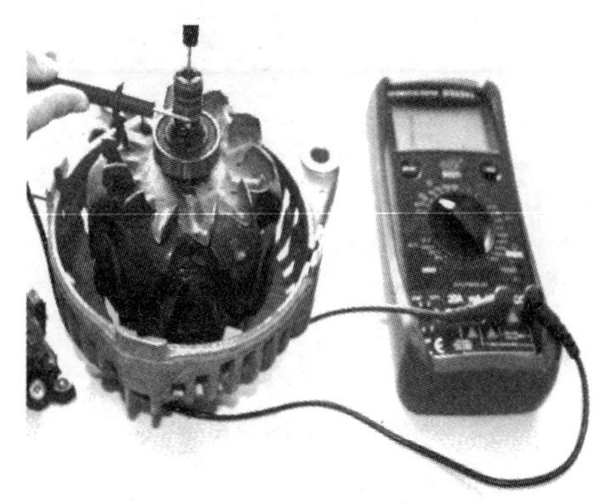

图 2-25　测量磁场绕组搭铁情况

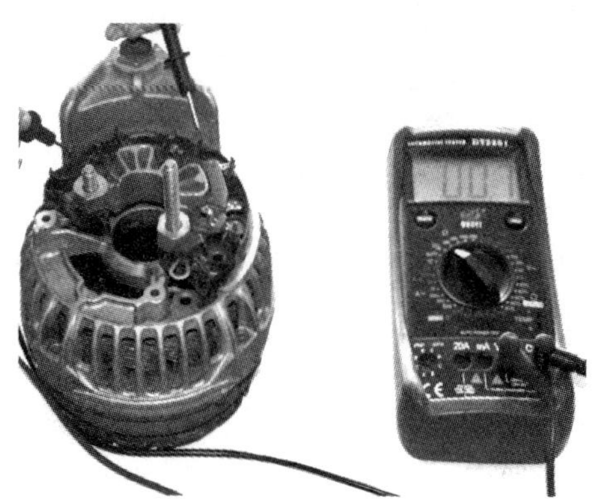

图 2-26　定子绕组的断路检测

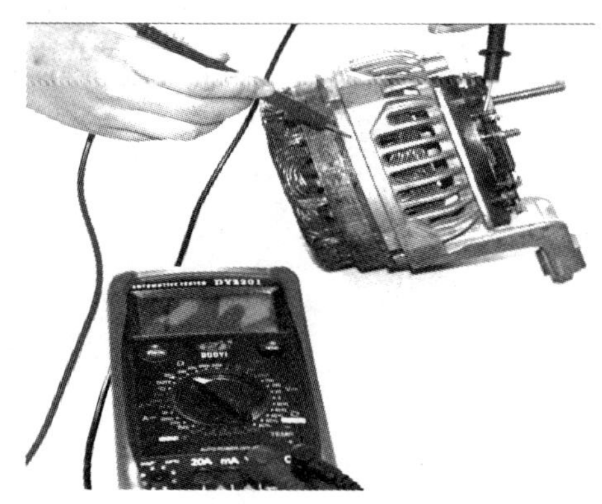

图 2-27　定子绕组搭铁的检测

定子绕组的测量　　表 2-7

定子绕组断路检测								
A—B	测量值		B—C	测量值		C—A	测量值	
	结论			结论			结论	
定子绕组绝缘检测	测量值							
	结论							

(3)整流器的二极管检测。二极管的测量如图 2-28 和图 2-29。使用万用表的二极管测试模式,将万用表的任意一支表笔放在二极管的一端,另外一支表笔放在二极管的另外一端,观察万用表的读数,交换表笔,检查是否单向导通。将测量到的读数填入表 2-8 中。

发电机二极管的测量　　表 2-8

正二极管是否单向导通			负二极管是否单向导通		
1	2	3	1	2	3
□是□否	□是□否	□是□否	□是□否	□是□否	□是□否
□更换	□更换	□更换	□更换	□更换	□更换

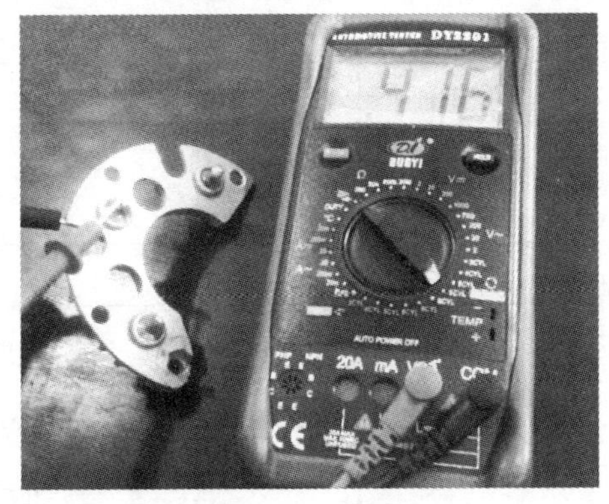

图 2-28 二极管正向测量

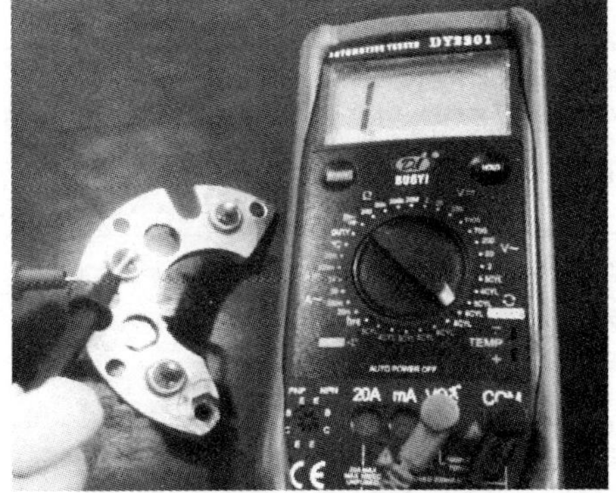

图 2-29 二极管反向测量

(4)检查发电机电刷组件。

电刷架是否有烧损、破损和变形。 □是□否

电刷在架内是否上下活动自如。 □是□否

发电机电刷组件检查如图 2-30 所示。电刷长度低于原尺寸的 2/3 时应更换(用游标卡尺测量),电刷与集电环接触面积应大于 75%。

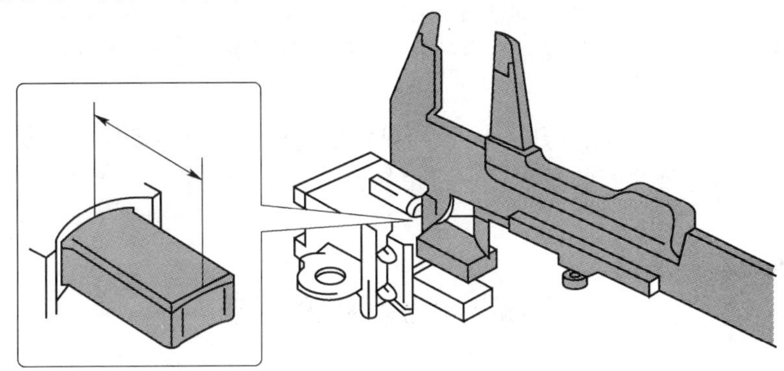

图 2-30 电刷长度测量

测量的电刷长度:______。电刷标准长度:______。结论:______。

三、安装发电机

检查完成后,按照拆卸的相反顺序装好发电机。

四、现场恢复

清洁工具、设备并归位,拆除防护装置,清洁车辆,将车辆驶出举升机工位。

评价与反馈

对本任务进行评价,见表 2-9。

评 分 表 表 2-9

考核项目	评分标准	分值	学生自评	小组互评	教师评价	小计
资料检索	熟练地查阅维修资料,能否找到诊断策略	15				

续上表

考核项目	评分标准	分值	学生自评	小组互评	教师评价	小计
任务方案	是否根据手册提供的诊断策略进行维修	10				
操作过程	工艺步骤是否合理,方法是否正确	30				
设备、工具操作	是否正确	20				
安全生产	是否符合安全操作规程	5				
5S 规范	场地是否整洁,物品摆放是否有序	5				
记录表填写	是否按要求填写,记录值是否准确	15				
总　　分		100				

知识拓展

发电机的维护

交流发电机的结构简单,维护方便。若正确使用,则不仅故障少,而且寿命长;若使用不当,则会很快损坏。因此,在使用和维护中应特别注意以下几点:

(1)一旦发现发电机不发电或充电电流很小时,应及时找出故障并予以排除,不应再使其长期继续运转。

(2)发电机熄火时,应将点火开关断开,否则蓄电池将长期经磁场绕组和调节器放电。

(3)发电机与蓄电池之间的导线要连接可靠,如突然断开,将会产生过电压,易损坏电子元器件。

任务四　电源系统的检修

学习目标

1. 简单描述电源系统的工作原理;
2. 正确描述常规起动机的组成、结构;
3. 简单描述科鲁兹轿车的电源系统电路结构特点;
4. 能熟练地查阅维修资料,确定电源系统故障范围;
5. 按照维修手册提供的维修策略,正确使用诊断仪或万用表等进行电源系统故障诊断,确定故障部位;
6. 根据维修手册在规定时间内,安全规范地进行蓄电池以及蓄电池电流传感器的更换;
7. 维修过程中自觉保持场地整洁,物品摆放有序。

任务导入

客户在驾驶 1.6L/AT 2013 款科鲁兹轿车途中发现动力不足,并且仪表板上充电指示灯常亮。根据客户的描述,维修技师对此车的故障进行了验证,怀疑故障点为电源系统故障,请你对电源系统进行检查。

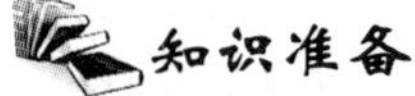

知识准备

一、起动系统概述

起动系统(图2-31)的作用是带动发动机曲轴转动,使发动机曲轴达到必需的起动转速,进入自行运转状态。当发动机进入正常运转状态后,结束任务停止工作。

起动机由直流电动机、传动机构、控制机构三部分组成,如图2-32所示。

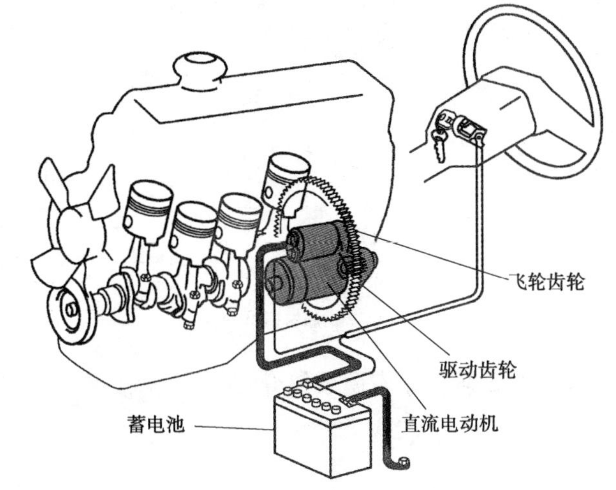

图2-31 起动系统示意图

a)实物图　　b)结构图

图2-32 起动机的结构

直流电动机将蓄电池输入的电能转换为机械能,产生电磁转矩。传动机构的作用是当起动发动机时,使驱动齿轮与飞轮齿圈啮合,将电动机的转矩传递给发动机曲轴。控制机构也称为操纵机构或电磁开关,其作用是接通或切断直流电动机与蓄电池之间的电路,控制驱动齿轮与发动机飞轮齿圈的啮合和分离。

二、汽车电源系统和起动系统工作原理

汽车电源系统由蓄电池、交流发电机、点火开关、充电指示灯、保险装置及线路等组成。汽车起动系统由蓄电池、起动机、起动继电器、点火开关、保险装置及线路等组成,如图2-33所示。

工作原理分析如下:当发电机不发电或输出电压低于蓄电池电压时,充电指示灯亮;当点火开关置于“ON”挡时,蓄电池电流流经起动继电器的线圈,此时起动继电器触点闭合,电流经

过起动机,起动机工作。同时给发电机的电压调节器供电,发电机工作。

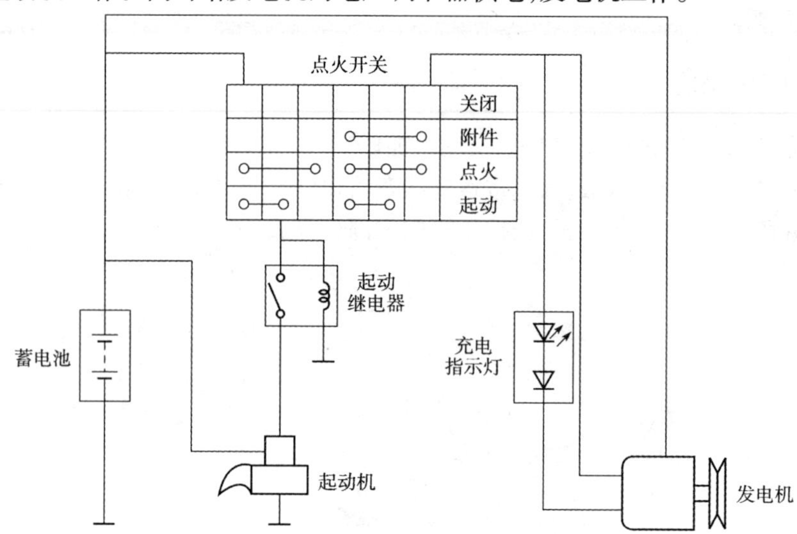

图2 33　起动系统的组成

三、科鲁兹1.6L/AT 2013款轿车电源系统介绍

1 电源系统组成

科鲁兹轿车电源系统如图2-34所示,包括蓄电池、蓄电池电流传感器、车身控制模块、发动机控制模块、组合仪表、发电机。其中车身控制模块位于仪表板中央下方,烟灰盒下方,靠近地板;发动机控制模块位于发动机舱内的发动机左侧;蓄电池电流传感器与蓄电池的负极电缆连接;电压调节器与发电机控制装置集成一体。

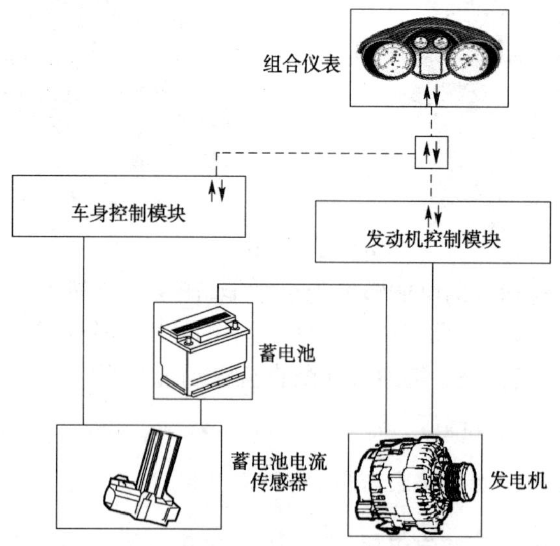

图2-34　科鲁兹轿车电源系统工作原理图

2 电源系统功能

该系统可以执行以下3个功能。

1）监测蓄电池电压并估计蓄电池的状态

蓄电池电流传感器监测蓄电池电流，并输入到车身控制模块中。当点火开关置于关闭位置时，通过测量开路电压来判断蓄电池的充放电状态。点火开关置于打开位置时，根据蓄电池容量、初始充电状态和温度等参数估算充放电状态。

2）提高怠速转速和调节电压

车身控制模块（BCM）与发动机控制模块（ECM）通信进行怠速提高和调节电压。车身控制模块根据蓄电池电流传感器测试参数，了解蓄电池充电状态和温度，确定发电机输出，并发送信息到发动机控制模块。发动机控制模块监测发电机信号电路，通过电压调节器控制发电机的输出电压，将充电电压设置为不损害蓄电池寿命的最佳充电电压来完成，以改善蓄电池充电状态、蓄电池寿命和燃油经济性。

如果发电机出现故障，电压调节器向发动机控制模块发送信号，提示存在故障，车身控制模块发出控制指令，默认输出电压为13.8V。

3）进行诊断并提醒驾驶员

仪表板组合仪表与车身控制模块（BCM）和发动机控制模块（ECM）通信，当充电系统出现故障时，仪表板组合仪表会通过两种方式提醒用户，充电指示灯点亮和驾驶员信息中心显示警告信息。驾驶员信息中心显示信息为："BATTERY NOT CHARGING SERVICE CHARGING-SYSTEM（蓄电池不充电，维修充电系统）"或"SERVICEBATTERY CHARGING SYSTEM（维修蓄电池充电系统）"。

发动机控制模块监测发电机接通信号电路的状态。使用钥匙接通点火开关时，发动机控制模块执行钥匙接通和运行测试，组合仪表上充电指示灯点亮约3s后熄灭。当点火开关置于ON（打开）位置且发动机关闭时，发动机控制模块检测到发电机输出电压低于11V或高于16V，充电指示灯点亮，并在驾驶员信息中心显示警告信息。当发动机运行时，充电指示灯熄灭，但当充电系统发生故障时，充电指示灯点亮，并在驾驶员信息中心显示警告信息。

3 科鲁兹1.6L/AT 2013款车辆电源系统工作模式

该充电系统有6种操作模式，见表2-10。

科鲁兹1.6L/AT 2013款轿车电源系统工作模式 表2-10

操作模式	车身控制模块设置发电机目标输出电压	工 作 条 件
蓄电池硫化模式	充电模式2～3min，然后根据充电系统状况，确定进入哪一个模式	发电机输出电压低于13.2V并持续45min
充电模式	13.9～15.5V	（1）刮水器接通并持续超过3s； （2）高速冷却风扇、后除雾器和空调高速鼓风机打开； （3）蓄电池温度低于0℃（32℉）； （4）"蓄电池充电状态"低于80%； （5）车速高于145km/h； （6）蓄电池电流传感器出现故障； （7）车身控制模块确定系统电压低于12.56V 符合上述任一条件后，车身控制模块将进入"充电模式"

续上表

操作模式	车身控制模块设置发电机目标输出电压	工作条件
燃油经济模式	12.5～13.1V	车身控制模块检测蓄电池温度为0～80℃(176℉),计算的蓄电池电流为8～15A,且蓄电池充电状态大于或等于80%
前照灯模式	13.9～14.5V	前照灯(远光或近光)打开
起动模式	14.5V并持续30s	发动机起动时
电压下降模式	12.9V	车身控制模块检测环境温度高于0℃(32℉),计算的蓄电池电流小于1A或大于7A,且发电机输出信号电压正常

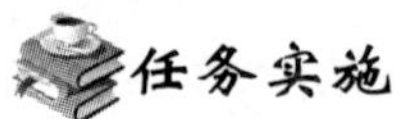
任务实施

充电指示灯常亮故障诊断与排除

一、作业准备

作业准备见表2 11。

作业准备　　表2-11

序号	项目	作业记录
1	汽车停放和三角块放置状况	
2	座椅套、转向盘套、换挡手柄套、脚垫、翼子板护围安装状况	
3	万用表、专用解码器、常用拆卸工具	
4	蓄电池,发电机,组合仪表,熔断丝,线束等	
5	纸质或电子版维护手册	
6	蓄电池电压状况	

二、故障现象确认

(1)接通点火开关,观察充电指示灯是否点亮。　□是□否

(2)起动发动机,观察充电指示灯是否熄灭。　□是□否

三、故障码检查

连接专用故障诊断仪,读取故障码(有内容时填写检查代码,如果没有时填写“无”)。

____。

四、确定故障范围

根据上述检查进行判断,并填写可能故障范围(表2-12)。

可能故障范围　　表2-12

蓄电池	□是	□否
发电机及相连线路	□是	□否
蓄电池电流传感器及相连线路	□是	□否
充电指示灯	□是	□否
发动机控制模块及相连线路	□是	□否

五、基本检查(在不作部件拆装的情况所做的外观检查)

(1)线路/连接器外观及连接情况。　　□ 正常 □ 不正常

(2)零件安装等。　　□ 正常 □ 不正常

六、部件及电路测试

1. 对被怀疑的部件进行测试

对被怀疑的部件进行测试,见表2-13。

部件测试结果　　表2-13

部　　件	检查或测试后的判断结果	
	□ 正常	□ 不正常
	□ 正常	□ 不正常
	□ 正常	□ 不正常
	□ 正常	□ 不正常

2. 蓄电池检测

蓄电池检测见表2-14。

蓄电池检测　　表2-14

检测对象	检测条件	规定状态
蓄电池正极、负极	点火开关置于“OFF(关闭)”位置	12.4~12.8V 且保持稳定

若检测值未在范围内或低于12.4V、高于12.8V则进行蓄电池性能检测。

3. 发电机及相连线路检测

(1)发电机与蓄电池相连线路检测。发动机运行,转速为2500r/min,打开所有车辆附件,确认蓄电池电压为12.6~15V,否则,进行发电机与蓄电池相连线路检测。如果所有电路测试正常,则测试或更换G13发电机。

(2)发电机与发动机控制模块相连线路。发电机与发动机控制模块相连线路检测见表2-15。G13发电机X2线束插接器如图2-35所示。

发电机与发动机控制模块相连线路检测　　表2-15

检测对象	检测条件	规定状态
G13 X2线束插接器 端子1—搭铁	断开G13发电机上的X2线束插接器,点火开关置于“ON(打开)”位置	电压低于1V
	断开G13发电机上的X2线束插接器,发动机运行	电压高于3V

如果电路测试正常,则更换K20发动机控制模块。

4. 充电指示灯检测

使用故障诊断仪指令“所有指示灯”测试点亮和熄灭,确认充电指示灯点亮和熄灭。如果充电指示灯总是保持点亮或总是保持熄灭,则更换P16组合仪表。

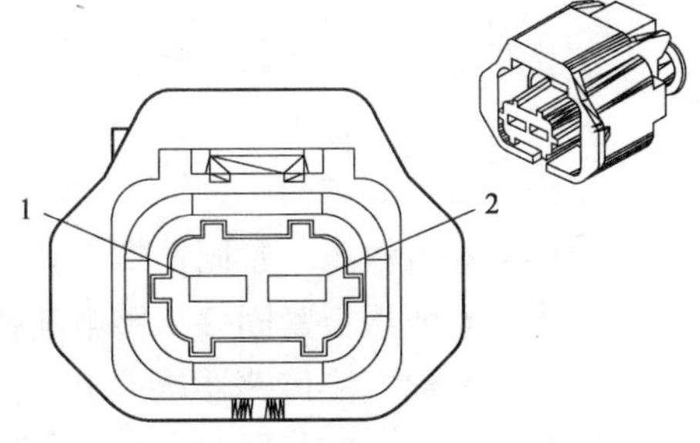

图2-35　发电机X2线束插接器

1、2-端子

七、故障部位确认

根据上述的所有检测结果,确定故障内容(表2-16)。

确认故障内容　　表2-16

□元件损坏	请写明元件名称：
□线路故障	请写明线路区间：
□其他	

八、故障点的排除处理

□更换	□维修	□调整

蓄电池的更换

(1)安全操作注意事项。

使用专用工具GE-49379蓄电池拆卸工具；蓄电池压板固定螺母紧固至9N·m；蓄电池正极电缆螺母(1)紧固至9N·m；蓄电池正极电缆至起动机螺母紧固至9N·m。

(2)操作步骤。

①断开蓄电池负极电缆。

②解开蓄电池熔断丝盒盖上的固定凸舌。

③使用合适的螺丝刀通过窗孔松开卡夹(图2-36)。

④打开蓄电池熔断丝盒盖。

⑤拆下蓄电池正极电缆至起动机螺母。

⑥从蓄电池上拆下连接到起动机的蓄电池正极电缆(图2-37)。

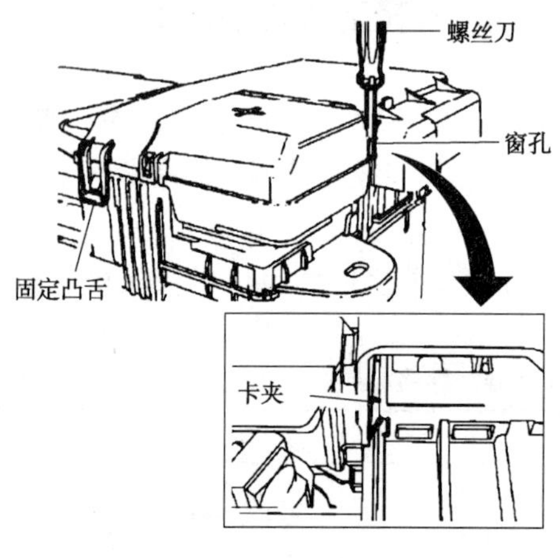

图2-36　松开卡夹

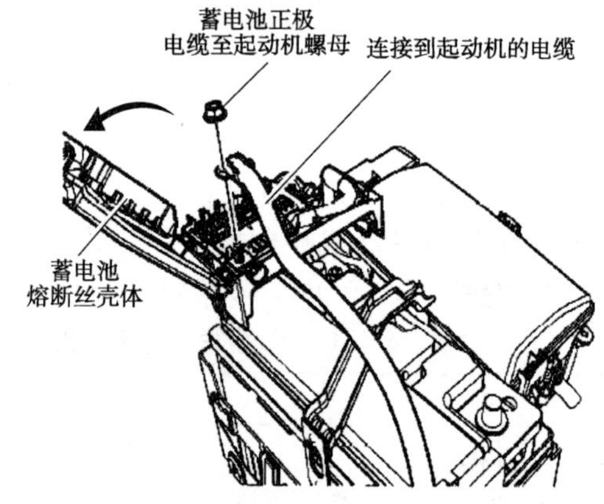

图2-37　拆下连接起动机的正极电缆

⑦松开蓄电池上的蓄电池正极电缆螺母。

⑧拆下蓄电池正极电缆(图2-38)。

⑨松开2个固定凸舌，并拆下蓄电池正极电缆盖。

⑩拆下蓄电池压板紧固件螺母。

⑪将蓄电池压板紧固件从蓄电池托架上拆下(图2-39)。

⑫将蓄电池电流传感器从蓄电池托架上松开。

⑬断开预热塞控制器线束插头(图2-40)。

⑭将预热塞控制器托架从蓄电池托架上拆下。

⑮松开固定凸舌，拆下蓄电池托架。

⑯用 GE-49379 拆卸工具拆下蓄电池（图 2-41）。

⑰安装蓄电池。

⑱安装步骤同拆卸步骤相反。

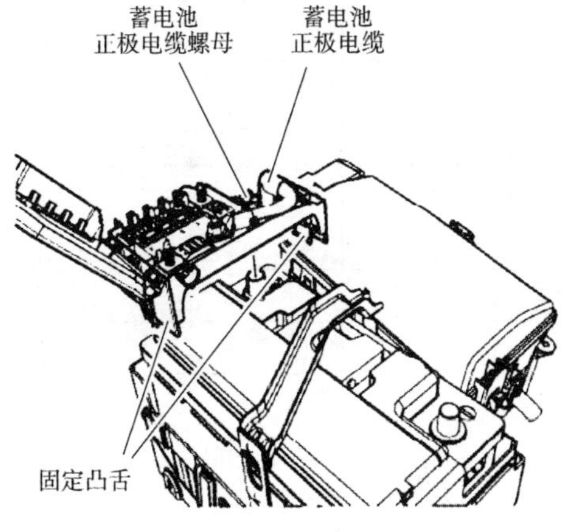

图 2-38　拆下正极电缆

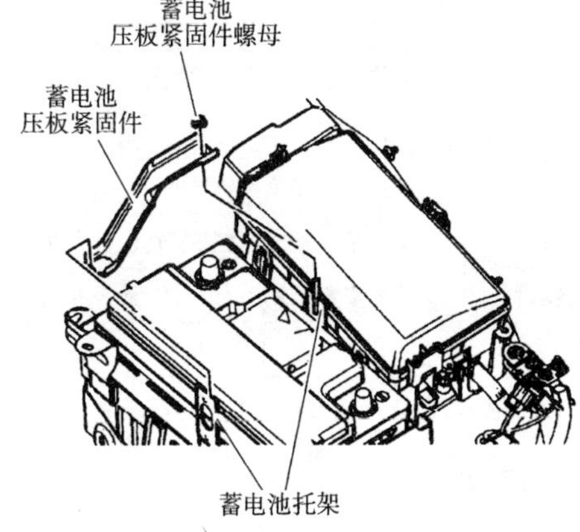

图 2-39　拆下蓄电池压板

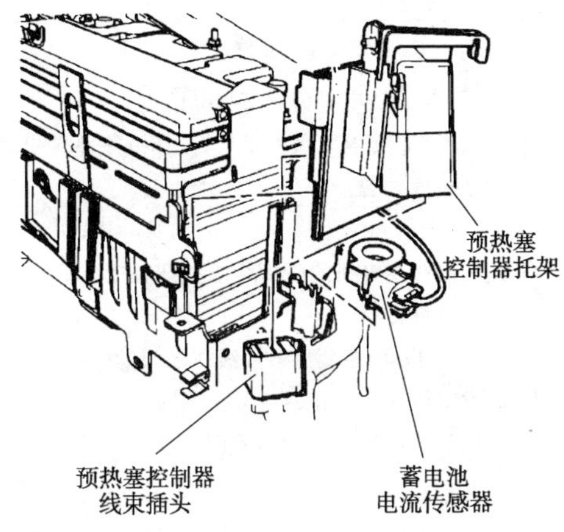

图 2-40　断开预热塞控制器线束插头

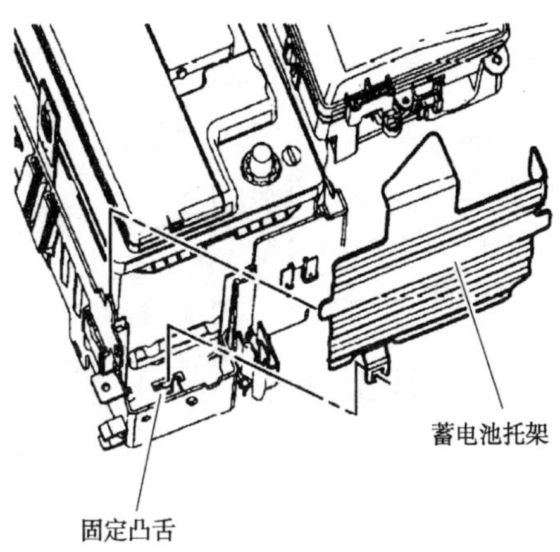

图 2-41　拆下蓄电池

九、维修结果确认（表中项目检查有内容时填写检查结果，如果没有时填写“无”。）

（1）维修后故障码读取，并填写读取结果。

（2）维修后的功能确认并填写结果。

十、现场恢复

清洁工具设备并归位，拆除防护装置，清洁车辆，将车辆驶出举升机工位。

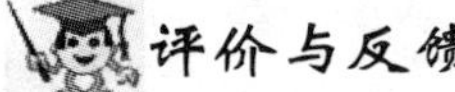

评价与反馈

对本任务进行评价，见表 2-17。

评 分 表

表2-17

考核项目	评分标准	分值	学生自评	小组互评	教师评价	小计
资料检索	熟练地查阅维修资料,能否找到诊断策略	15				
任务方案	是否根据手册提供的诊断策略进行维修	10				
操作过程	工艺步骤是否合理,方法是否正确	30				
设备、工具操作	是否正确	20				
安全生产	是否符合安全操作规程	5				
5S规范	场地是否整洁,物品摆放是否有序	5				
记录表填写	是否按要求填写,记录值是否准确	15				
总 分		100				

注意:违反操作规程,出现人身伤害或设备严重事故,本任务考核0分。

电源系统常见故障及原因(表2-18)。

电源系统常见故障及原因

表2-18

故障	故障现象	可能故障原因	维修方法
不充电	发电机以中速以上速度运转时,充电指示灯不熄灭	(1)线路的接线断开或短路; (2)充电指示灯的接线错误; (3)发电机故障; (4)调节器失效	(1)检查发电机传动带状况; (2)检查充电线路接线是否正确,各导线和接头有无断裂或松脱; (3)打开点火开关,但不起动发动机,用试灯将其一端接在发电机的磁场绕组接线柱上,另一端搭铁,观察试灯; (4)用万用表测量各接线柱之间的电阻值,粗略判断发电机故障所在; (5)若调节器有故障,及时更换
充电电流过小	蓄电池在亏电情况下,发动机中高速运转时,充电电流很小	(1)充电线路接触不良; (2)发电机故障; (3)调节器失效	(1)检查发电机传动带松紧度和油污情况; (2)对内搭铁式发电机将发电机"B"接线柱与"F"接线柱短接,如果充电电流增大,说明故障在调节器;如充电电流仍然过小,则故障在发电机
充电电流过大	蓄电池在充足电的情况下,充电电流仍在10A以上	(1)调节器损坏; (2)发电机电刷与元件板短路,造成调节器不起作用	将调节器励磁接线柱上的线取下,提高发动机转速,观察是否仍有充电电流。若有,说明发电机内部电刷与元件板短路,应更换发电机。若没有,说明调节器故障
充电电流不稳	发电机转速在高于怠速时,时而充电,时而不充电,充电指示灯时而亮时而不亮	(1)发电机传动带过松打滑; (2)充电系统线路连接不良; (3)发电机转子或定子绕组局部短路或断路;集电环脏污或电刷与集电环之间接触不良; (4)调节器工作不良	(1)检查和调整发电机传动带,排除传动带打滑和导线接触不良等因素; (2)检查集电环和电刷的接触是否良好;检查整流器,清洗油污表面; (3)检查调节器

思考与练习

一、选择题

1. 蓄电池在放电过程中,其电解液的密度是(　　)。

A. 不断上升　　B. 不断下降　　C. 保持不变

2. 蓄电池电解液的相对密度一般为(　　)。

A. 1.24 ~ 1.28　　B. 1.15 ~ 1.20　　C. 1.35 ~ 1.40

3. 蓄电池极板上活性物质在放电过程中都转变为(　　)。

A. 硫酸铅　　B. 二氧化铅　　C. 铅

4. 在讨论蓄电池结构时,甲说 12V 蓄电池由 6 个单个电池并联组成,乙说,12V 蓄电池由 6 个单格电池串联组成,你认为(　　)。

A. 甲正确　　B. 乙正确　　C. 甲乙都对　　D. 甲乙都不对

5. 铅蓄电池放电时,端电压逐渐(　　)。

A. 上升　　B. 平衡状态　　C. 下降　　D. 不变

6. 在讨论蓄电池电极柱的连接时,甲说,脱开蓄电池电缆时,始终要先拆下负极,乙说,连接蓄电池电缆时,始终要先连接负极电缆,你认为(　　)。

A. 甲正确　　B. 乙正确　　C. 甲乙都对　　D. 甲乙都不对

7. 交流发电机中产生磁场的装置是(　　)。

A. 定子　　B. 转子　　C. 电枢　　D. 整流器

二、判断题

1. 在放电过程中,正负极板上的活性物质都转变为硫酸铅。　(　　)

2. 免维护蓄电池在使用过程中不需补加蒸馏水。　(　　)

3. 蓄电池主要包括极板、隔板、电解液和外壳等。　(　　)

4. 蓄电池可以缓和电气系统中的冲击电压。　(　　)

5. 蓄电池正极板上的活性物质是二氧化铅,负极板上的活性物质是海绵状纯铅。(　　)

6. 为了防止冬天结冰,蓄电池电解液的密度越高越好。　(　　)

7. 交流发电机的定子绕组通常为 Y 形接法,整流器为三相桥式整流电路。　(　　)

三、简答题

1. 电源系统的作用是什么?

2. 蓄电池的作用是什么? 蓄电池由哪些结构组成?

3. 交流发电机的作用是什么? 交流发电机由哪些结构组成?

项目三　汽车车身数据通信系统的检修

任务一　认识汽车车身局域网

学习目标

1. 简单叙述数据总线的优点和传输形式；
2. 简单叙述车载网络的构成及分类；
3. 简单叙述汽车车身局域网的应用；
4. 正确描述科鲁兹轿车车身局域网的特点；
5. 能熟练地查阅维修资料，描述科鲁兹轿车车身局域网的元件位置及通信线路；
6. 实训过程中自觉保持场地整洁，物品摆放有序。

任务导入

客户来店维护，雪佛兰科鲁兹 1.6L/AT 2013 款轿车，同时询问该款轿车配置的功能哪些用到车身局域网，现安排你为客户介绍此车车身局域网的运用及此车车身局域网的特点。

知识准备

车身局域网系统指车身辅助电气统一由车身电控单元来控制，如车辆中央门锁、电动车窗、天窗、电动后视镜等系统都由车身电控单元来集中控制。为了解如何实现集中控制，首先需了解数据总线传输和车载网络的相关知识。

一、数据总线概述

1 数据传输形式

由于法规在汽车的排放、能耗和安全性能等方面的要求日益严格，同时顾客对汽车舒适性的要求也不断提高，现代汽车使用的电子控制系统和通信系统越来越多。这些系统之间需要进行数据交换，如果采用常规的布线方式，即每项信息通过独立的数据线进行交换传输，如图 3-1a）中两个电子控制单元需要 5 条数据线进行数据交换。若传递信号项目多，会导致电子控制单元针脚数目增多、线路复杂、故障率增多。据统计，如采用普通线束，一个中级轿车就需要线束插头 300 个左右，插针总数将达到 2000 个左右，线束总长超过 1.6km，不但装配复杂而且故障率会很高。为了解决这个问题，目前汽车上通过数据总线进行各个控制单元之间所有信息的传递，如图 3-1b）所示，一辆汽车不管有多少电子控制单元，不管需要传递的信息多大，所有信息都通过一根或两根双向数据总线进行传递，可以更好地实现各控制系统之间高速通信、交流信息，这一根或两根导线就称为数据总线。图 3-2 所示为没有应用车载网络的车辆与应

用车载网络的车辆的线束对比。

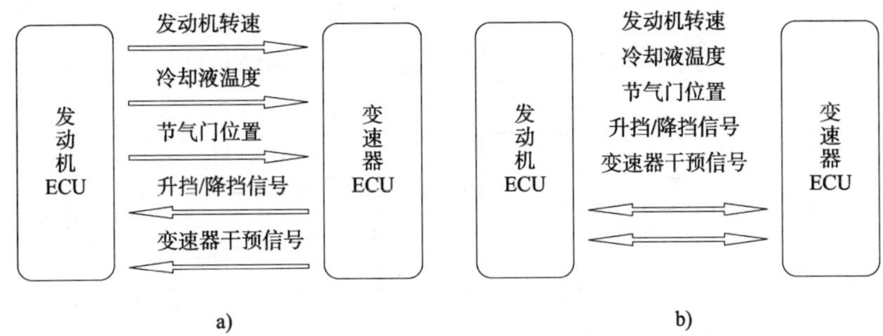

图 3-1　传统网络传输与车载网络传输

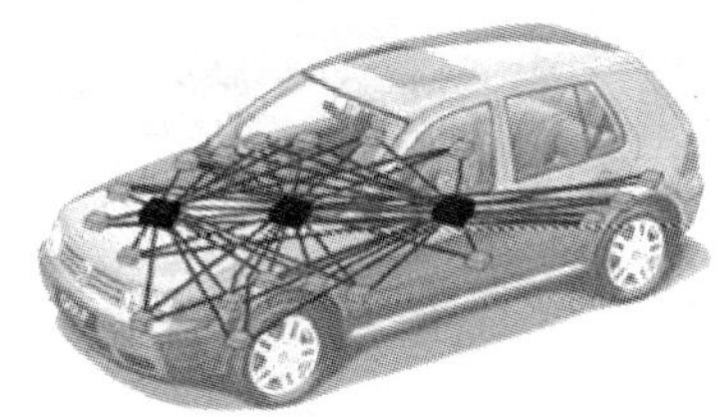

a)没有应用车载网络的车辆

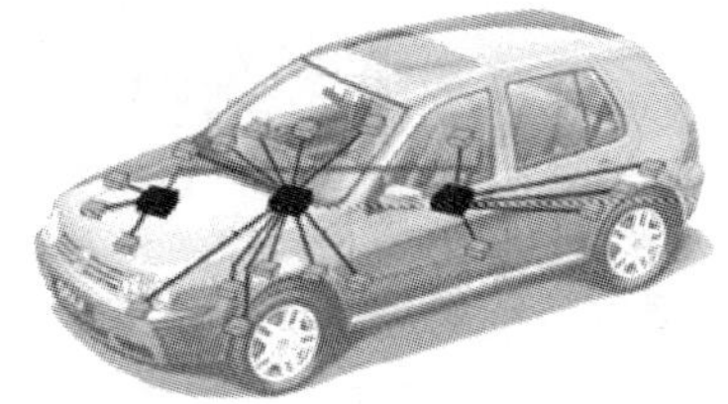

b)应用车载网络的车辆

图 3-2　车载网络线束对比

总体来说,使用汽车网络系统具有以下优点:

(1)共用信息能够减少使用开关、传感器和执行器的数量。

(2)开关和传感器可以将信号传递给附近的电子控制单元(ECU),再通过网线将信号传输给其他电子控制单元(ECU),这样可以缩短线束的总长度。

(3)极大地降低了导线线束的质量。

(4)控制装置的插头芯针数量更少。

(5)提高了可靠性和耐用性。

如图 3-3a)所示,在传统控制电路中,各种控制信号都属于平行关系,互相之间并没有关联,每个信号都有专属的信号线,因此,如果需要传输多个信号的话,就需要多根线进行。而在车载网络系统中采取基于串行数据总线体系结构,能将各种信号按照内部程序转换为各种数据后,通过一根线或两根线每个 bit 一个一个地被传输进行串行通信,在其通信线上传送的是“0”、“1”数字信号。当数据中的字节有多位时,就能表达很多含义,在进行通信时就能通过多位数的不同“0”、“1”组合变化来传送信息。如图 3-3b)所示,A 控制单元读取 4 个开关信号状态,将其转换为“0110”的数据传送给 B 控制单元,B 控制单元收到后将其解出,即知现在 1、4 开关断开,2、3 开关接通。

事实上,数据信息的传输是依次进行的,在同一通道或线路上同时传输多条信息称为多路传输。但传输速度非常快,几乎就是同时传输的。

❷ 数据总线传输的速度

数据传输的速度用比特率来表示,即每秒传送的比特(bit)数,单位为 bps(bit per second)也可表示为 b/s。比特率越高,单位时间传送的数据量(位数)越大。电子控制单元中的信息都用二进制的0和1来表示,其中每一个0或1被称作一个位,用小写b表示,即bit(位)。大写B表示byte即字节,1个字节=8个位,即1B=8b。表示文件的大小单位,一般都使用千字节(kB)来表示文件的大小,kbps:指的是每秒传送多少千位的信息。

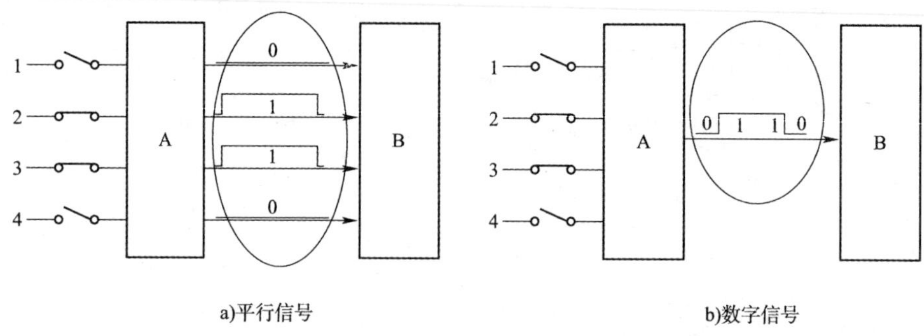

图3-3 平行信号与数字信号

车载网络系统的概述

1 车载网络的基本构成

一般车载网络控制系统通过多条不同速率的总线分别连接不同类型的电子控制单元,采用特定的通信协议,组成局域网络系统,并使用网关来实现整车的信息共享和网络管理,如图3-4所示。

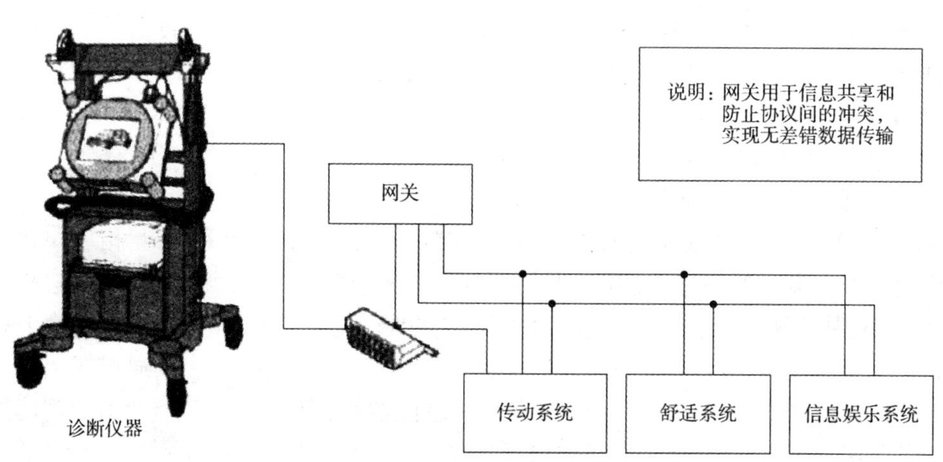

图3-4 车载网络的构成

1)通信协议

随着汽车上的电子控制单元越来越多,各电控单元想要交流成功,两个电子控制单元必须使用和解读相同的电子语言,这种语言称为"协议",即在通信内容、怎样通信及何时通信等方面,两个电子控制单元相互遵从的一组约定和规则,这些约定和规则的集合称为协议。汽车电脑网络常见的传输协议有数种,大多数通信协议(以及使用它们的数据总线和网络)都是专用的。因此,维修诊断时需要专门的软件。

2)局域网

数据总线作为电控单元之间的一种数据传递方式,将各个控制单元连接形成一个网络系统。由于受到信息传输速度、成本和网络功能的限制,现代汽车网络还不能完全采用单一的网络系统。一般采用局域网的形式,即在一个有限区域内连接某些电子控制单元,这个区域具有特定的职能,遵从特定的通信协议,通过局域网络实现这个系统内的资源共享和信息通信,如图3-4中传动系统、舒适系统、信息娱乐系统等。

3)网关

汽车车载网络结构采用多条不同速率的总线分别组成局域网络系统,为了数据总线间实现无差错数据传输,所以必须要用一种特殊功能的电子控制单元达到信息共享和不产生冲突。这种电子控制单元就称作网关,如图3-4所示,它可以单独由一个电子控制单元充当,也可以由某个电子控制单元兼顾,有些车可能安装有两个以上的网关。

2 车载网络的分类

1)按照传输速度分类

为使不同厂家生产的零部件能在同一辆汽车上协调工作,必须制定标准。国际上众多知名汽车公司早在20世纪80年代就积极致力于汽车网络技术的研究及应用,迄今为止,已有多种网络标准。各种汽车网络标准,其侧重的功能有所不同。

为方便研究和设计应用,SAE车辆网络委员会将汽车数据传输网按照系统的信息量、响应速度、可靠性等要求将车载网络系统分为A级、B级、C级、D级、E级五类。

A级是面向传感器、执行器控制的低速网络,数据传输速度通常小于20kb/s,主要用于后视镜,电动车窗、照明等控制,目前首选是LIN总线。

B级是面向独立模块间数据共享的中低速网络,速度在20~125kb/s,主要应用于车身电子舒适模块、故障诊断、仪表显示等系统,低速CAN总线凭借其突出的可靠性、实时性和灵活性,已成为被世界接受的B类总线的主流协议。

C级是面向中高速的多路传输网,速度在125kb/s~1Mb/s之间,主要用于牵引控制、发动机控制、自动变速器、ABS等系统,就目前来说,高速CAN总线仍为C类网络协议的主流。

D级是面向媒体传输的高速网络,速度在1Mb/s以上,主要用于导航、车载音响、车载电话等信息娱乐系统,主要有MOST和无线蓝牙技术。

E类是面向乘员的安全系统高速、实时网络,速度在10Mb/s以上,主要用于车辆被动性安全领域,如BMW公司设计的安全气囊系统中,使用Byteflight协议连接气囊控制单元、加速度计、安全传感器等装置为被动安全提供最佳保障。

2)按物理连接关系分类

常用的物理连接关系有3种:总线形、环形、星形。

图3-5所示为总线型结构网络。多个电子控制单元共用一条传输线,所以同一时刻只能有两个电子控制单元在相互通信,适用于传输距离较短,电子控制单元有限的环境,车载局域网多采用此种方式。

图3-6所示为环形结构网络。每个电子控制单元都与两个相邻的电子控制单元相连,信息流在网中是沿着单向流动,每次信息在网中传输最大时间是固定的,实时性较高,但当环中

电子控制单元过多时,会影响信息传输速率,使网络的响应时间延长;一个电子控制单元故障,将会造成全网瘫痪,可靠性低;环路是封闭的,不便于扩充。

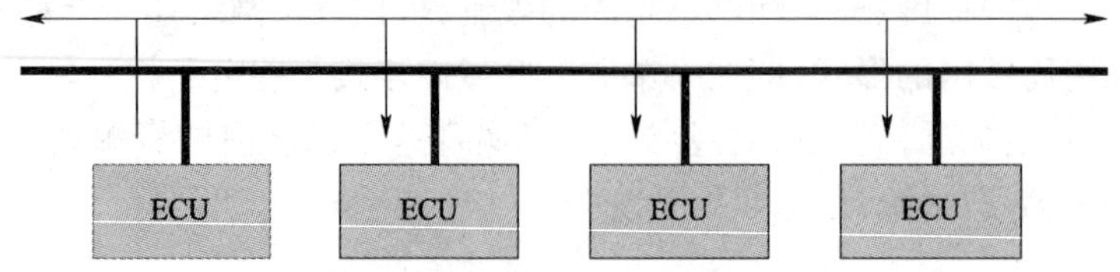

图 3-5　总线形结构网络

图 3-7 所示为星形结构的网络,属于集中控制型网络,整个网络中所有的传输信息均需通过中心电子控制单元转发,因此,中心电子控制单元相当复杂,而其他电子控制单元的通信处理负担都很小,只需要满足简单通信要求,线路利用率不高。

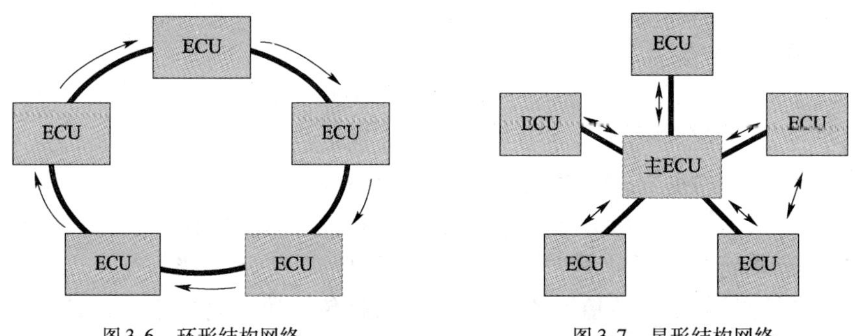

图 3-6　环形结构网络　　图 3-7　星形结构网络

❸ 典型车载网络系统的组成

车载网络系统主要包括动力传动系统、车身系统、娱乐与媒体系统、故障诊断系统等局域网,如图 3-8 所示。

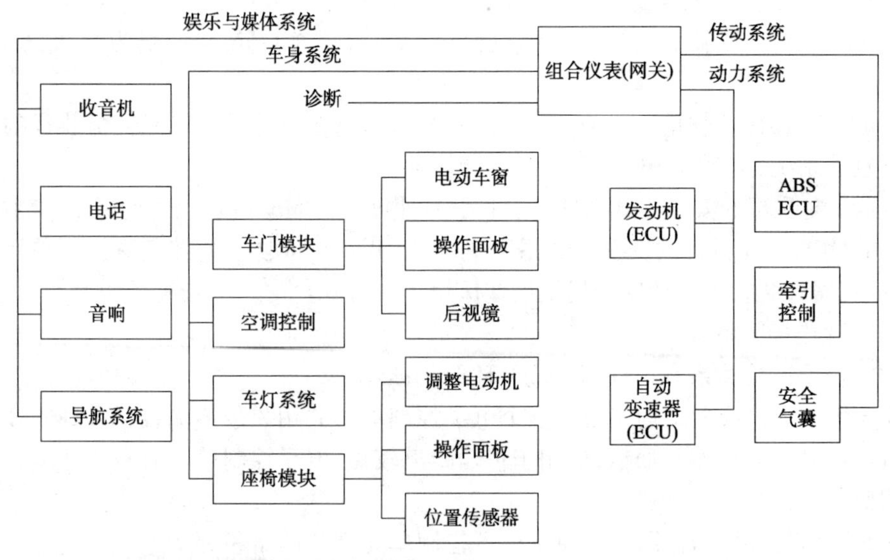

图 3-8　车载网络的组成

在动力传动系统网络中，主要连接对象是发动机 ECU、ABS ECU 及自动变速器 ECU 等，它们都是与汽车行驶直接相关的控制系统，这些系统需要尽可能快速传递数据，以便及时利用数据，对通信实时性要求较高，因此，使用高速数据总线。

车身系统网络中，主要连接对象是低速电动机和开关器件，它们对通信实时性要求低，且数量众多，所以使用低速数据总线，有利于通信的实时性。

对于娱乐与媒体系统网络，主要负责卫星导航及智能通信系统，要求容量大、通信速率非常高，所以采用新型的多媒体总线（基于光纤通信）连接车载媒体，可以保证充足的带宽。

故障诊断系统是将车用诊断仪器连接到车载通信网络上加以实现的，目前，汽车的故障诊断主要是通过一套较为独立的诊断网络。其目的主要采用 OBD-Ⅱ、OBD-Ⅲ或 E-OBD 标准、协议。

三、车身局域网系统

汽车车身局域网系统常用的有 CAN 和 LIN 两种数据总线协议，如图 3-9 所示。通用车系典型网络系统有 GM LAN、CLASS2、UART；丰田车系常用的网络系统有 BEAN、AVC-LAN；福特车系常用的网络系统有 HBCC。

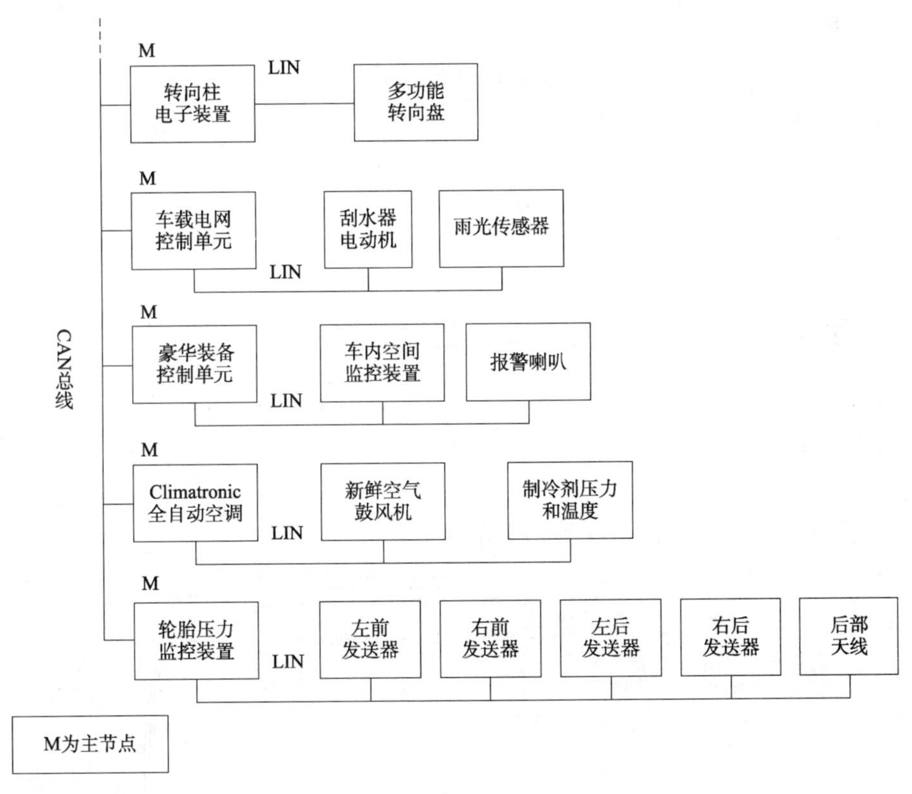

图 3-9　车身局域网

1.6L/AT 2013 款科鲁兹电动车窗工作原理图如图 3-10 所示，当驾驶员操纵驾驶员侧车窗开关控制前乘员侧、左后或右后乘客侧车窗时，车窗开关通过串行数据电路与车身控制模块通信，发送请求车窗电动机工作的串行数据信息指令，随后车身控制模块向相应车窗开关发送串行数据信息，指令车窗电动机按要求的方向移动。

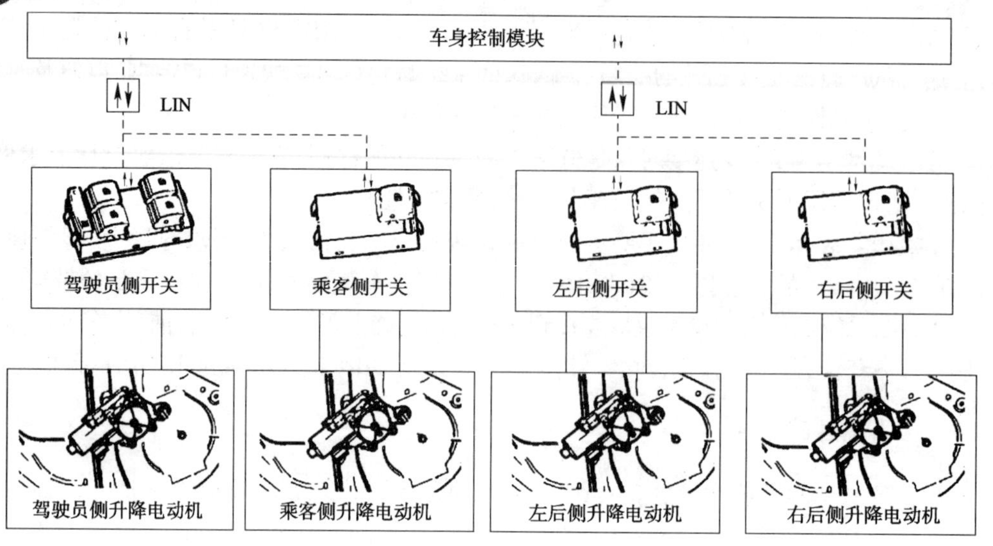

图 3-10　科鲁兹电动车窗工作原理图

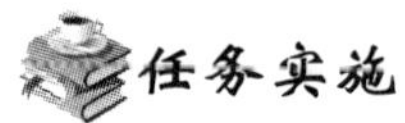

查找车身数据通信系统电控单元

一、作业准备

作业准备见表 3-1。

作　业　准　备　　表 3-1

序号	项　　目	作业记录
1	汽车停放和三角块放置状况	
2	座椅套、转向盘套、换挡手柄套、脚垫、翼子板护围安装状况	
3	纸质或电子版使用手册情况	

二、在车身数据通信系统中标出电控单元实际位置

利用教学车辆及该车型资料,将雪佛兰科鲁兹 1.6L/AT 2013 款汽车车身数据通信系统中所有电控单元实际位置画在图 3-11 所示的车辆平面图上。

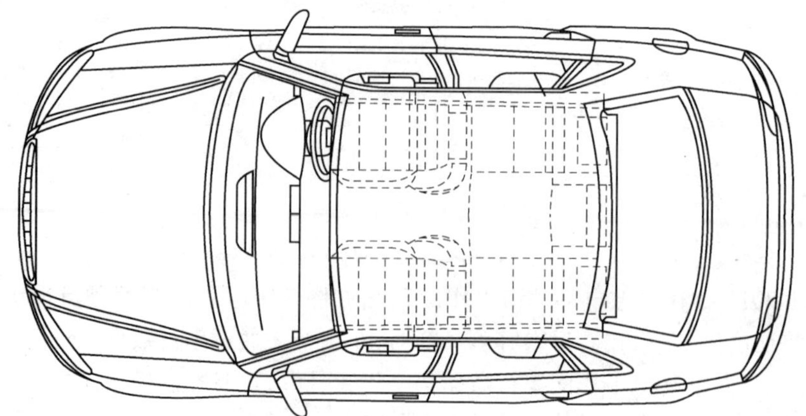

图 3-11　科鲁兹车身数据通信系统

三、现场恢复

清洁工具设备并归位，拆除防护装置，清洁车辆，将车辆驶出举升机工位。

评价与反馈

对本任务进行评价，见表3-2。

评　分　表　　　表3-2

考核项目	评分标准	分值	学生自评	小组互评	教师评价	小计
资料检索	熟练地查阅维修资料，能否找到诊断策略	15				
任务方案	是否根据手册提供的诊断策略进行维修	10				
操作过程	工艺步骤是否合理，方法是否正确	30				
设备、工具操作	是否正确	20				
安全生产	是否符合安全操作规程	5				
5S规范	场地是否整洁，物品摆放是否有序	5				
记录表填写	是否按要求填写，记录值是否准确	15				
总　分		100				

注意：违反操作规程，出现人身伤害或设备严重事故，本任务考核0分。

任务二　汽车车身局域网数据总线的检修

学习目标

1. 简单描述CAN数据总线、LIN数据总线、GM LAN的原理和协议；
2. 能熟练地查阅维修资料，确定车身局域网路系统故障范围；
3. 按照维修手册提供的维修策略，正确使用诊断仪、万用表或示波器等进行CAN数据总线和LIN数据总线故障诊断，确定故障部位；
4. 实训过程中自觉保持场地整洁，物品摆放有序。

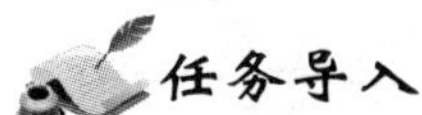

任务导入

客户在使用科鲁兹1.6L/AT 2013款轿车时，操作驾驶员侧车窗升降开关不能控制所有车窗的升降，但其他车窗开关可以单独控制，驾驶员现将车开到雪佛兰服务站，根据客户的描述，维修技师对此车的故障进行了验证，怀疑故障点为LIN总线，故提出了检测LIN总线的建议。服务顾问已开出工单，请你们小组排除此故障。

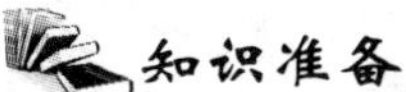

知识准备

一、CAN数据总线介绍

1 CAN数据总线

CAN协议是由福特、Internet与博世公司共同开发的高速汽车通信协议。CAN是Control-

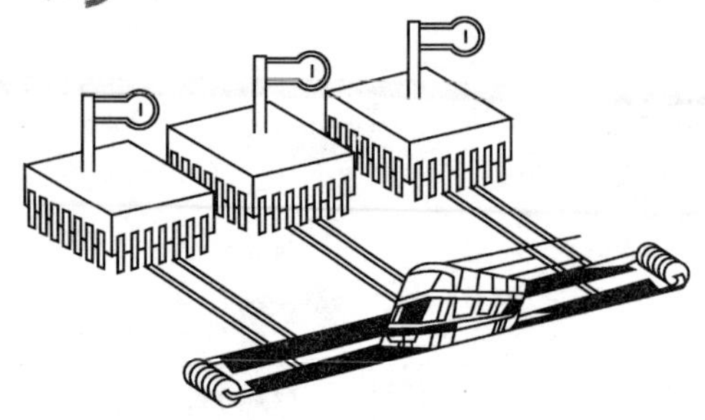
图 3-12　CAN-BUS 数据总线

ler AreaNet work(电子控制单元区域网络)的缩写,意思是控制单元通过网络进行数据交换。CAN 数据总线就如同公共汽车线路,每个电子控制单元的节点相当于公交站点,公共汽车可以同时运输大量乘客,路上有各个站点,故数据总线也称为 BUS 线,如图 3-12 所示。

在现代轿车的设计中,CAN 已经成为必须采用的装置,奔驰、宝马、大众等品牌汽车都将 CAN 作为电子控制器联网的手段。目前我国中高级轿车主要以欧洲车型为主,欧洲车型应用最广泛的是 CAN 技术,同时 CAN 技术也是国产轿车引进的主要技术项目。

❷ CAN 网络系统的构成及功能

CAN 网络系统中每块控制单元的内部都包含一个 CAN 控制器和一个 CAN 收发器,外部连接了两条 CAN 数据总线,如图 3-13 所示。在系统中作为终端的两块控制单元,其内部还装有一个数据传递终端(有时数据传递终端安装在控制单元外部)。

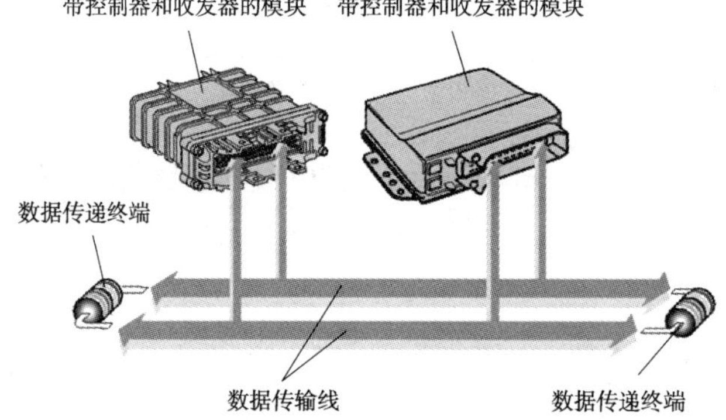

图 3-13　CAN 总线系统的组成

CAN 控制器的作用是接收控制单元中微处理器发出的数据,处理数据后传给 CAN 收发器。同时,CAN 控制器也接收收发器收到的数据,处理数据后传给微处理器;CAN 收发器将 CAN 控制器提供的数据转化成电信号并通过数据总线发送出去,同时,它也接收总线数据,并将数据传到 CAN 控制器;数据传输终端实际是一个电阻,其作用是避免数据传输终了反射回来,产生反射波而使数据遭到破坏;CAN 数据总线是用来传输数据的双向数据线,分为 CAN 高位(CAN—High)和 CAN 低位(CAN—Low)数据线。为了防止外界电磁波干扰和向外辐射,CAN 总线采用两条线缠绕在一起的形式,如图 3-14a)所示;两条线上的电位是相反的,电压总和等于常数。图 3-14b)所示为单线传输形式,容易受到外界干扰影响。

❸ CAN 网络数据传输

CAN 数据的传递过程如图 3-15 所示,每条数据的传递包括提供数据、发送数据、接收所需要的数据(如需要,它将被接受并进行处理,否则给予忽略)、检查数据和接收数据等 5 个过程。控制单元首先向 CAN 控制器提供需要发送的数据,CAN 收发器接收由 CAN 控制器传来的数据,并转化为电信号发送到数据总线上。在 CAN 系统中,所有控制单元内部都含有接收

数据总线上数据的接收器,并将编码数据分解成可以使用的数据,各控制单元判断接收的数据是否是本控制单元。

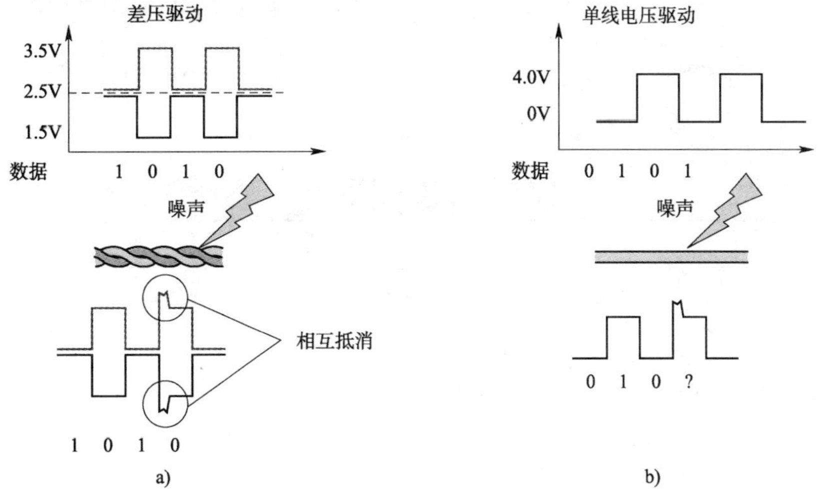

a)　　b)

图 3-14　CAN 总线结构

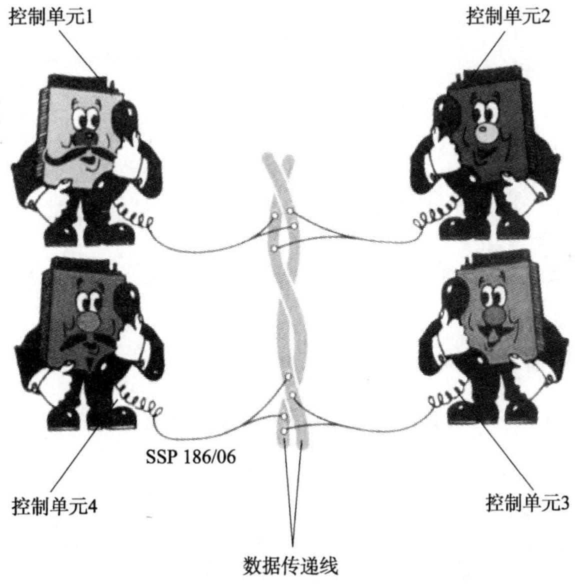

图 3-15　CAN 总线数据传递过程

❹ CAN 数据的构成

CAN 数据总线在极短的时间内在各控制单元间传递数据。一条数据的形成由 7 个区域组成,即开始域、状态域、检查域、数据域、安全域、结束域和确认域,如图 3-16 所示。该形式在两条数据传输线上是一样的。

二、LIN 数据总线介绍

LIN(Local Interconnect Net)是一种新型低成本汽车车身网络通信总线。LIN 总线的定位是作为 CAN 的辅助总线,用于车身控制网络的低端场合,实现汽车车身网络的层次化,以降低汽车网络的复杂程度,保持最低成本。

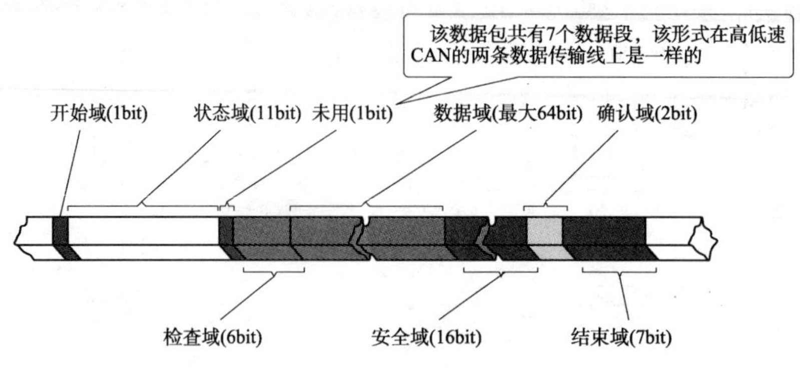

图 3-16　CAN 数据构成

LIN 数据总线系统是由主节点、LIN 总线、从节点(各类控制器)三部分组成,如图 3-17 所示。它采用一根 12V 信号总线,如图 3-18 所示。通信速率最高可达 20kbit/s。通常一个 LIN 网络上节点数目小于 12 个,总线长度不超过 40m。

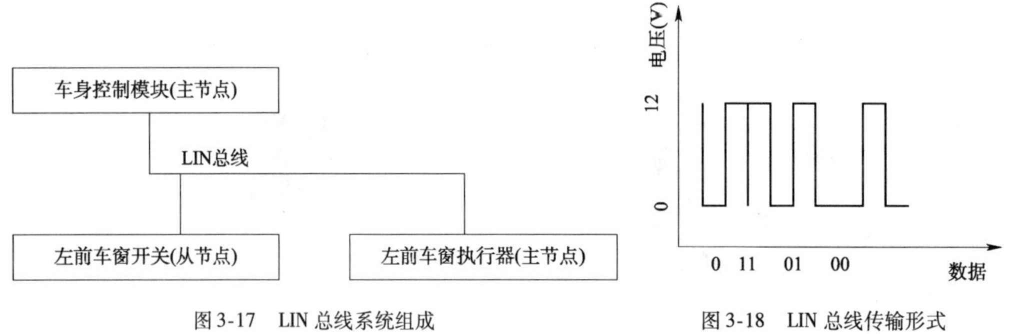

图 3-17　LIN 总线系统组成

图 3-18　LIN 总线传输形式

三、GM LAN 通信协议

如表 3-3 所示,GM LAN 分为高速 GM LAN、中速 GM LAN、低速 GM LAN 三种类型。

GM LAN 特性　　表 3-3

GM LAN			
类型 / 特性	高速 GM LAN	中速 GM LAN	低速 GM LAN
应用	传动系和底盘系统	信息娱乐系统和 ECC	车身和舒适系统
传输速度	500kbit/s	125kbit/s	33.3kbit/s
布线技术	双线电缆	双线电缆	单线电缆
物理连接	线性	线性	线性
总线切断电阻器	链路末端 120Ω 电阻	链路末端 120Ω 电阻	各控制单元 3.9kΩ 或 9.09kΩ 电阻
最大电缆长度	车辆内 25m 累积长度,再加上至测试器的 5m	车辆内 25m 累积长度,再加上至测试器的 5m	车辆内 55m 累积长度,再加上至测试器的 5m

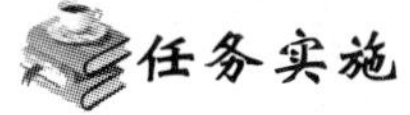

任务实施

检测 LIN 数据总线

一、作业准备

作业准备见表 3-4。

作　业　准　备　　表 3-4

序号	项　目	作业记录
1	汽车停放和三角块放置状况	
2	座椅套、转向盘套、换挡手柄套、脚垫、翼子板护围安装状况	
3	万用表,常用工具、量具,专用解码仪,示波器,线束	
4	纸质或电子版维护手册等	

提示:在车辆进行维修和操作之前,必须确保车辆安全地支撑在举升机上。

二、故障现象确认

(1)操作驾驶员侧车窗开关,观察左前车窗工作情况。　□ 正常 □ 不正常

(2)操作驾驶员侧车窗开关,观察右前车窗工作情况。　□ 正常 □ 不正常

(3)操作驾驶员侧车窗开关,观察左后车窗工作情况。　□ 正常 □ 不正常

(4)操作驾驶员侧车窗开关,观察右后车窗工作情况。　□ 正常 □ 不正常

(5)操作前乘员侧车窗开关,观察右前车窗工作情况。　□ 正常 □ 不正常

(6)操作左后侧车窗开关,观察左后车窗工作情况。　□ 正常 □ 不正常

(7)操作右后侧车窗开关,观察右后车窗工作情况。　□ 正常 □ 不正常

三、故障码检查

连接专用故障诊断仪,读取故障码(有内容时填写检查代码,如果没有时填写“无”。)。

____。

四、确定故障范围

根据上述检查进行判断,并填写可能故障范围,见表 3-5。

可 能 故 障 范 围　　表 3-5

电源及保险线路	□ 是	□ 否
驾驶员侧车窗开关及相连线路	□ 是	□ 否
前乘员侧车窗开关及相连线路	□ 是	□ 否
左后侧车窗开关及相连线路	□ 是	□ 否
右后侧车窗开关及相连线路	□ 是	□ 否
驾驶员侧车窗电动机及相连线路	□ 是	□ 否
前乘员侧车窗电动机及相连线路	□ 是	□ 否
左后侧车窗电动机及相连线路	□ 是	□ 否
右后侧车窗电动机及相连线路	□ 是	□ 否
车身控制模块	□ 是	□ 否
搭铁线路	□ 是	□ 否

五、基本检查(在不作部件拆装的情况所做的外观检查)

线路/插接器外观及连接情况。 □正常 □不正常

零件安装等。 □正常 □不正常

六、部件及电路测试

对被怀疑的部件进行测试,见表3-6。

部件测试结果 表3-6

部　　件	检查或测试后的判断结果	
	□正常	□ 不正常
	□正常	□ 不正常
	□正常	□ 不正常
	□正常	□ 不正常

1. LIN 总线常见故障原因分析

(1)短路情况。无论短路出现在 LIN 总线(图3-19)系统何处(LIN 线路上、3 个控制单元其中一个或是多个单元对搭铁或者对蓄电池正极短路),系统都将关闭且无法联络从机。

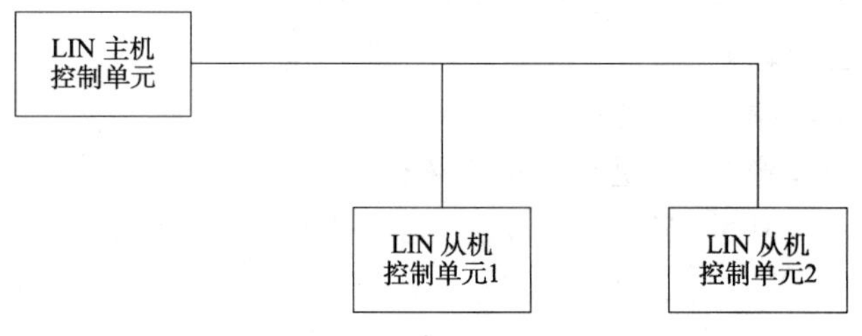

图3-19　LIN 总线

(2)线路断路(图3-20)。

①线路中断位置1:从机控制单元1和从机控制单元2无法通信。

②线路中断位置2:从机控制单元1无法通信但从机控制单元2可以通信。

③线路中断位置3:从机控制单元1可以通信但从机控制单元2无法通信。

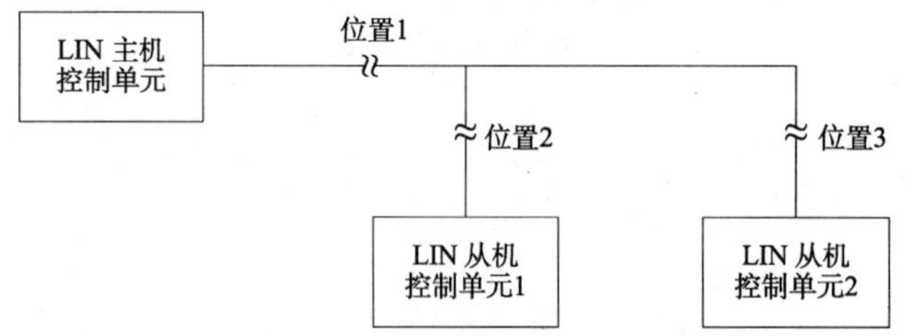

图3-20　LIN 总线断路

2. 驾驶员侧开关与车身控制模块 LIN 数据总线检测

(1)使用示波器检测。将点火开关置于OFF(关闭)挡,拆卸驾驶员侧车窗控制主开关插接器。驾驶员侧车窗控制主开关插接器如图3-21所示。将点火开关至ON挡,测量S79D驾驶员侧车窗控制主开关插接器5号端子波形,其波形如图3-22所示。

(2)使用万用表检测。将点火开关至ON挡,用万用表测量S79D驾驶员侧主开关插接器

5 号端子与搭铁之间电压,正常为 5 ~7V。

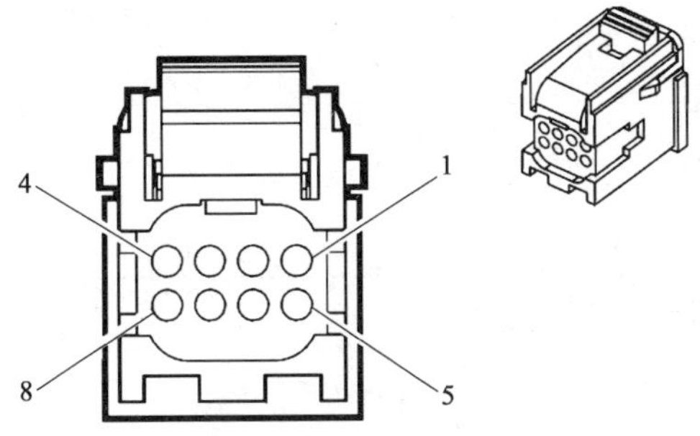

图 3-21　驾驶员侧车窗控制主开关插接器

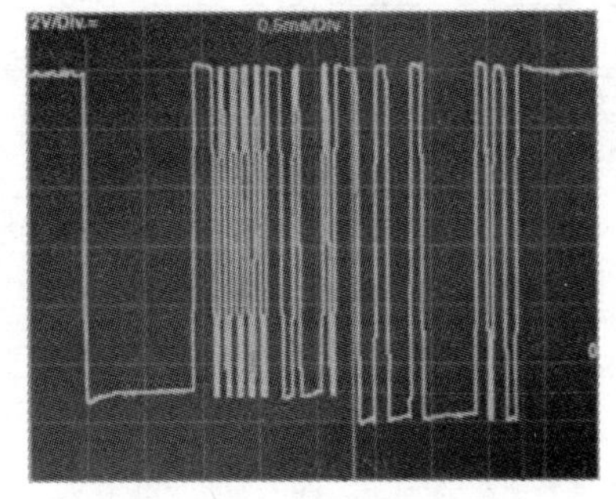

图 3-22　LIN 总线正常波形

七、故障部位确认

根据上述的所有检测结果,确认故障部位(表 3-7)。

确 认 故 障 部 位　　表 3-7

□元件损坏	请写明元件名称:
□线路故障	请写明线路区间:
□其他	

八、故障点的排除处理

□ 更换	□ 维修	□ 调整

九、维修结果确认(表中项目检查有内容时填写检查结果,如果没有时填写“无”。)

(1)维修后故障码读取,并填写读取结果。

____。

(2)维修后的功能确认并填写结果。

____。

十、现场恢复

清洁工具、设备并归位,拆除防护装置,清洁车辆,将车辆驶出举升机工位。

评价与反馈

对本任务进行评价,见表 3-8。

评 分 表　　表 3-8

考核项目	评分标准	分值	学生自评	小组互评	教师评价	小计
资料检索	熟练地查阅维修资料,能否找到诊断策略	15				
任务方案	是否根据手册提供的诊断策略进行维修	10				
操作过程	工艺步骤是否合理,方法是否正确	30				
设备、工具操作	是否正确	20				

续上表

考核项目	评分标准	分值	学生自评	小组互评	教师评价	小计
安全生产	是否符合安全操作规程	5				
5S 规范	场地是否整洁,物品摆放是否有序	5				
记录表填写	是否按要求填写,记录值是否准确	15				
总　分		100				

注意:违反操作规程,出现人身伤害或设备严重事故,本任务考核0分。

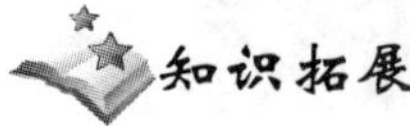

知识拓展

CAN-BUS 线的检测(诊断仪、万用表、示波器)

图3-23所示为一个动力系统CAN通信系统,防滑控制ECU与总线之间有一条通信线存在开路情况,下面介绍对此类故障的诊断方法。

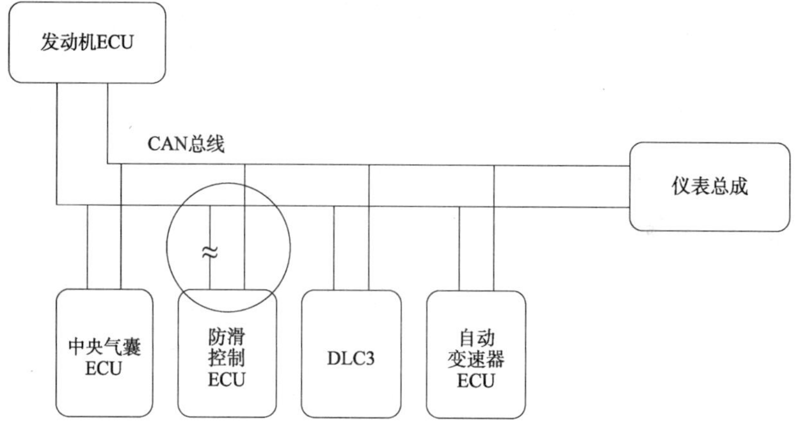

图3-23　动力CAN总线系统

❶ 使用诊断仪检测

连接诊断仪至DLC3上,读取故障码,显示关于防滑控制ECU通信线路故障。

❷ 使用示波器检测

从防滑控制ECU处测量CAN总线的波形,正常波形如图3-24所示,如果线路存在开路则将出现一个错误的波形。

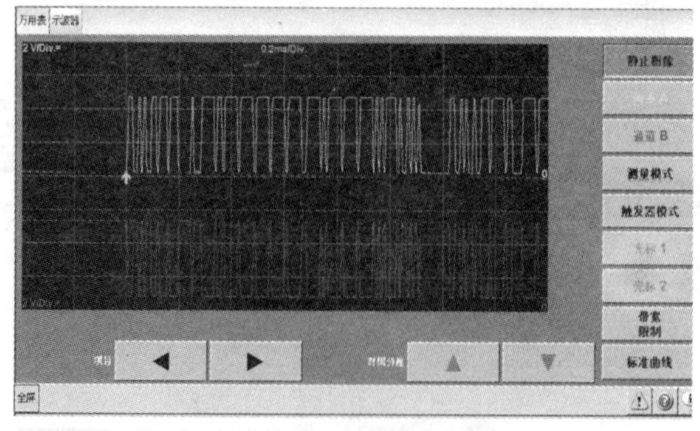

图3-24　CAN总线正常波形

③ 万用表检查

(1)电阻检查。将点火开关置于 OFF 挡,断开蓄电池负极,测量防滑控制 ECU 的 CAN-H 与 CAN-L 之间电阻,正常值应为 60Ω 左右,如果出现开路,则测量值为无穷大。分别测量防滑控制 ECU 的 CAN-H 与插接器之间线路、CAN-L 与插接器之间线路的通断就可以检测出具体故障点。

(2)短路检查。

①对搭铁短路检测:分别测量 CAN-H、CAN-L 与搭铁之间的电阻,正常值应大于几千欧姆;

②对正极短路检测:分别测量 CAN-H、CAN-L 与正极之间的电阻,正常值应大于几千欧姆。

思考与练习

一、选择题

1. 以下关于汽车使用网络系统的优点,描述不正确的是(   )。

A. 布线简单,降低成本　　B. 电控单元之间的交流复杂

C. 传感器数目减少,实现信息资源共享

2. 轿车中低速 CAN 总线中最高传输速率为多少?(   )

A. 19.2kbit/s　　B. 125kbit/s

C. 500kbit/s　　D. 1Mbit/s

3. (   )必须具备有从一个网络协议到另一个协议转换信息的能力。

A. 网关　　B. 收发器　　C. 控制器

4. LIN 的含义是(   )。

A. 汽车网络　　B. 车上媒体网络　　C. 控制器局域网　　D. 局部互联网

5. 下列叙述正确的是(   )。

A. 局域网是指一个有限区域连接的计算机网络

B. 数据总线是独立模块运行数据的通道

C. 多路传输是在不同通道或线路上同时传输多条信息

D. CAN 协议支持两种报文格式,即标准格式和扩展格式

6. 与 CAN 网相比不属于 LIN 网劣势的是(   )。

A. 结构烦琐　　B. 结构简单　　C. 价格低廉　　D. 传输速率低

二、判断题

1. CAN 数据总线是用来传输数据的双向数据线,分为 CAN 高位(CAN-HIGH)和 CAN 低位(CAN-LOW)数据线。(   )

2. 所谓拓扑结构就是网络的物理连接方式。(   )

3. 车载网络系统的目的就是可以达到信息资源共享。(   )

4. CAN 网络一般使用一根单独的铜线作为传输介质。(   )

5. 多路传输线路比常规线路简单、系统所用导线减少。(   )

三、简答题

1. 简述车载网络系统的优点。

2. 简述车载网络系统的常见故障现象。

项目四　汽车照明与信号系统的检修

任务一　认识汽车照明与信号系统

学习目标

1. 简单叙述汽车照明与信号系统的作用及组成；
2. 能熟练地查阅用户手册，正确地使用汽车照明、信号装置；
3. 在使用过程中自觉保持车辆的内部清洁。

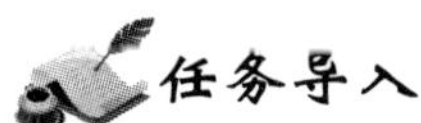

任务导入

客户来店咨询雪佛兰科鲁兹1.6L/AT 2013款轿车，在熟悉车辆内饰过程中，对车灯组合开关的操作不清楚，现安排你为客户详细介绍。

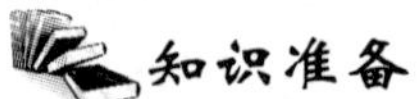

知识准备

一、汽车照明与信号系统的作用

在夜间或能见度低的情况下，汽车照明系统为车辆使用人员提供车辆内部及外部照明。汽车信号系统通过灯光或声音等方式，提醒其他车辆和行人，以引起注意，保证行驶安全。

二、汽车照明与信号系统的组成

汽车照明和信号系统主要由电源、照明设备或信号装置、控制开关、线路和电路保护装置组成。其中主要照明设备有前照灯、雾灯、牌照灯、顶灯、仪表灯、行李舱灯等，如图4-1所示。信号装置主要有示宽灯（前示宽灯又称小灯、后示宽灯又称尾灯）、转向灯、制动灯、倒车灯、喇叭等。

前照灯（俗称前大灯）安装在汽车头部两侧，夜间行车时提供良好的照明，为驾驶员获取道路前方和两侧的安全信息。国家标准规定，机动车前照灯必须具备远光和近光两种照明方式，有两灯制和四灯制之分。

雾灯由前雾灯和后雾灯组成，用于在雨雾天气行车时照明道路和为迎面来车及后面来车提供信号。一般前雾灯安装于车头，光色为黄色；后雾灯安装于汽车尾部，光色为红色。

示宽灯又称示廓灯、示高灯，用于夜间行车时，指示车辆的位置和宽度，安装在汽车前面、后面和侧面。前示宽灯俗称小灯，后示宽灯俗称尾灯。

转向信号灯装于汽车头部、尾部及左右两侧，用于指示车辆行驶趋向，使前后车辆、行人、交警了解其行驶方向。转向信号灯每分钟闪烁60～120次。

危险报警灯用于车辆遇到紧急危险情况时，按下危险报警灯开关，同时点亮所有转向信号

灯，以警示前后左右车辆。

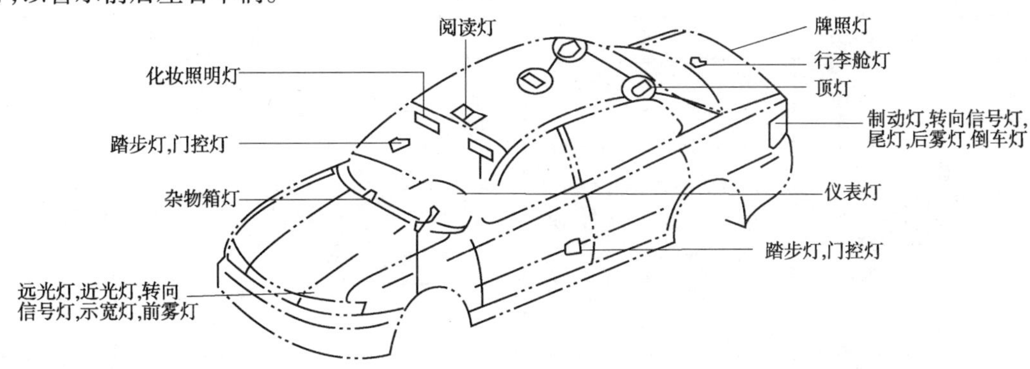

图 4-1　汽车照明与信号灯分布

牌照灯用于照亮车辆尾部牌照，安装在汽车尾部牌照的上方或左右两侧，灯光光色为白色。当尾灯点亮时，牌照灯也点亮。

倒车灯安装在汽车尾部，用于警示后方车辆和行人，该车驾驶员准备或正在倒车，同时夜间倒车时照亮车后路面。

制动灯又称刹车灯，装于汽车尾部，由制动灯和高位制动灯组成。在汽车制动停车或制动减速行驶时，向后方车辆及行人发出警示信号，以防止车辆追尾碰撞。

仪表灯用于夜间或光线昏暗时照明汽车仪表板，安装于仪表板内。当尾灯点亮时，仪表灯也同时点亮。

行李舱灯用于照明汽车行李舱，当打开行李舱时，行李舱灯自动打开。

顶灯用于驾驶室或车厢内的照明，安装在驾驶室或车厢内顶部。当开启车门时或开启顶灯开关时，照亮车辆内部。

踏步灯用于照明车门的踏步处，安装在汽车的上下车踏板上方，夜间打开车门时，踏步灯点亮，方便乘客上下车。

喇叭用于警告行人和其他车辆，保证行车安全。

二、灯光组合开关的功能介绍

汽车照明与信号系统的车灯组合开关安装在转向盘左下方，能够进行多种功能的控制，包括示宽灯和前照灯的开启、近远光灯的转换、雾灯的开启、转向灯的开启等。车灯组合开关种类繁多，下面以凯越车辆为例进行介绍，如图 4-2 及表 4-1 所示。

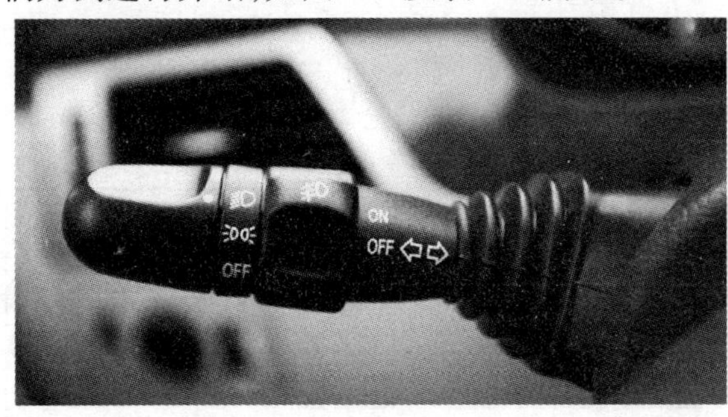

图 4-2　车灯组合开关

凯越灯光组合开关的功能介绍 表4-1

操作图示	挡位选择	操作图示	挡位选择
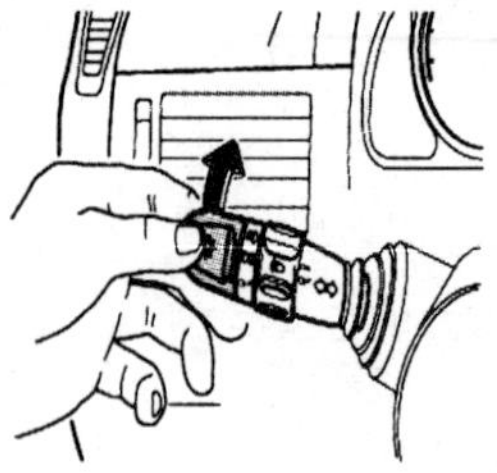	OFF(关闭)挡位:所有灯均处于关闭状态; 挡位:示宽灯、牌照灯和仪表板灯等工作。工作条件:点火开关处于ON或START位置。 挡位:近光灯及上述所有灯均工作	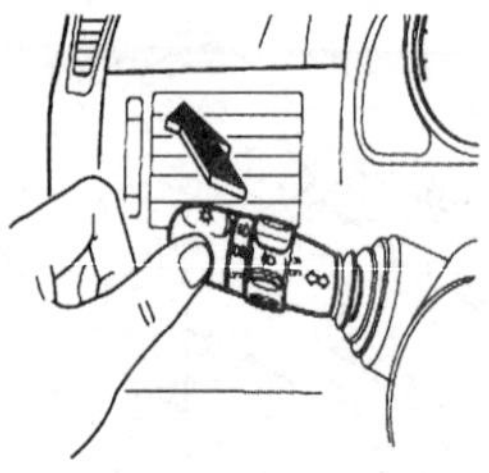	挡位:远光灯工作。工作条件:灯光开关处于挡位
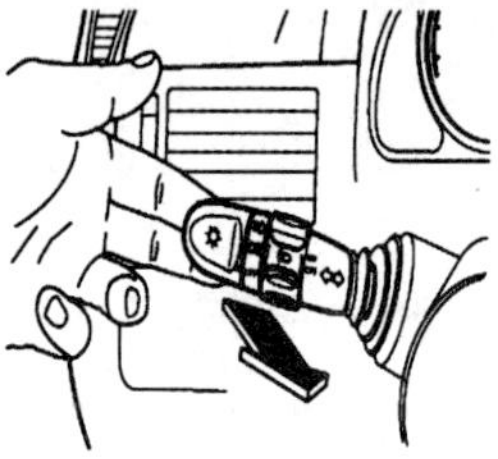	挡位:超车灯打开	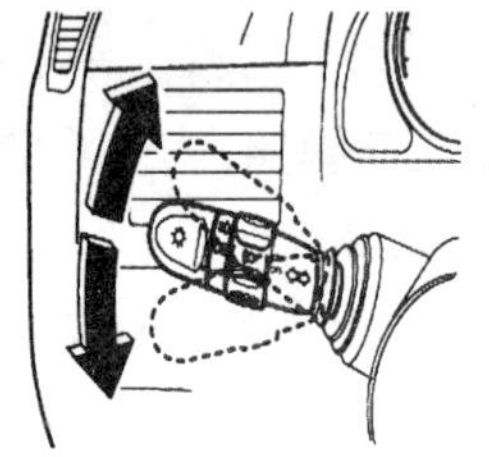	←→挡位:右或左转向信号灯工作。工作条件:点火开关处于ON或START位置
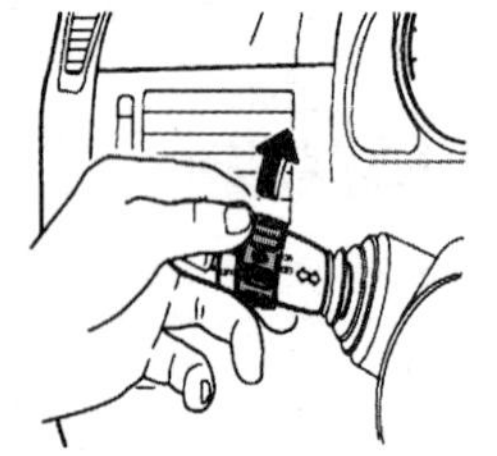	挡位:前雾灯工作。工作条件:点火开关处于ON或START位置,并且灯光开关处于挡位或挡位	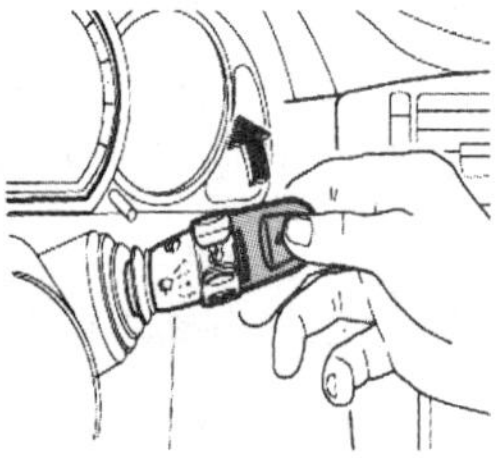	挡位:后雾灯工作。工作条件:点火开关处于ON或START位置,并且灯光开关处于挡位或挡位
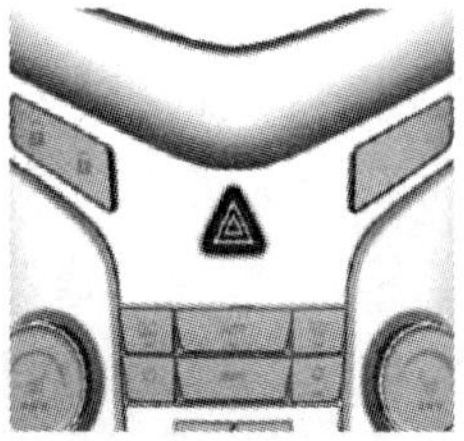	△挡位:危险警告灯点亮,即所有转向信号灯工作		

任务实施

操作灯光组合开关

一、作业准备

作业准备见表4-2。

作 业 准 备 表4-2

序号	项 目	作业记录
1	汽车停放和三角块放置状况	
2	座椅套、转向盘套、换挡手柄套、脚垫、翼子板护围安装状况	
3	纸质或电子版使用手册情况	
4	蓄电池电压情况	

提示：在车辆使用过程中，必须确保车辆电池电量充足

二、科鲁兹 1.6L/AT 2013 款车辆灯光组合开关的功能

利用雪佛兰科鲁兹 1.6L/AT 2013 款车型资料，对应如图 4-3 完成表 4-3 中灯光组合开关相应挡位功能的描述。

a)前照灯开关

b)转向信号/多功能开关

图 4-3　灯光组合开关

灯光组合开关相应挡位选择　　表 4-3

操　作　图　示	挡　位　选　择

三、现场恢复

清洁工具、设备并归位,拆除防护装置,清洁车辆,将车辆驶出举升机工位。

评价与反馈

对本任务进行评价,见表4-4。

评 分 表　　表4-4

考核项目	评分标准	分值	学生自评	小组互评	教师评价	小计
资料检索	熟练地查阅维修资料,能否找到诊断策略	15				
任务方案	是否根据手册提供的诊断策略进行维修	10				
操作过程	工艺步骤是否合理,方法是否正确	30				
设备、工具操作	是否正确	20				
安全生产	是否符合安全操作规程	5				
5S规范	场地是否整洁,物品摆放是否有序	5				
记录表填写	是否按要求填写,记录值是否准确	15				
总　分		100				

注意:违反操作规程,出现人身伤害或设备严重事故,本任务考核0分。

任务二　汽车前照灯系统的检修

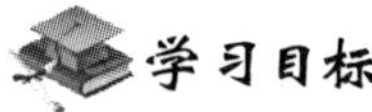

学习目标

1. 简单描述前照灯系统的基本组成和功能;
2. 简单叙述前照灯的结构、分类和防炫目措施;
3. 正确描述科鲁兹轿车的前照灯系统电路结构特点;
4. 能熟练地查阅维修资料,确定前照灯系统故障范围;
5. 按照维修手册提供的维修策略,正确使用诊断仪或万用表等进行前照灯系统故障诊断,确定故障部位;
6. 根据维修手册在规定时间内,安全规范地进行前照灯和灯光组合开关的更换;
7. 维修过程中自觉保持场地整洁,物品摆放有序。

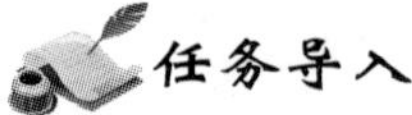

任务导入

客户驾驶科鲁兹1.6L/AT 2013款轿车过程中,发现近光灯和远光灯都不亮,仪表板远光指示灯工作正常。客户现将车开到雪佛兰服务站并与服务顾问沟通后,服务顾问开出工单,请你们小组排除此故障。

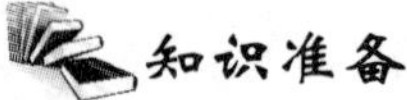

知识准备

一、前照灯系统的组成及工作原理

前照灯系统电路主要由电源、车灯开关、前照灯、仪表板指示灯、线路和保护装置组成,如

图 4-4 所示。打开前照灯开关,前照灯继电器触点闭合,近光灯点亮,此时,拨动变光灯开关至远光灯位置,远光灯点亮,仪表指示灯同时点亮;拨动变光灯开关至闪光灯位置,远光灯也点亮。

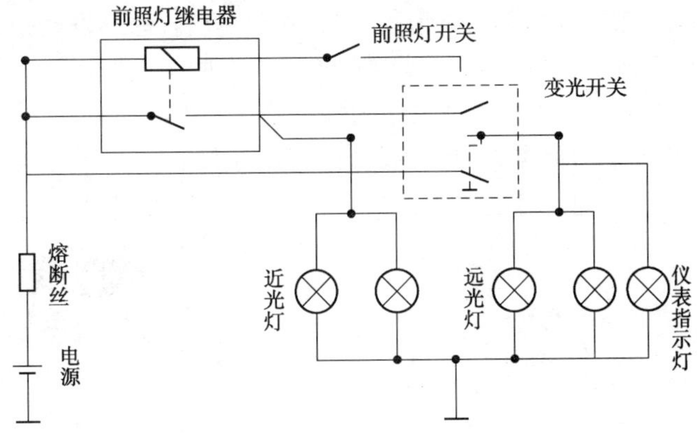

图 4-4　前照灯系统电路

前照灯概述

1 汽车前照灯的基本要求

汽车前照灯的照明效果对夜间行车安全影响很大,故世界各国多以法律的形式规定前照灯的照明标准,对前照灯的基本要求如下。

(1)照明距离不小于 100m。前照灯应保证车前有明亮而均匀的照明,使驾驶员能够辨明车前 100m 以内路面上的障碍物。随着汽车行驶速度的提高,要求前照灯的照明距离也越来越远,现代汽车的照明距离应当达到 200 ~ 400m。

(2)防止炫目功能。前照灯应具有防止炫目功能,即夜间两车迎面相遇时,通过远、近光切换,避免对方驾驶员炫目而造成交通事故。

2 汽车前照灯的结构

汽车前照灯主要由配光镜、灯泡和反射镜三部分组成,如图 4-5 所示。

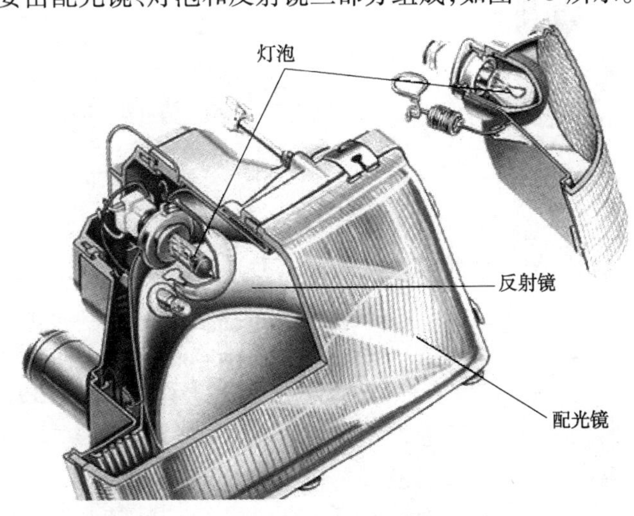

图 4-5　汽车前照灯结构

1)灯泡

目前汽车前照灯的灯泡主要包括白炽灯泡、卤钨灯泡、氙气前照灯灯泡、LED 灯。

白炽灯泡和卤钨灯泡都是用钨丝作为其灯丝,由于钨丝容易蒸发耗损,将玻璃泡中的空气抽出,充入氮、氩的混合惰性气体,为白炽灯泡,如图 4-6 所示;若充入卤族元素,如碘、氯、氟等,为卤钨灯泡,如图 4-7 所示。由于蒸发出的气态钨,与卤素反应生成的卤化钨易挥发,当扩散到高温区时,受热会分解为钨重新回到钨丝,仍可以参与下次循环反应,防止了钨的蒸发和灯泡的黑化现象,故卤钨灯泡比普通照明白炽灯寿命长、亮度大。

图 4-6　白炽灯泡

图 4-7　卤钨灯泡

氙气前照灯又称为高亮度弧光灯,这种灯灯泡里没有传统的灯丝,如图 4-8 所示。弧光式前照灯由小型石英灯泡、电子控制器和升压器三大部分组成。接通电源后,通过升压器,将 12V 电压升高到 2 万 V 以上,高压脉冲电加在石英灯泡内的两个电极之间,激励灯泡内的氙气、少量汞蒸气及微量金属(或金属卤化物)在电弧中电离产生光。氙气前照灯光色接近太阳光,为驾驶员创造出更佳的视觉条件,其光照强度比普通卤钨灯泡高两倍以上,耗能却仅为 2/3。

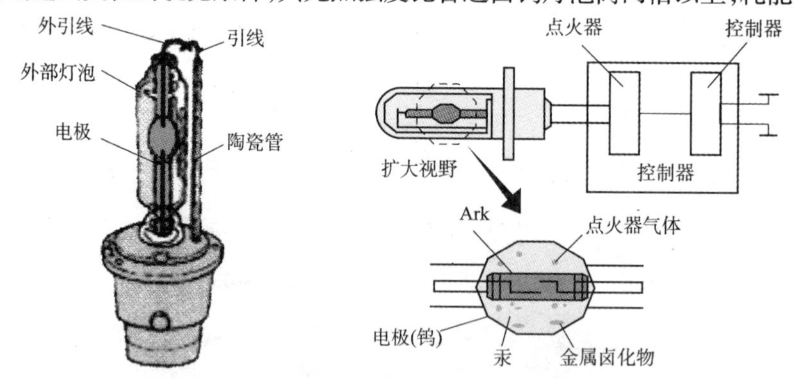

图 4-8　氙气前照灯灯泡

LED 又称发光二极管,是一种能够将电能转化为光能的半导体器件,其最初用于示宽灯、制动灯、转向灯等。LED 的特点非常明显,寿命长、响应快、高亮度与低能耗。随着技术进步,现已应用于汽车前照灯,但使用单个 LED 无法满足前照灯的灯光照射要求,需要多个 LED 灯进行组合,以保证足够的光通量,如图 4-9 所示。

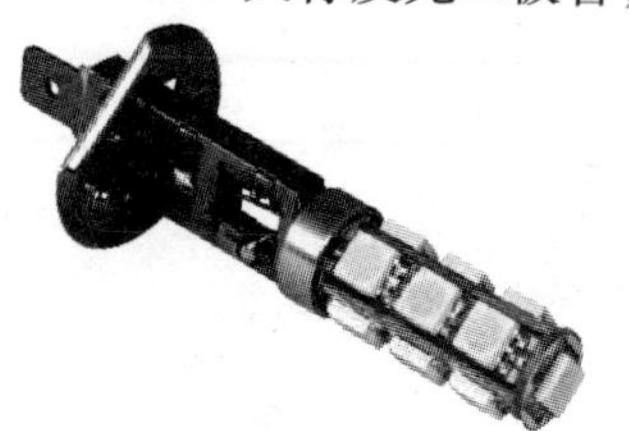

图 4-9　LED 灯

2)反射镜

反射镜的表面一般呈抛物面状,其作用是将灯泡发射出的光线

聚合成强光束导向前方，增加照射距离，如图 4-10 所示。

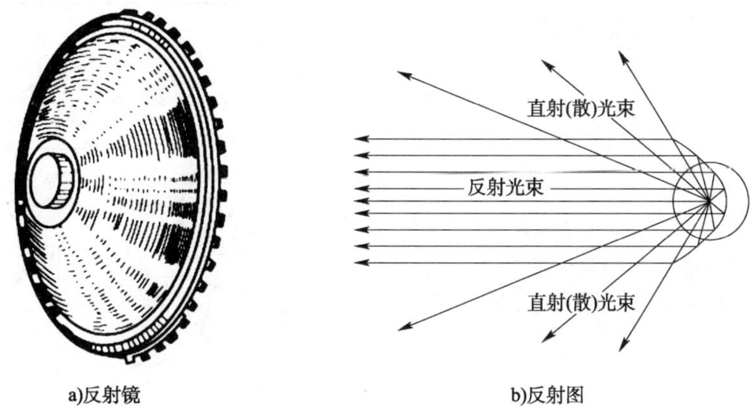

a)反射镜　　b)反射图

图 4-10　反射镜及反射图

3）配光镜

配光镜又称散光玻璃，由许多的棱镜和透镜组成，将从反射镜反射出的平行光束进行折射，使车辆两侧和前方路面的照明更加均匀，如图 4-11 所示。

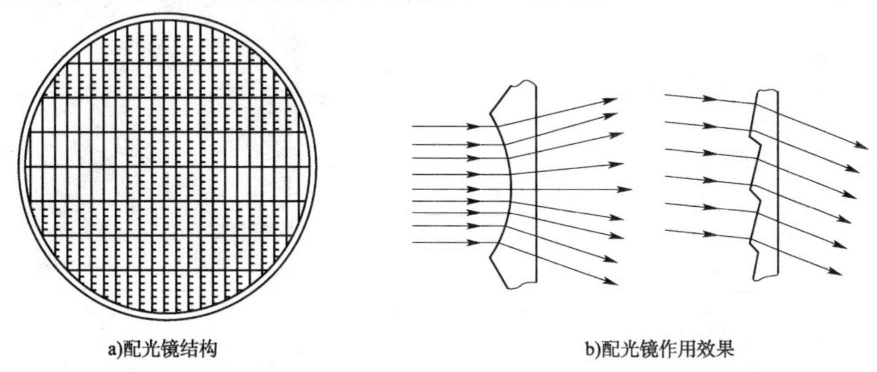

a)配光镜结构　　b)配光镜作用效果

图 4-11　配光镜结构及作用效果

3 前照灯防炫目

夜间会车时，前照灯强烈的灯光会造成迎面驾驶员炫目，容易引发交通事故，为了避免前照灯的炫目，具体措施见表 4-5。

前照灯防炫目措施　　表 4-5

措　施	图　片
利用交通法规强制约束 我国交通法规规定，夜间会车时，必须在距对面来车 150m 以外互关远光灯，换用防炫目近光灯	远光灯 近光灯

续上表

措　施	图　片
采用双丝灯泡 双丝灯泡是指远光灯丝和近光灯丝并装在一个灯泡内。远光灯丝的功率较大,安装于反射镜的焦点上;近光灯丝的功率较小,安装于反射镜的焦点上方或前方并稍向右倾斜。由于近光灯光线弱,且经反射后光线大部分向下倾斜,从而减少了迎面来车驾驶员的炫目	近光灯丝 配光屏 远光灯丝 a)近光灯接通　b)远光灯接通
采用带配光屏的灯泡 在双丝灯泡的近光灯丝下方安装有配光屏,从而遮住了近光灯丝射向反射镜下半部的光线,大大减少了反射后射向道路上方可能引起炫目的光线	

4 汽车前照灯的分类

依据前照灯光学组件的结构不同,可分为:半封闭式前照灯、全封闭式前照灯、投射式前照灯等。

1)半封闭式前照灯

半封闭式前照灯配光镜是靠密封胶紧固在反射镜上,两者之间垫有橡胶密封圈,灯泡从反射镜后端装入,其维修方便,使用较广泛,如图 4-12 所示。对半封闭式前照灯,应注意保持反射镜的清洁,若有灰尘,应用压缩空气吹净;若有脏污,反射镜可用清洁的棉纱沾上乙醇由内向外呈螺旋状擦拭干净。更换灯泡时,注意不要让湿气及灰尘等进入,并保持灯具良好的密封性。

2)全封闭式前照灯

全封闭式前照灯又称真空灯,如图 4-13 所示,反射镜和配光镜用玻璃制成一体,里面充以惰性气体。灯丝焊在反射镜底座上,反射镜的反射面采用真空镀铝。全封闭式的前照灯可防止反射镜被污染,从而反射效率高,照明效果好,使用寿命长,但是当灯丝烧断后,需更换整个总成,成本高。

3)投射式前照灯

投射式前照灯采用卤钨灯泡,很厚的无刻纹的凸形配光镜,近似于椭圆形状的反射镜,其有两个焦点。第一焦点处放置灯泡,光束经反射后汇聚到第二焦点,凸形配光镜的焦点与第二

焦点重合。来自灯泡的光利用反射镜汇聚到第二焦点,再通过配光镜投射到前方。在第二焦点附近设有遮光板,可遮挡向上半部分的光,形成明暗分明的配光,图 4-14 所示为投射式前照灯。

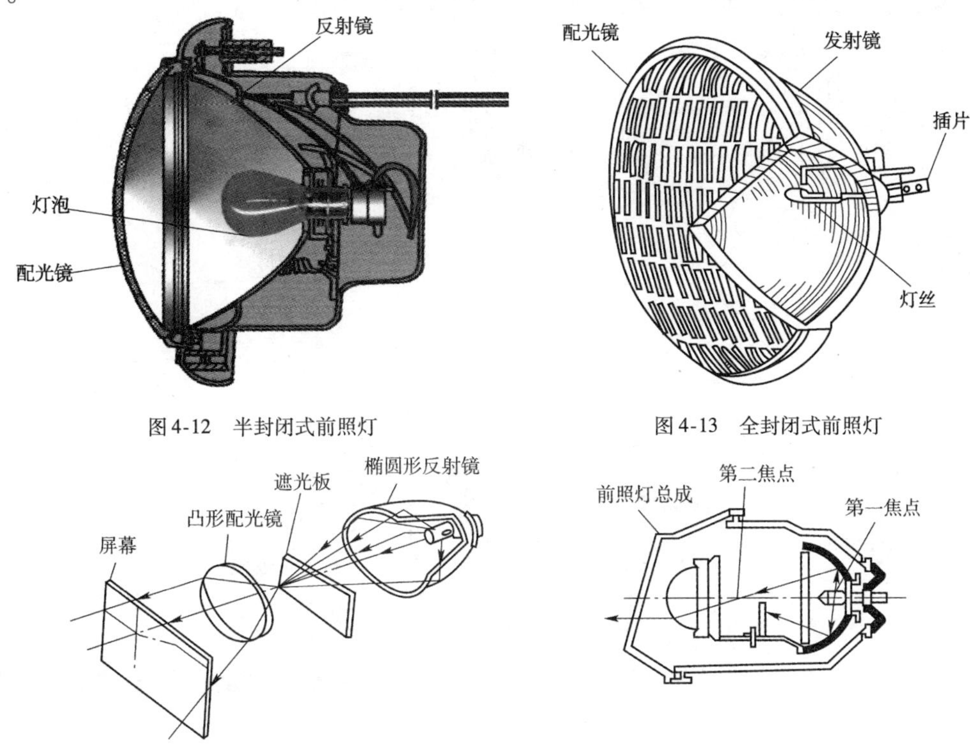

图 4-12　半封闭式前照灯

图 4-13　全封闭式前照灯

图 4-14　投射式前照灯

三、雪佛兰科鲁兹 1.6L /AT 2013 款轿车前照灯系统结构特点

1 前照灯电路组成及安装位置

雪佛兰科鲁兹 1.6L/AT 2013 款轿车前照灯电路由电源、车灯开关、前照灯、远光指示灯、车身控制模块、线路及保护装置组成。前照灯安装位置如图 4-15 所示。

图 4-15　科鲁兹轿车前照灯安装位置

❷ 雪佛兰科鲁兹 1.6L/AT 2013 款轿车前照灯电路工作原理

雪佛兰科鲁兹轿车前照灯工作原理如图 4-16 所示,前照灯开关旋转至近光灯位置,车身控制模块接收近光灯开关信号,车身控制模块分别接通左、右近光灯。

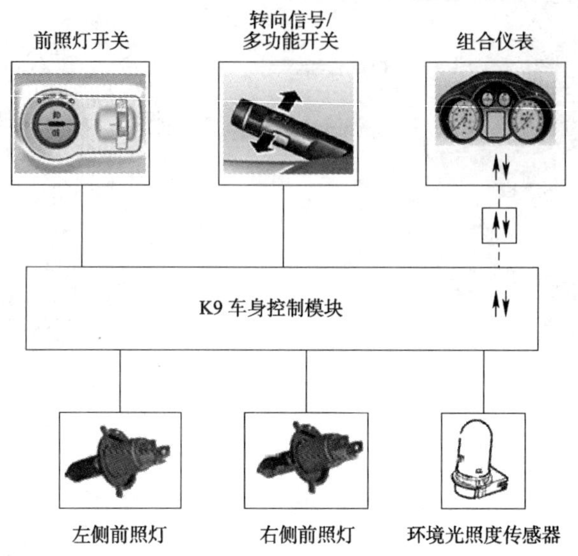

图 4-16 科鲁兹轿车前照灯工作原理

前照灯开关旋转至近光灯位置,同时拨动转向信号/多功能开关至远光灯(变光灯)位置,车身控制模块接通左、右远光灯,同时组合仪表上远光指示灯工作。

前照灯开关旋转至 AUTO(自动)位置,车身控制模块接收环境光照度传感器的电压信号,来判断光线亮度变化,从而控制自动点亮或熄灭近光灯。当汽车行驶中光线变暗时,近光灯会自动亮起,当光线变亮时近光灯会自动熄灭。

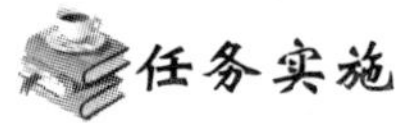

任务实施

近光灯和远光灯不亮故障诊断与排除

一、作业准备

作业准备见表 4-6。

作 业 准 备　　表 4-6

序号	项　目	作业记录
1	汽车停放和三角块放置状况	
2	座椅套、转向盘套、换挡手柄套、脚垫、翼子板护围安装状况	
3	万用表、专用解码器、常用拆卸工具数量	
4	前照灯开关、转向信号/多功能开关、前照灯灯泡、线束若干	
5	纸质或电子版维护手册	
6	蓄电池电压情况	

提示:车辆进行维修和操作之前,必须确保车辆蓄电池电量充足。

二、故障现象确认

(1)驻车灯、仪表板灯、牌照灯工作情况。　□ 正常 □ 不正常
(2)左侧近光灯工作情况。　□ 正常 □ 不正常
(3)右侧近光灯工作情况。　□ 正常 □ 不正常
(4)左侧远光灯工作情况。　□ 正常 □ 不正常
(5)右侧远光灯工作情况。　□ 正常 □ 不正常
(6)闪光灯工作情况。　□ 正常 □ 不正常
(7)远光指示灯工作情况。　□ 正常 □ 不正常

三、故障码检查

连接专用故障诊断仪,读取故障码(有内容时填写检查代码,如果没有时填写“无”)。

____。

四、确定故障范围

根据上述检查进行判断,并填写可能故障范围(表4-7)。

可能故障范围　表4-7

电源及熔断丝	□ 是	□ 否
前照灯远光继电器及相连线路	□ 是	□ 否
左侧近光灯及相连线路	□ 是	□ 否
右侧近光灯及相连线路	□ 是	□ 否
左侧远光灯及相连线路	□ 是	□ 否
右侧远光灯及相连线路	□ 是	□ 否
前照灯开关及相连线路	□ 是	□ 否
转向信号/多功能开关及相连线路	□ 是	□ 否
车身控制模块	□ 是	□ 否

五、基本检查(在不作部件拆装的情况所做的外观检查)

(1)线路/插接器外观及连接情况。　□ 正常 □ 不正常
(2)零件安装等。　□ 正常 □ 不正常

六、部件及电路测试

1. 对被怀疑的部件进行测试

对被怀疑的部件进行测试见表4-8。

部件测试结果　表4-8

部　件	检查或测试后的判断结果	
	□ 正常	□ 不正常
	□ 正常	□ 不正常
	□ 正常	□ 不正常
	□ 正常	□ 不正常

2. 前照灯远光继电器检测

将点火开关置于“OFF(关闭)”位置,拆下前照灯远光继电器,检测导通性,见表4-9。前

照灯远光继电器端子如图4-17所示。如果不符合要求,则更换前照灯远光继电器。

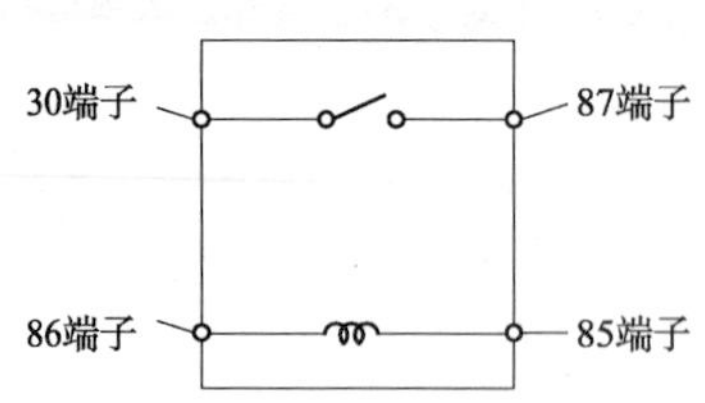

图4-17　前照灯远光继电器

检测远光灯继电器　　表4-9

检测端子	检测条件	规定状态
30—87	85—86端子加蓄电池电压	导通
	85—86端子未加蓄电池电压	不导通

3. 转向信号/多功能开关及相连线路检测

近光灯点亮,拉动并松开转向信号/多功能开关时,观察故障诊断仪的Headlamps Flash Switch(前照灯闪光开关)参数,参数应在Active(激活)和Inactive(未激活)之间切换。近光灯点亮,在近光和远光位置之间切换转向信号/多功能开关时,观察故障诊断仪的"HighBeam Select Switch(远光选择开关)"参数,参数应在Active(激活)和Inactive(未激活)之间切换。如果参数不在规定值之间切换,则进行转向信号/多功能开关及相连线路检测。

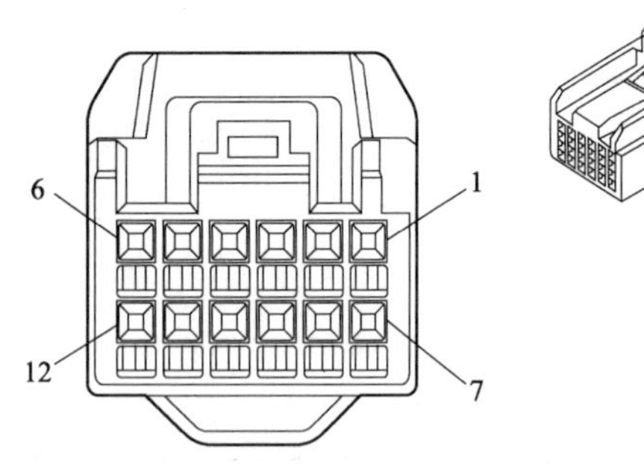

图4-18　转向信号/多功能开关插接器

将点火开关置于OFF(关闭)位置,拆下转向信号/多功能开关,检测导通性,见表4-10。转向信号/多功能开关插接器如图4-18所示。如果不符合要求,则更换转向信号/多功能开关。如果符合要求,则进行相连线路检测。

检测转向信号/多功能开关　　表4-10

检测端子	开关状态	规定状态
2—3	—	不导通
	远光挡	电阻小于5Ω
4—3	—	不导通
	闪光超车挡	电阻小于5Ω

用万用表逐段检查转向信号/多功能开关相连线路,找出短路或断路故障的部位。

4. 前照灯开关及相连线路检测

点火开关置于ON(打开)位置,在打开和关闭位置之间切换前照灯开关的同时,观察故障诊断仪的"Headlamp On Switch(前照灯点亮开关)"参数。参数应在Active(激活)和Inactive(未激活)之间切换。如果参数不在规定值之间切换,则进行前照灯开关及相连线路检测。

将点火开关置于OFF(关闭)位置,拆下前照灯开关,检测导通性,见表4-11。前照灯开关

插接器如图4-19所示。如果不符合要求,则更换前照灯开关。如果符合要求,则进行相连线路检测。

检测前照灯开关 表4-11

检测端子	开关状态	规定状态
5—6	OFF	电阻小于5Ω
3—6、5—6、4—6	AUTO	不导通
3—6	驻车灯、仪表板灯、牌照灯挡	电阻小于5Ω
3—6、4—6	近光灯挡	电阻小于5Ω

用万用表逐段检查前照灯开关相连线路,找出短路或断路故障的部位。

5. 前照灯灯泡及相连线路检测

1)近光灯及相连线路

使用故障诊断仪指令近光灯点亮和熄灭,确认左、右两侧近光灯点亮和熄灭。如果近光灯不在指令的状态之间切换,则进行相应近光灯及相连线路检测。

将点火开关置于OFF(关闭)位置,拆下E13L左侧前照灯灯泡,按表4-12所示进行检测。E13L左侧前照灯灯泡插接器如图4-20所示。如果不符合要求,则更换左侧前照灯灯泡。如果符合要求,则进行相连线路检测。

检测近光灯 表4-12

检测端子	检测条件	规定状态
2—3	未加蓄电池电压	不工作
	加蓄电池电压	正常点亮

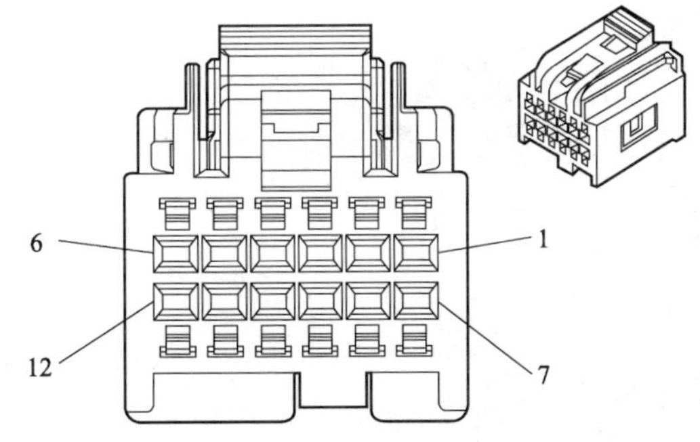

图4-19 前照灯开关插接器

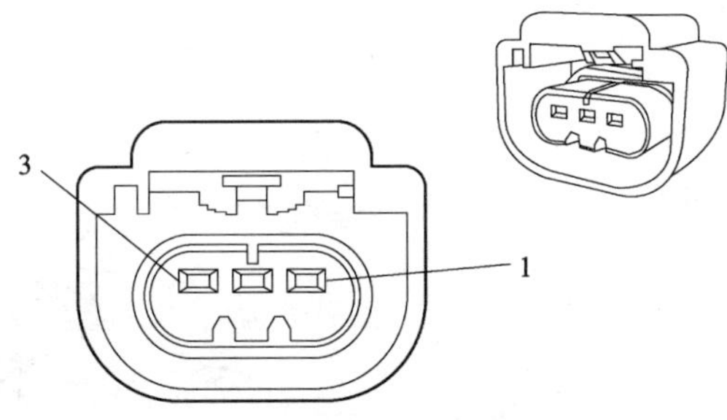

图4-20 左侧前照灯灯泡插接器

用万用表逐段检查左侧近光灯相连线路,找出短路或断路故障的部位。右侧近光灯检测方法同上。

2)远光灯及相连线路检测

使用故障诊断仪指令远光灯点亮和熄灭,确认左、右两侧远光灯点亮和熄灭。如果远光灯不在指令的状态之间切换,则进行相应远光灯及相连线路检测。

将点火开关置于OFF(关闭)位置,拆下E13L左侧前照灯灯泡,按表4-13所示进行检测。如果不符合要求,则更换E13L左侧前照灯灯泡。如果符合要求,则进行相连线路检测。

检测远光灯　　表4-13

检测端子	检测条件	规定状态
1—3	未加蓄电池电压	不工作
	加蓄电池电压	正常点亮

用万用表逐段检查左侧远光灯相连线路,找出短路或断路故障的部位。右侧远光灯检测方法同上。

七、故障部位确认

根据上述的所有检测结果,确认故障部位(表4-14)。

确认故障部位　　表4-14

□ 元件损坏	请写明元件名称:
□ 线路故障	请写明线路区间:
□ 其他	

八、故障点的排除处理

□ 更换	□ 维修	□ 调整

1. 前照灯灯泡的更换

(1)从灯泡上断开电气插接器,取下保护罩。

(2)按压弹簧夹,脱扣并向上旋转灯泡,取出灯泡,如图4-21所示。

(3)安装新的灯泡,将固定耳接入反射镜上凹口处。

(4)接合弹簧夹,安装保护罩。

(5)连接电气插接器。

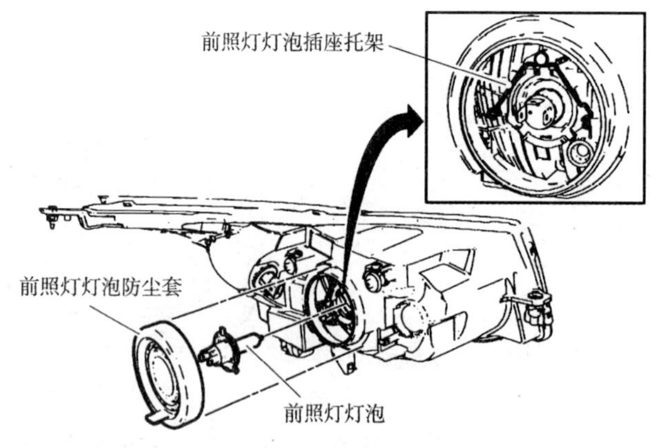

图4-21　前照灯灯泡更换

2. 前照灯开关的更换

(1)打开储物箱或拆下熔断丝检查口盖。

(2)断开电气插接器。

(3)拆下前照灯开关,如图4-22所示。

(4)安装新的前照灯开关。

(5)连接电气插接器。

(6)关闭储物箱或安装熔断丝检查口盖。

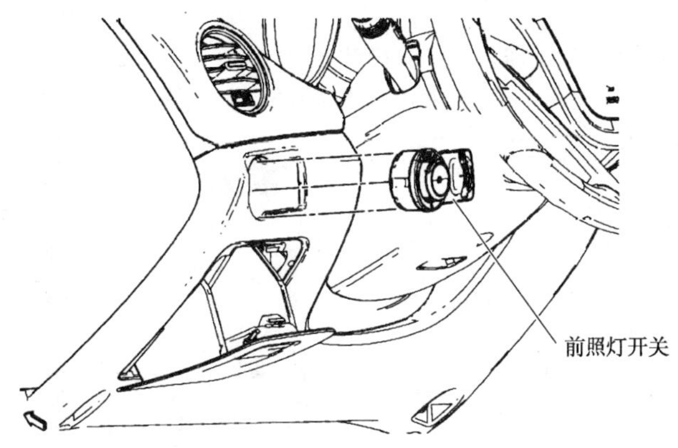

图 4-22　前照灯开关更换

九、维修结果确认(表中项目检查有内容时填写检查结果,如果没有时填写“无”。)

(1)维修后故障码读取,并填写读取结果。

____。

(2)维修后的功能确认并填写结果。

____。

十、现场恢复

清洁工具、设备并归位,拆除防护装置,清洁车辆,将车辆驶出举升机工位。

评价与反馈

对本任务进行评价,见表 4-15。

评　分　表　　　　表 4-15

考核项目	评分标准	分值	学生自评	小组互评	教师评价	小计
资料检索	熟练地查阅维修资料,能否找到诊断策略	15				
任务方案	是否根据手册提供的诊断策略进行维修	10				
操作过程	工艺步骤是否合理,方法是否正确	30				
设备、工具操作	是否正确	20				
安全生产	是否符合安全操作规程	5				
5S 规范	场地是否整洁,物品摆放是否有序	5				
记录表填写	是否按要求填写,记录值是否准确	15				
总　分		100				

注意:违反操作规程,出现人身伤害或设备严重事故,本任务考核 0 分。

知识拓展

前照灯的调整

前照灯的光束照射位置是光轴中心相对于前照灯配光镜几何中心在垂直方向偏上或偏下、水平方向偏右或偏左的距离。用屏幕可以检测前照灯的光束照射位置,雪佛兰科鲁兹轿车前照灯的调整应符合以下标准,如图 4-23 所示。

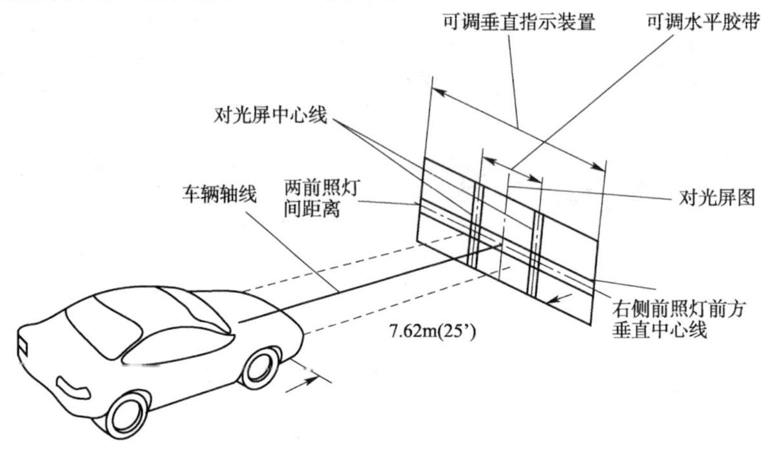

图 4-23 前照灯调整对光屏

1. 前照灯的调整标准

(1)对光场所应有足够大的水平地面,除足以容纳车辆外,从前照灯表面至对光屏前端之间还应有 7.62m 的空间。

(2)屏幕为 1.52m 高,3.66m 宽,表面白色无光泽并能较好地屏蔽外来光线,并且能根据车辆停放的地面进行适当调整。对光屏应能前后移动,以使其始终与车辆保持平行。

(3)在屏幕上应作一条固定的垂直中心线,两条可横向调整的垂直胶带,一条可纵向调整的水平胶带。

(4)对光屏安放妥当后,在前照灯灯罩正下方的地面上画一条基准线,以标明对光时前照灯的相应位置。

2. 调整步骤(图 4-24)

(1)打开发动机罩。

(2)测量地面至前照灯灯泡中心的距离,某些前照灯的灯罩上标有对光点。

(3)在对光屏幕上从地面开始测量,将水平胶带放置在测量的相应位置上。

(4)测量从地面基准线到左侧前照灯灯泡中心线间的距离。

(5)在对光屏上,从基准线开始测量,并将垂直胶带置于测量的相应位置上。

(6)测量从地面基准线到右侧前照灯灯泡中心线间的距离。

(7)在对光屏上,从基准线开始测量,并将垂直胶带置于测量的相应位置上。

(8)打开近光前照灯,挡住从乘客侧前照灯投射至对光屏的光线。

(9)根据国家和地方当局规定的规格,或者按步骤(8),调整前照灯的垂直和水平对光螺钉。

(10)挡住驾驶员侧前照灯投射至对光屏的光线,同时对乘客侧前照灯重复对光程序。

(11)关闭前照灯,关闭发动机罩。

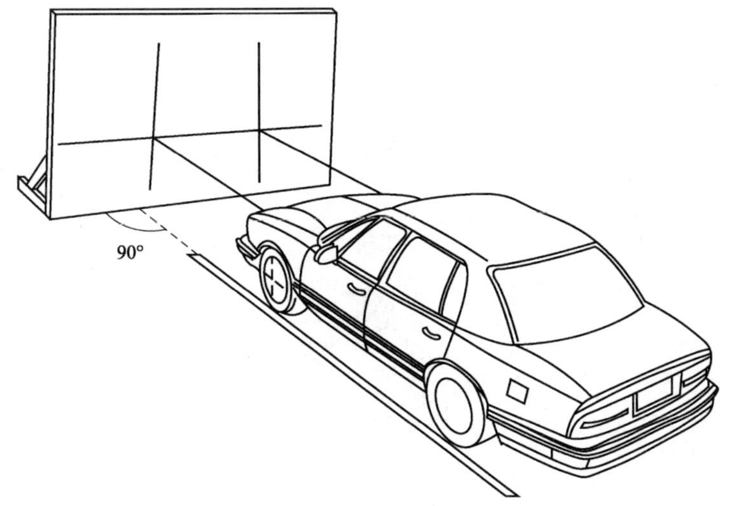

图 4-24　前照灯调整

任务三　汽车转向灯系统的检修

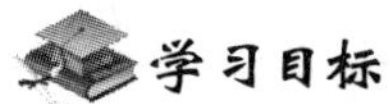

学习目标

1. 简单描述转向信号灯系统的基本组成；
2. 简单叙述转向信号灯闪光器的作用及分类；
3. 正确描述科鲁兹轿车的转向信号灯系统电路结构特点；
4. 能熟练地查阅维修资料，确定转向信号系统故障范围；
5. 按照维修手册提供的维修策略，正确使用诊断仪或万用表等进行转向信号系统故障诊断，确定故障部位；
6. 根据维修手册在规定时间内，安全规范地进行转向信号灯和转向灯组合开关的更换；
7. 维修过程中自觉保持场地整洁，物品摆放有序。

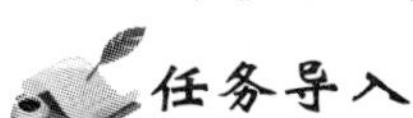

任务导入

客户驾驶 1.6L/AT 2013 款科鲁兹轿车在行驶过程中，打开转向信号灯开关，发现左右转向信号灯均不亮，打开危险警报灯开关时，两侧转向信号灯仍不工作，仪表板转向信号指示灯工作正常。客户现将车辆开至雪佛兰服务站，服务顾问已开出工单，请你们小组排除此故障。

知识准备

一、转向信号灯系统的组成

转向信号灯系统电路主要由转向信号灯、闪光器、开关、转向指示灯、熔断器及线路等组成，如图 4-25 所示。当汽车要驶离原方向时，在接通左转或右转信号灯开关后，通过闪光器使左侧或右侧的前、后、侧面转向信号灯和仪表指示灯闪烁发光；当遇到危险情况时，接通危险警告灯开关，所有转向信号灯同时闪烁，作为危险报警信号。

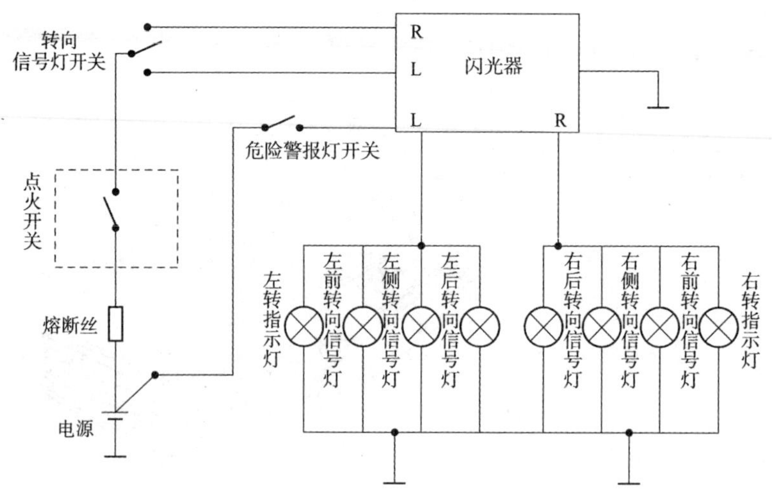

图 4-25　转向信号灯电路原理图

二、转向信号灯闪光器

转向信号灯按一定时间间隔闪烁是由闪光器实现的。通常按照工作原理的不同分为电容式、翼片式、电子式等,如图 4-26 所示。由于电子式闪光器具有结构简单、体积小、性能稳定、可靠性高、使用寿命长等特点,现已获得广泛应用。

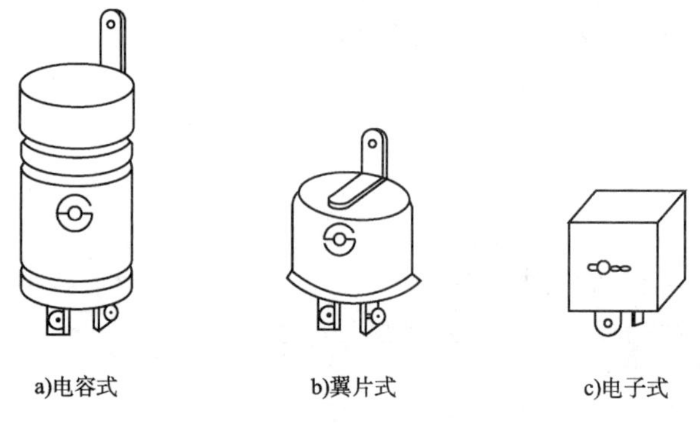

图 4-26　转向信号灯闪光器

三、雪佛兰科鲁兹 1.6L/AT 2013 款轿车转向信号灯系统的结构特点

1 转向信号灯电路组成及安装位置

雪佛兰科鲁兹 1.6L/AT 2013 款轿车转向信号灯系统主要由转向信号/多功能开关、危险警告灯开关、转向信号灯、车身控制模块、熔断丝等组成。危险警告灯开关安装于仪表板中央后下方;转向信号/多功能开关安装于转向盘左侧;转向信号灯安装于车辆左右两边的前面、侧面及后面,如图 4-27 所示。

2 转向信号灯电路工作原理

科鲁兹 1.6L/AT 2013 款轿车转向信号灯电路工作原理如图 4-28 所示,打开转向信号灯

开关,车身控制模块 K9 接收开关信号,并将右侧或左侧转向信号灯电路接通,右侧或左侧转向信号灯点亮。车身控制模块将数据通信信息发送到组合仪表,仪表板右侧或左侧转向信号指示灯同时点亮。

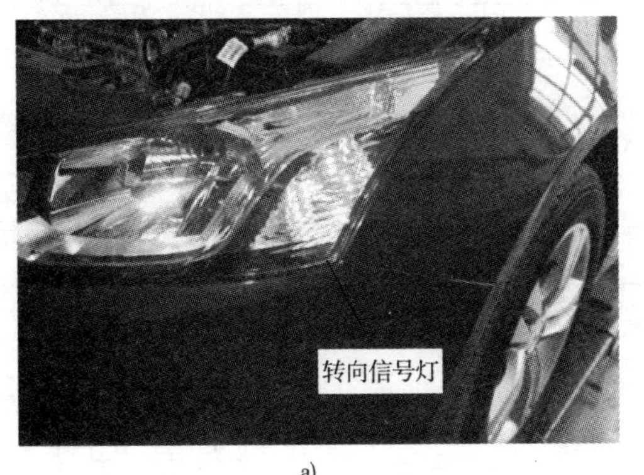

a)

b)

图 4-27　转向信号灯安装位置

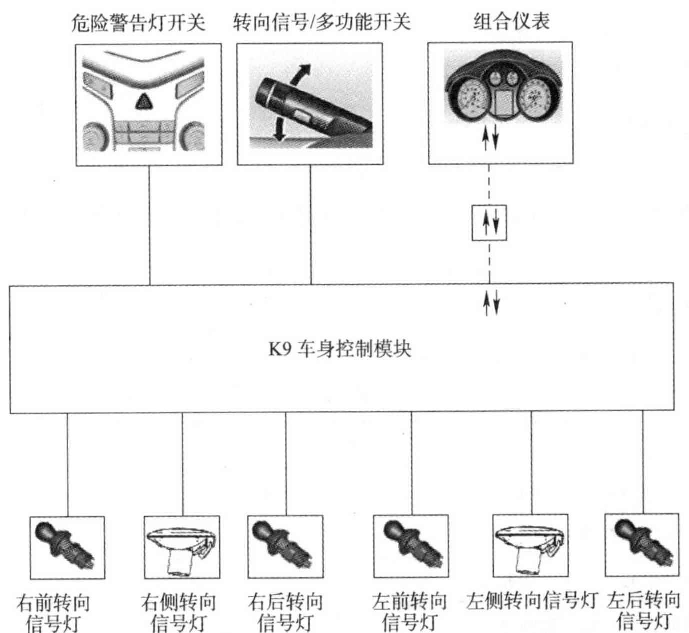

图 4-28　科鲁兹轿车转向信号灯工作原理图

按下危险警告灯开关,车身控制模块 K9 接收其信号,将左右两侧所有转向信号灯电路接通,同时点亮左右两侧转向信号灯及仪表板转向信号指示灯。

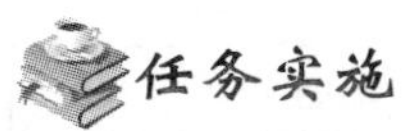

任务实施

转向信号灯不亮故障诊断与排除

一、作业准备

作业准备见表 4-16。

作业准备 表4-16

序号	项目	作业记录
1	汽车停放和三角块放置状况	
2	座椅套、转向盘套、换挡手柄套、脚垫、翼子板护围安装状况	
3	万用表、专用解码器、常用拆卸工具	
4	危险警告灯开关,转向信号/多功能开关,转向信号灯,熔断丝,线束	
5	纸质或电子版维护手册	
6	蓄电池电压情况	

提示:在车辆进行维修和操作之前,必须确保车辆蓄电池电量充足。

二、故障现象确认

(1)左前转向信号灯工作情况。 □正常 □不正常

(2)右前转向信号灯工作情况。 □正常 □不正常

(3)左后转向信号灯工作情况。 □正常 □不正常

(4)右后转向信号灯工作情况。 □正常 □不正常

(5)左前侧转向信号灯工作情况。 □正常 □不正常

(6)右前侧转向信号灯工作情况。 □正常 □不正常

三、故障码检查

连接专用故障诊断仪,读取故障码(有内容时填写检查代码,如果没有时填写“无”)。

______________________________。

四、确定故障范围

根据上述检查进行判断,并填写可能故障范围(表4-17)。

可能故障范围 表4-17

电源及熔断丝	□是	□否
左后转向信号灯及相连线路	□是	□否
右前转向信号灯及相连线路	□是	□否
左前转向信号灯及相连线路	□是	□否
右后转向信号灯及相连线路	□是	□否
左侧转向信号灯及相连线路	□是	□否
右侧转向信号灯及相连线路	□是	□否
危险警告灯开关及相连线路	□是	□否
转向信号/多功能开关及相连线路	□是	□否
车身控制模块	□是	□否

五、基本检查(在不做部件拆装的情况所做的外观检查)

线路/插接器外观及连接情况。 □正常 □不正常

零件安装等。 □正常 □不正常

六、部件及电路测试

1. 对被怀疑的部件进行测试

对被怀疑的部件进行测试见表4-18。

部件测试结果　　表4-18

部　　件	检查或测试后的判断结果	
	□ 正常	□ 不正常
	□ 正常	□ 不正常
	□ 正常	□ 不正常
	□ 正常	□ 不正常

2. 转向信号/多功能开关及相连线路检测

将点火开关置于ON(打开)位置,当转向信号/多功能开关在左侧和右侧位置之间切换时,观察故障诊断仪的"Right Turn Signal Switch(右转向信号开关)"参数和"Left Turn Signal Switch(左转向信号开关)"参数。参数应在Active(激活)和Inactive(未激活)之间切换。如果参数不在规定值之间切换,则进行转向信号/多功能开关及相连线路检测。

将点火开关置于OFF(关闭)位置,拆下转向信号/多功能开关,检查其工作情况,见表4-19。转向信号/多功能开关插接器如图4-29所示。如果不符合要求,则更换转向信号/多功能开关。

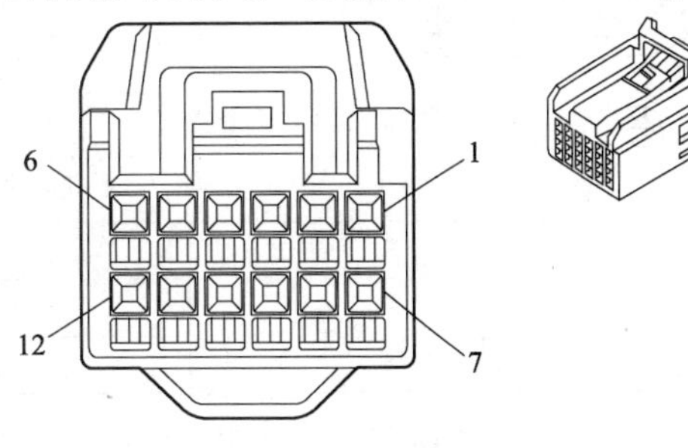

图4-29　转向信号/多功能开关插接器

检测转向信号/多功能开关　　表4-19

检测端子	开关状态	规定状态
1—3	—	不导通
	左转向信号灯挡	电阻小于5Ω
7—3	—	不导通
	右转向信号灯挡	电阻小于5Ω

用万用表逐段检查转向信号/多功能开关相连线路,找出短路或断路故障的部位。

3. 危险警告灯开关及相连线路检测

将点火开关置于ON(打开)位置,当危险警告灯开关在打开和关闭位置之间切换时,观察故障诊断仪的"Hazard Lamp Switch(危险警告灯开关)"参数。参数应在Active(激活)和Inactive(未激活)之间切换。如果参数不在规定值之间切换,则进行危险警告灯开关及相连线路检测。

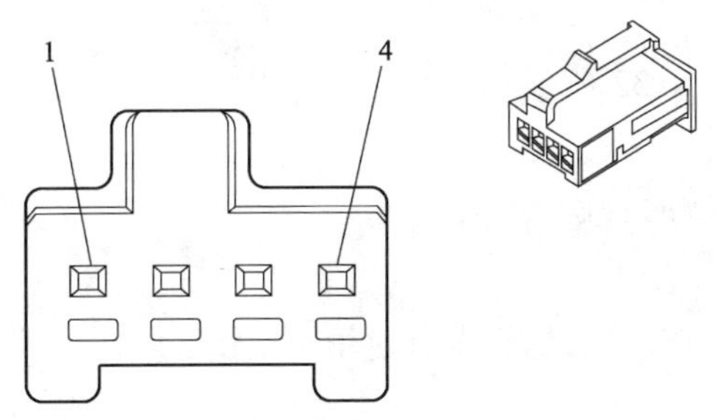

图4-30　危险警告灯开关插接器

将点火开关置于OFF(关闭)位置,拆下危险警告灯开关,检查其工作情况,见表4-20。危险警告灯开关插接器如图4-30所示。如果不符合要求,则更换危险警告灯开关。

检测危险警告灯开关 表 4-20

检测端子	检测条件	规定状态
1—3	放开危险警告灯开关	不导通
	按下危险警告灯开关	电阻小于5Ω

用万用表逐段检查危险警告灯开关相连线路,找出短路或断路故障的部位。

4. 转向信号灯灯泡检测

使用故障诊断仪指令左侧或右侧转向信号灯点亮和熄灭,确认左侧或右侧转向信号灯点亮和熄灭。如果左侧或右侧转向信号灯不在指令的状态之间切换,则进行相应信号灯及相连线路检测。下面以左前转向信号灯检测为例进行介绍,其他转向信号灯检测方法相同。

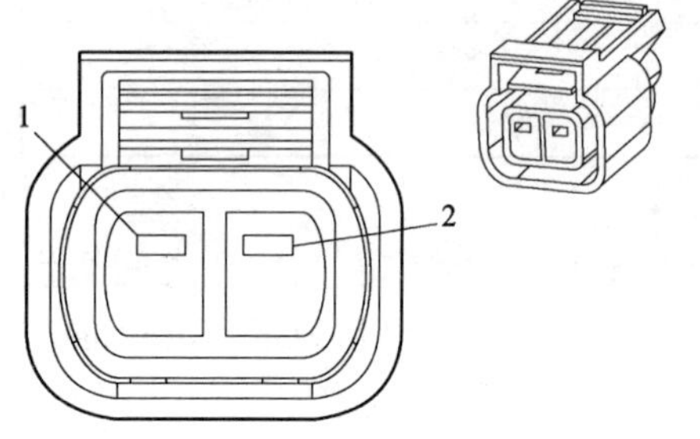

图 4-31 左前转向信号灯灯泡插接器

将点火开关置于 OFF(关闭)位置,拆下左前转向信号灯,检查其工作状况,见表 4-21。左前转向信号灯灯泡插接器如图 4-31 所示。如不符合要求,则更换左前转向信号灯。

检测左前转向信号灯 表 4-21

检测端子	检测条件	规定状态
1—2	未加蓄电池电压	不工作
	加蓄电池电压	正常点亮

用万用表逐段检查左前转向信号灯相连线路,找出短路或断路故障的部位。

七、故障部位确认

根据上述的所有检测结果,确认故障部位(表 4-22)。

确认故障部位 表 4-22

□ 元件损坏	请写明元件名称:
□ 线路故障	请写明线路区间:
□ 其他	

八、故障点的排除处理

□ 更换	□ 维修	□ 调整

转向信号灯灯泡更换:

(1)断开电气插头。

(2)逆时针旋转并从前照灯总成上拆下灯座,如图 4-32 所示。

(3)从灯座上拆下灯泡,如图 4-33 所示。

(4)安装新的灯泡,并将灯座插进反射镜壳体内,顺时针旋转使之结合。

(5)连接电气插头。

九、维修结果确认(表中项目检查有内容时填写检查结果,如果没有时填写“无”。)

(1)维修后故障码读取,并填写读取结果。

____。

(2)维修后的功能确认并填写结果。

____。

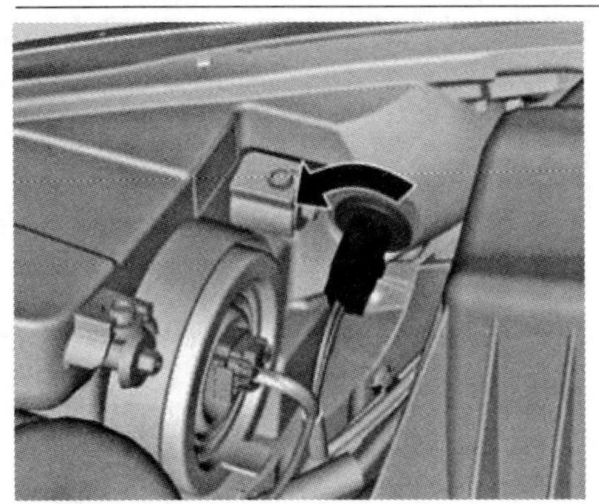
图4-32　拆下灯座

图4-33　拆下灯泡

十、现场恢复

清洁工具、设备并归位,拆除防护装置,清洁车辆,将车辆驶出举升机工位。

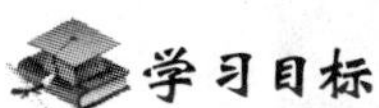

评价与反馈

对本任务进行评价,见表4-23。

评　分　表　　　　表4-23

考核项目	评分标准	分值	学生自评	小组互评	教师评价	小计
资料检索	熟练地查阅维修资料,能否找到诊断策略	15				
任务方案	是否根据手册提供的诊断策略进行维修	10				
操作过程	工艺步骤是否合理,方法是否正确	30				
设备、工具操作	是否正确	20				
安全生产	是否符合安全操作规程	5				
5S规范	场地是否整洁,物品摆放是否有序	5				
记录表填写	是否按要求填写,记录值是否准确	15				
总　分		100				

注意:违反操作规程,出现人身伤害或设备严重事故,本任务考核0分。

任务四　汽车电动喇叭系统的检修

学习目标

1. 简单描述电动喇叭系统的基本组成;
2. 简单叙述电动喇叭的分类;

3. 正确描述科鲁兹轿车的电动喇叭系统电路结构特点；

4. 能熟练地查阅维修资料,确定电动喇叭系统故障范围；

5. 按照维修手册提供的维修策略,正确使用诊断仪或万用表等进行故障诊断,确定电动喇叭系统故障部位；

6. 根据维修手册在规定时间内,安全规范地进行电动喇叭的更换；

7. 维修过程中自觉保持场地整洁,物品摆放有序。

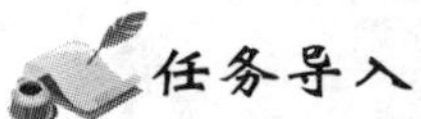

任务导入

客户驾驶科鲁兹1.6L/AT 2013款轿车过程中,发现按下喇叭按钮,电喇叭不响。客户现将车辆开到雪佛兰服务站,服务顾问已开出工单,请你们小组对此故障进行检测并排除。

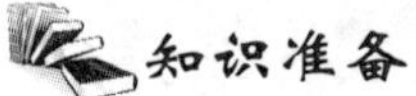

知识准备

一、电动喇叭系统组成

电动喇叭系统主要由电源、喇叭开关、喇叭总成、保护装置及线路等组成,如图4-34所示。按下喇叭开关时,喇叭继电器线圈电路闭合,继而继电器触点闭合,接通喇叭,喇叭发音。松开喇叭开关时,继电器线圈断电,触点在自身弹力作用下张开,切断喇叭电路,喇叭停止发音。

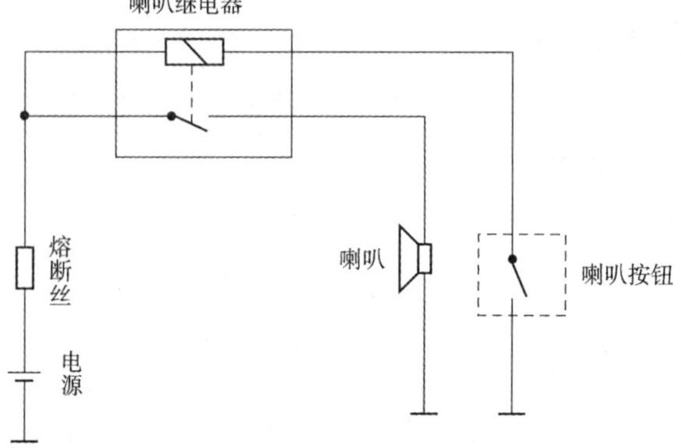

图4-34　电动喇叭系统电路图

二、电动喇叭的分类

电动喇叭按外形不同,可以分为螺旋形、盆形、筒形三类,图4-35所示为螺旋形电动喇叭,图4-36所示为盆形电动喇叭,图4-37所示为筒形电动喇叭。

图4-35　螺旋形电动喇叭

图4-36　盆形电动喇叭

图4-37　筒形电动喇叭

按声频不同，可以分为高音和低音两种，其中高音喇叭膜片厚、扬声筒短，低音喇叭则相反，图4-38所示为低音喇叭，图4-39所示为高音喇叭。

图4-38　低音喇叭

图4-39　高音喇叭

三、雪佛兰科鲁兹1.6L/AT 2013款轿车电动喇叭系统结构特点

1 电动喇叭系统电路组成及安装位置

雪佛兰科鲁兹1.6L/AT 2013款轿车电动喇叭系统由喇叭熔断丝、喇叭继电器、喇叭开关、喇叭总成、车身控制模块等组成。喇叭熔断丝和喇叭继电器安装于熔断丝盒，喇叭开关安装于转向盘内，喇叭总成安装于发动机舱左前侧车架纵梁上，如图4-40所示。

图4-40　喇叭安装位置

2 电动喇叭系统电路工作原理

科鲁兹1.6L/AT 2013款轿车电动喇叭系统工作原理如图4-41所示，按下喇叭开关，车身控制模块接收开关信号，并将喇叭电路接通，鸣响喇叭。

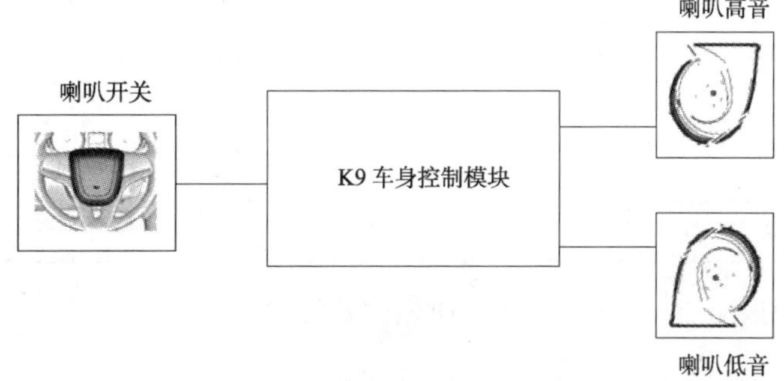

图4-41　科鲁兹轿车电动喇叭系统工作原理图

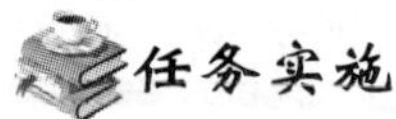
任务实施

电动喇叭不响故障诊断与排除

一、作业准备

作业准备见表4-24。

作　业　准　备　　表4-24

序号	项　目	作业记录
1	汽车停放和三角块放置状况	
2	座椅套、转向盘套、换挡手柄套、脚垫、翼子板护围安装状况	
3	万用表、专用解码器、充电机、常用拆卸工具情况	
4	喇叭开关,高音喇叭、低音喇叭、线束情况	
5	纸质或电子版维护手册	
6	蓄电池电压情况	

提示:在车辆进行维修和操作之前,必须确保车辆安全地支撑在举升机上。

二、故障现象确认

(1)喇叭工作情况。　□ 正常 □ 不正常

(2)喇叭高音工作情况。　□ 正常 □ 不正常

(3)喇叭低音工作情况。　□ 正常 □ 不正常

三、故障码检查

连接专用故障诊断仪,读取故障码(有内容时填写检查代码,如果没有时填写“无”)。

____。

四、确定故障范围

根据上述检查进行判断,并填写可能故障范围(表4-25)。

可 能 故 障 范 围　　表4-25

电源及熔断丝	□ 是	□ 否
喇叭继电器	□ 是	□ 否
喇叭开关及相连线路	□ 是	□ 否
喇叭高音及相连线路	□ 是	□ 否
喇叭低音及相连线路	□ 是	□ 否
车身控制模块	□ 是	□ 否

五、基本检查(在不作部件拆装的情况所做的外观检查)

(1)线路/插接器外观及连接情况。　□ 正常 □ 不正常

(2)零件安装等。　□ 正常 □ 不正常

六、部件及电路测试

1. 对被怀疑的部件进行测试

对被怀疑的部件进行测试见表4-26。

部件测试结果　　表4-26

部　　件	检查或测试后的判断结果	
	□ 正常	□ 不正常
	□ 正常	□ 不正常
	□ 正常	□ 不正常
	□ 正常	□ 不正常

2. 喇叭开关及相连线路检测

将点火开关置于ON(打开)位置,按下和放开喇叭开关时,确认故障诊断仪的Horn Switch(喇叭开关)参数在Active(激活)和Inactive(未激活)之间变化。如果参数不在规定值之间切换,则进行喇叭开关及相连线路检测。

将点火开关置于OFF(关闭)位置,拆下喇叭开关,检查其工作情况见表4-27。若不符合要求,则更换喇叭开关。

喇叭开关检测　　表4-27

检测端子	检测条件	规定状态
1—2	按下喇叭开关	电阻小于3Ω
	放开喇叭开关	不导通

用万用表逐段检查喇叭开关相连线路,找出短路或断路故障的部位。

3. 喇叭继电器及相连线路检测

将点火开关置于OFF(关闭)位置,拆下喇叭继电器,检查其工作情况,见表4-28。喇叭继电器端子如图4-42所示。如果不符合要求,则更换喇叭继电器。

检测喇叭继电器　　表4-28

检测端子	检测条件	规定状态
30—87	85—86端子加蓄电池电压	导通
	85—86端子未加蓄电池电压	不导通

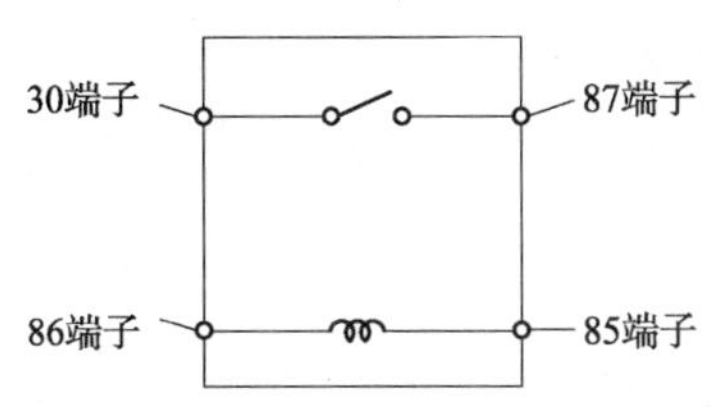

图4-42　喇叭继电器

用万用表逐段检查喇叭继电器相连线路,找出短路或断路故障的部位。

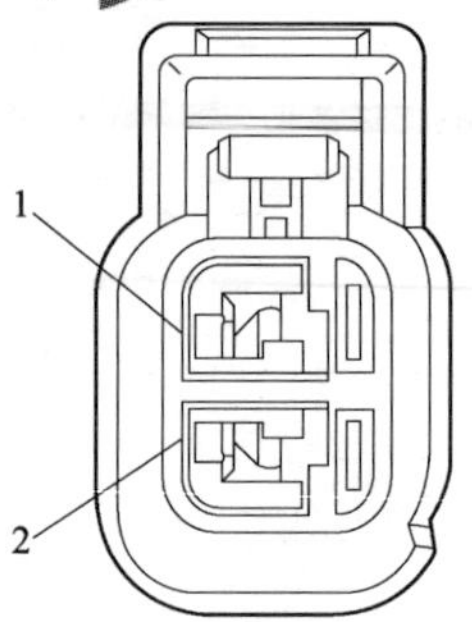

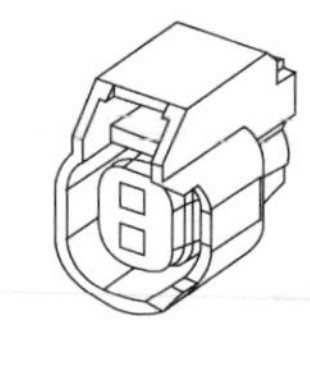

图 4-43　喇叭插接器

4. 喇叭及相连线路检测

使用故障诊断仪指令喇叭继电器打开和关闭时,确认喇叭打开和关闭并发出清晰均匀的音调。如果喇叭不在指令的状态之间切换,则进行喇叭及相连线路检测。

将点火开关置于 OFF(关闭)位置,断开相应喇叭上的线束插接器。检查其工作状况,见表 4-29。喇叭插接器如图 4-43 所示。如不符合要求,则更换喇叭。

检 测 喇 叭　　表 4-29

检测端子	检测条件	规定状态
1—2	未加蓄电池电压	不工作
	加蓄电池电压	正常工作

用万用表逐段检查喇叭相连线路,找出短路或断路故障的部位。

七、故障部位确认

根据上述的所有检测结果,确认故障部位(表 4-30)。

确 认 故 障 部 位　　表 4-30

□ 元件损坏	请写明元件名称:
□ 线路故障	请写明线路区间:
□ 其他	

八、故障点的排除处理

□ 更换	□ 维修	□ 调整

1. 喇叭的更换

(1)拆下前保险杠蒙皮开口下盖。

(2)拆下前保险杠蒙皮。

(3)拆卸喇叭固定螺栓,如图 4-44 所示。

(4)断开喇叭电气插接器。

(5)安装新的喇叭,连接电气插接器。

(6)安装前保险杠。

2. 转向盘喇叭触点的更换

(1)拆下充气式约束系统转向盘模块。

(2)拆下转向盘喇叭触点螺栓,如图 4-45 所示。

(3)取下转向盘喇叭触点,断开电气插头。

(4)安装新的转向盘喇叭触点,连接电气插接器。

(5)紧固转向盘喇叭触点螺栓。

(6)安装充气式约束系统转向盘模块。

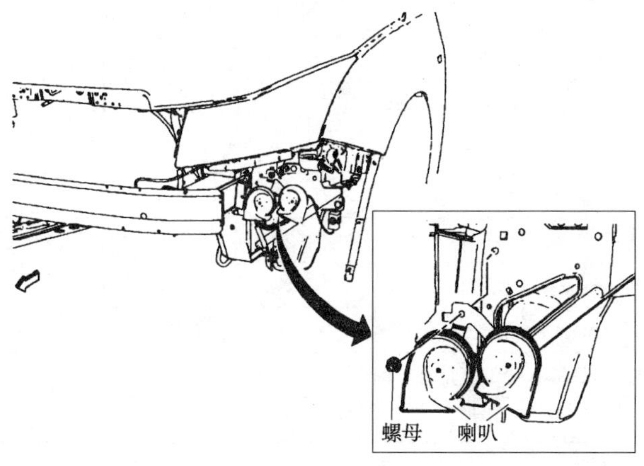

图 4-44　喇叭更换

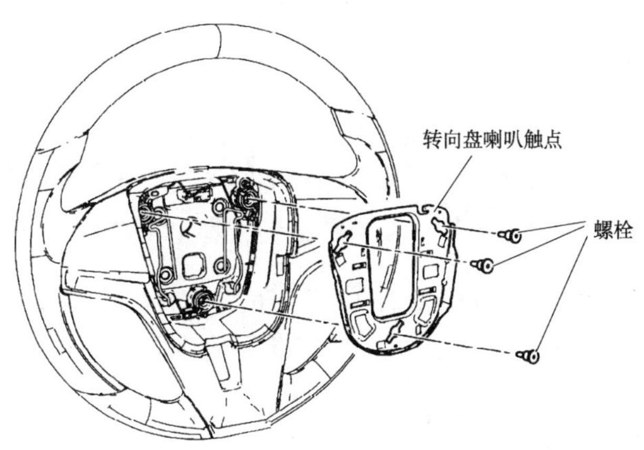

图 4-45　转向盘喇叭触点更换

九、维修结果确认（表中项目检查有内容时填写检查结果，如果没有时填写“无”。）

（1）维修后故障码读取，并填写读取结果。

____。

（2）维修后的功能确认并填写结果。

____。

十、现场恢复

清洁工具、设备并归位，拆除防护装置，清洁车辆，将车辆驶出举升机工位。

评价与反馈

对本任务进行评价，见表 4-31。

评　分　表　　表 4-31

考核项目	评分标准	分值	学生自评	小组互评	教师评价	小计
资料检索	熟练地查阅维修资料，能否找到诊断策略	15				

续上表

考核项目	评分标准	分值	学生自评	小组互评	教师评价	小计
任务方案	是否根据手册提供的诊断策略进行维修	10				
操作过程	工艺步骤是否合理,方法是否正确	30				
设备、工具操作	是否正确	20				
安全生产	是否符合安全操作规程	5				
5S 规范	场地是否整洁,物品摆放是否有序	5				
记录表填写	是否按要求填写,记录值是否准确	15				
总　　分		100				

注意:违反操作规程,出现人身伤害或设备严重事故,本任务考核 0 分。

思考与练习

一、选择题

1. 对汽车前照灯照明的要求,说法正确的是(　　)。
　A. 有防炫目装置　　B. 照亮前方 100m 以上
　C. 灯泡亮度随外界环境自动调节　　D. 灯泡是卤钨灯泡

2. 控制转向信号灯闪光频率的是(　　)。
　A. 转向信号灯开关　　B. 点火开关　　C. 转向信号灯　　D. 闪光器

3. 功率低、发光强度最高、寿命长且无灯丝的汽车前照灯是(　　)。
　A. 卤素前照灯　　B. 投射式前照灯　　C. LED 前照灯　　D. 氙气灯

4. 前照灯灯泡中的近光灯丝应安装在(　　)。
　A. 反射镜的焦点处　　B. 反射镜的焦点上
　C. 反射镜的焦点上　　D. 配光镜中

5. 电动喇叭系统主要由(　　)组成。
　A. 电源　　B. 喇叭开关
　C. 喇叭总成　　D. 保护装置及线路

二、判断题

1. 前照灯由反射镜、配光屏和灯泡组成。(　　)

2. 汽车照明和信号系统主要由电源、照明设备或信号装置、控制开关、线路和电路保护装置组成。(　　)

3. 前照灯应保证车前有明亮而均匀的照明,使驾驶员能够辨明车前 100m 以外路面上的障碍物。(　　)

4. 通常闪光继电器按照工作原理的不同分为电容式、翼片式、霍尔式等。(　　)

5. 科鲁兹轿车危险警告灯开关安装于左前车门后下方。(　　)

6. 倒车灯安装在汽车尾部,用于警示后方车辆和行人,该车驾驶员准备或正在倒车。(　　)

7. 目前汽车前照灯的灯泡主要包括卤钨灯泡、氙气前照灯灯泡、LED 灯三类。(　　)

8. 配光镜又称散光玻璃，由许多的棱镜组成，将从反射镜反射出的平行光束进行折射，使车辆两侧和前方路面的照明更加均匀。（　）

9. 我国交通法规规定，夜间会车时，必须在距对面来车 100m 以外互关远光灯，换用防炫目近光灯。（　）

三、简答题

1. 简述转向信号灯系统电路的组成及工作原理。

2. 简述汽车前照灯的基本要求。

3. 叙述雪佛兰科鲁兹轿车电动喇叭系统电路工作原理。

项目五　汽车信息与通信系统的检修

任务一　汽车组合仪表系统的检修

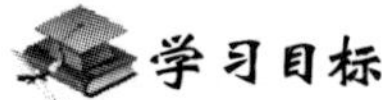

1. 简单叙述汽车电子仪表的功用及发展趋势；
2. 简单描述汽车电子仪表的基本组成和工作原理；
3. 正确描述科鲁兹轿车的电子仪表系统组成；
4. 能熟练地查阅维修资料，确定报警系统故障范围；
5. 按照维修手册工作的维修策略，正确使用诊断仪或万用表等进行汽车电子仪表的故障诊断，确定故障部位；
6. 根据维修手册在规定时间内，安全规范地进行燃油油位传感器及组合仪表的更换；
7. 维修过程中自觉保持场地整洁，物品摆放有序。

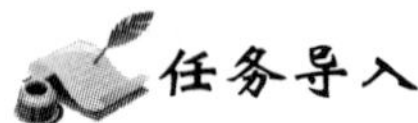

客户驾驶雪佛兰科鲁兹 1.6L/AT 2013 款轿车过程中，发现仪表板上燃油表不工作，燃油油位过低指示灯工作正常。客户现将车开到雪佛兰服务站并与服务顾问沟通后，服务顾问开出工单，请你们小组排除此故障。

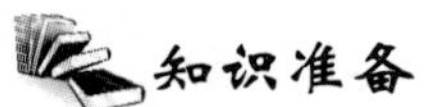

一、汽车电子仪表的概述

汽车电子仪表是汽车与驾驶员进行信息交流的界面，为驾驶员提供必要的汽车运行信息，同时也是维修人员发现和排除故障的重要工具。

1 发展历程

总结汽车仪表的发展过程，可将其归纳为三种类型。

1）传统仪表

传统仪表是一种机械—电气式仪表，已逐渐被电子仪表取代，如图 5-1 所示。

2）单个电子仪表

单个电子仪表已在汽车上得到了广泛的使用，如图 5-2 所示。如发动机转速表、车速里程表、燃油表、温度表等。这些独立的电子仪表多数采用模拟电子电路，有的采用专用的集成电路，仪表显示方式有指针偏摆、发光二极管和液晶显示器显示。

图 5-1 传统仪表

图 5-2 单个电子仪表

3)电子仪表系统

电子仪表系统可使驾驶员更加方便、全面地掌握汽车的运行状况,如图 5-3 所示。电子仪表系统以微处理器为核心,不仅能精确显示机油压力、冷却液温度、车速、油箱燃油储量,还具有记忆、运算处理功能,经过计算可显示瞬时油耗量、平均油耗、平均车速、续驶里程、行驶时间等参数。电子仪表系统的显示形式可多样化,如数字化显示、条线图形显示、声光显示与报警等。

图 5-3 电子仪表系统

2 电子仪表系统发展趋势

电子仪表系统与无线传输设备结合,还可与车外进行信息交流,使仪表系统具有通信和导航等功能。例如,电子仪表储存电子地图并装备车载 GPS 系统,可随时了解车辆行驶的具体位置、到达目的地的行驶路线等信息;电子仪表及车载无线通信系统可通过交通管理中心、汽车救助中心等获得城市交通状况信息、选择最佳行驶路线、及时得到求助等。随着汽车电子技术、车载无线通信技术及电子显示技术的进一步发展,指示准确、信息量大、高度智能化的电子仪表系统将在汽车上有越来越多的应用,例如:为使驾驶员观察仪表的显示更加方便省时,在汽车上已出现了风窗玻璃映像显示技术,如图 5-4 所示。

图 5-4　风窗玻璃映像显示技术

二、汽车电子仪表的组成及工作原理

汽车电子仪表系统的基本组成如图 5-5 所示，包括传感器与开关、电子控制器和显示器与报警装置等。

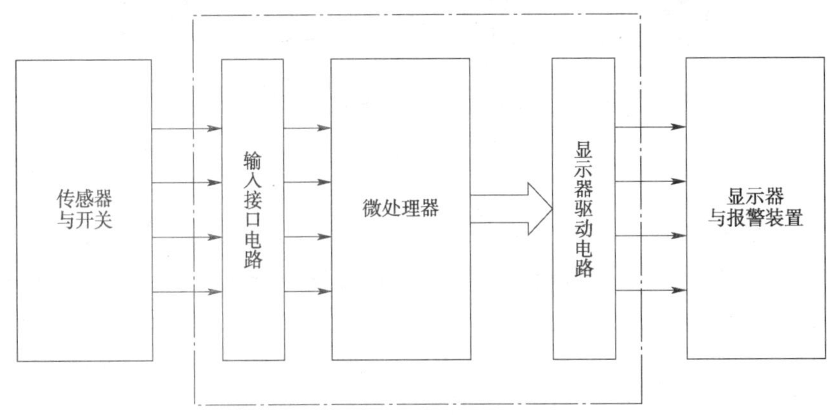

图 5-5　电子仪表系统的基本组成

在电子仪表系统中，传感器的作用是将发动机的转速与温度、机油压力、燃油箱储油量、汽车行驶速度等参量转换为电信号输送给仪表系统的电子控制器（ECU）。电子控制器（ECU）对输入的信号进行分析与计算后，输出控制信号，控制相关的显示器或报警装置工作，显示发动机转速、发动机温度、燃油量、汽车行驶速度等信息，也可以显示油耗、加速度、续驶里程等通过计算得到的信息，有模拟、数字、图形等多种显示方式。

图 5-6　发动机转速表

三、常见汽车电子仪表

1 发动机转速表

在轿车上普遍装有发动机转速表，如图 5-6 所示。用于显示发动机的转速，驾驶员可根据发动机转速表的示值监视发动机的工作状况。转速表按其结构不同可以分为机械式和电子式，其中应用较广泛的是电子式。

2 车速表和里程表

车速表用来指示汽车行驶速度，如图 5-7 所示。按其工

作原理可以分为磁感应式和电子式两种。

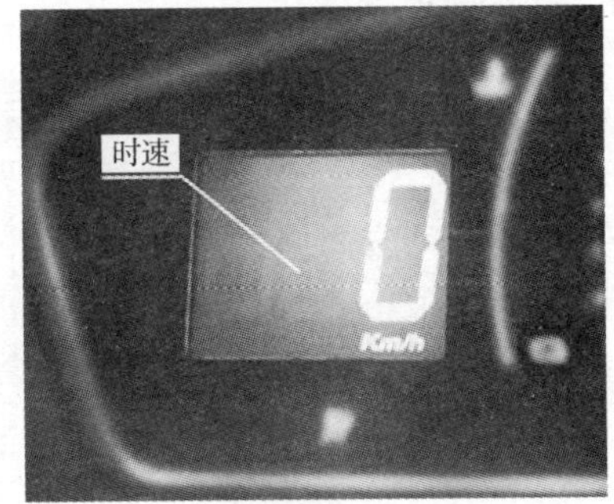

图 5-7 车速表

❸ 里程表

里程表用来指示汽车累计行驶里程，按其工作原理可以分为磁感应式和电子式两种，如图 5-8 所示。

❹ 冷却液温度表

冷却液温度表俗称水温表，由安装在仪表板上的温度指示表和安装在发动机汽缸盖水套上的温度传感器组成，用于指示发动机冷却液的工作温度，驾驶员可根据冷却液温度表的示值了解发动机的温度情况，并判断发动机及其冷却系统是否正常。冷却液温度表按其指示表不同分为电热式和电磁式两种，如图 5-9 所示。

图 5-8 里程表

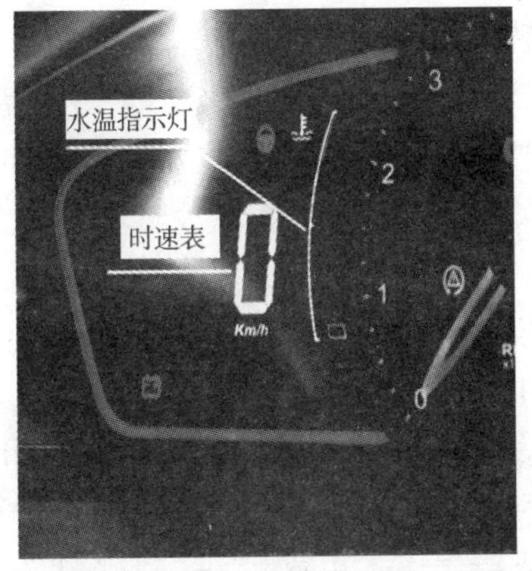

图 5-9 冷却液温度表

❺ 燃油表

燃油表可以随时测量并显示汽车油箱内的燃油量，它与装在油箱内的燃油传感器配套工作，传感器一般为可变电阻式。燃油表分电磁式和电热式两种，如图 5-10 所示。

四、雪佛兰科鲁兹 1.6L/AT 2013 款轿车仪表系统组成及工作原理

雪佛兰科鲁兹 1.6L/AT 2013 款轿车仪表系统组成包括冷却液传感器、燃油油位传感器、车

速传感器、发动机转速传感器、发动控制模块、车身控制模块、组合仪表、扬声器等，如图 5-11 所示。

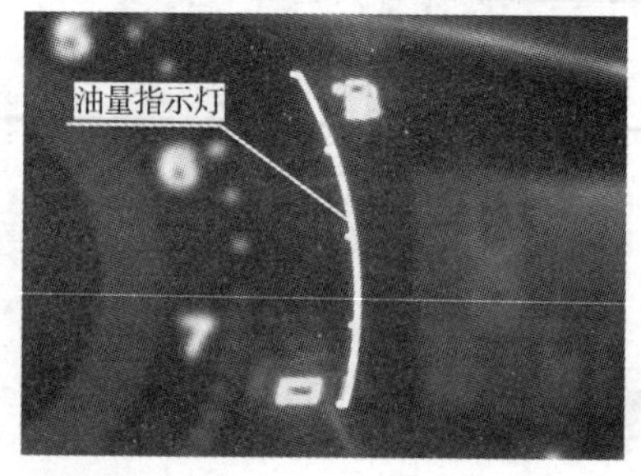

图 5-10 燃油表

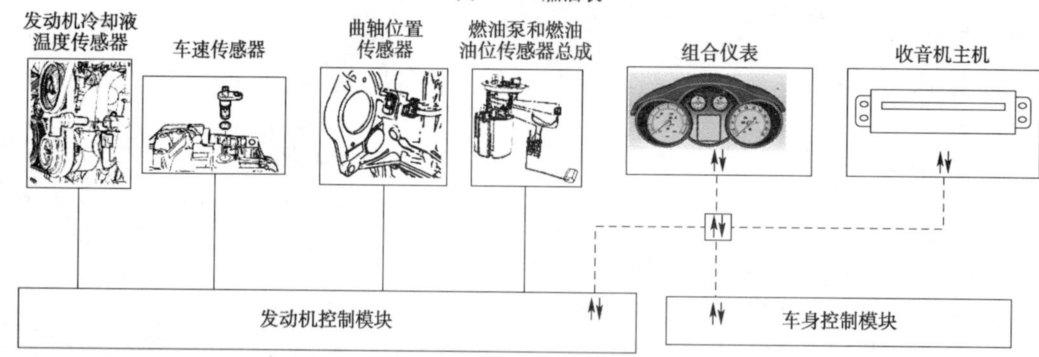

图 5-11 科鲁兹轿车组合仪表系统工作原理图

发动机控制模块将来自燃油油位传感器、冷却液温度传感器、车速传感器、发动机转速传感器的数据转换为相应的电信号，发送给车身控制模块（BCM），车身控制模块将信息发送给组合仪表，显示在燃油油位表、发动机冷却液温度表、车速表、转速表上。收音机主机通过串行数据信息接收车身控制模块发送的音频警告请求，并通过扬声器发出音频警告，提醒驾驶员注意某个系统的问题或严重的车辆故障。

车身控制模块使用发动机控制模块发送的行驶计数信息计算车辆里程，然后此里程值被发送至组合仪表，显示于驾驶员信息中心界面上的里程表。里程表值存储在多个模块中，车身控制模块是主存模块，组合仪表是辅存模块。

组合仪表和车身控制模块除了存储车辆里程表值，还存储车辆识别号。执行软件检查，防止这些模块和存储的里程表信息在不同车辆之间移动和转换。如果车辆识别号不匹配，则组合仪表将进入错误模式并显示“——”（破折号）。如果车辆识别号不匹配超过标定的距离，即使随后被校正，则组合仪表也将“锁止”里程表显示屏并且只显示破折号。唯一可以清除或“解锁”组合仪表的方法是使用维修编程系统来执行车身控制模块的编程。

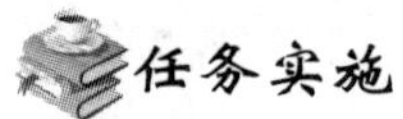

任务实施

燃油表不工作故障诊断与排除

一、作业准备

作业准备见表 5-1。

作 业 准 备　　表 5-1

序号	项　　目	作业记录
1	汽车停放和三角块放置状况	
2	座椅套、转向盘套、换挡手柄套、脚垫、翼子板护围安装状况	
3	万用表、专用解码器、常用拆卸工具	
4	燃油油位传感器、组合仪表、熔断丝，线束	
5	纸质或电子版维护手册	
6	蓄电池电压情况	

二、故障现象确认

(1)燃油表工作是否正常。　□ 是 □ 否

(2)燃油油位过低指示灯工作是否正常。　□ 是 □ 否

三、故障码检查

连接专用故障诊断仪，读取故障码(有内容时填写检查代码，如果没有时填写“无”)。

____。

四、确定故障范围

根据上述检查进行判断，并填写可能故障范围(表 5-2)。

可 能 故 障 范 围　　表 5-2

组合仪表电源及熔断丝	□ 是	□ 否
组合仪表搭铁线	□ 是	□ 否
燃油表	□ 是	□ 否
燃油油位传感器及相连线路	□ 是	□ 否
发动机控制模块	□ 是	□ 否
车身控制模块	□ 是	□ 否

五、部件及电路测试

1. 对被怀疑的部件进行测试

对被怀疑的部件进行测试见表 5-3。

部 件 测 试 结 果　　表 5-3

部　　件	检查或测试后的判断结果	
	□ 正常	□ 不正常
	□ 正常	□ 不正常
	□ 正常	□ 不正常
	□ 正常	□ 不正常

2. 组合仪表检测

将点火开关置于 ON 位置，用故障诊断仪执行组合仪表扫描测试，确认燃油油位表从低位扫描至高位。如果燃油油位表不扫描，更换 P16 组合仪表。如果燃油油位表扫描，组合仪表正常。

3. 发动机控制模块、燃油油位传感器及相连线路检测

使用故障诊断仪观察“Fuel Level Sensor(燃油油位传感器)”参数是否在0.5~3.5V之间，且随着燃油油位变化而变化。如果读数正常，并随燃油油位变化而变化，则发动机控制模块、燃油油位传感器及相连线路检测正常。如果读数不随燃油油位变化而变化，检测发动机控制模块、燃油油位传感器及相连线路。

1)燃油油位传感器检测

点火开关置于OFF(关闭)位置，断开A7燃油泵和油位传感器总成上的X1线束插接器，检测A7端子4和A7端子3之间电阻，应为40~250Ω，否则更换燃油油位传感器。燃油泵和油位传感器总成插接器如图5-12所示。

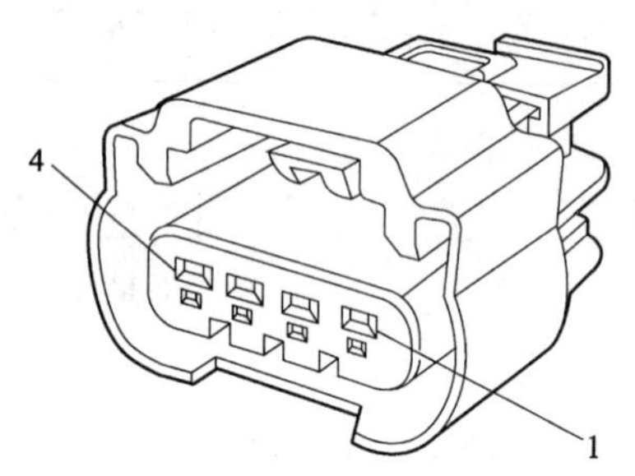

图5-12 燃油泵和油位传感器总成插接器

2)发动机控制模块及相连线路检测

依次检测A7端子3、端子4与K20发动机控制模块X1线束插接器相连端子间的电阻应小于2Ω，K20发动机控制模块X1和X2线束插接器相连端子间电阻应小于2Ω。如果所有电路测试均正常，则更换K20发动机控制模块。

六、故障部位确认

根据上述的所有检测结果，确认故障部位(表5-4)。

确认故障部位 表5-4

□ 元件损坏	请写明元件名称：
□ 线路故障	请写明线路区间：
□ 其他	

七、故障点的排除处理

□ 更换	□ 维修	□ 调整

1. 燃油油位传感器的更换

(1)安全操作注意事项。小心处理燃油传感器，以防损坏或出现错误的燃油油位读数。

(2)操作步骤。

①断开燃油传感器总成线束插头。

②松开2个燃油传感器固定销。

③拆下燃油油位传感器总成，如图5-13所示。

④安装燃油油位传感器。

⑤安装步骤同拆卸步骤相反。

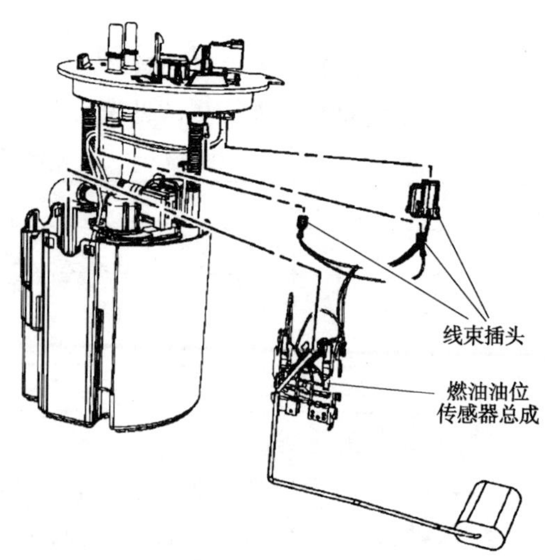

图5-13 拆卸燃油油位传感器总成

2. 组合仪表的更换

(1)安全操作注意事项。组合仪表螺钉紧固2.5N·m，断开电气部件。

(2)操作步骤。

①拆下组合仪表螺钉，如图5-14所示。

②拆下组合仪表总成。

③安装组合仪表。

④安装步骤同拆卸步骤相反。

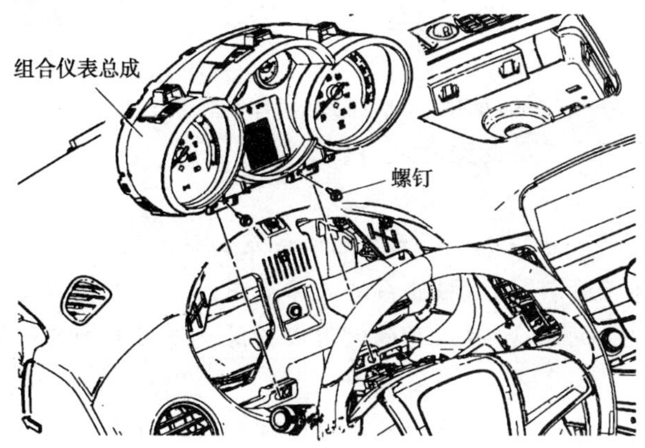

图5-14　拆下组合仪表螺钉

八、维修结果确认（表中项目检查有内容时填写检查结果，如果没有时填写“无”。）

(1)维修后故障码读取，并填写读取结果。

____。

(2)维修后的功能确认并填写结果。

____。

九、现场恢复

清洁工具、设备并归位，拆除防护装置，清洁车辆，将车辆驶出举升机工位。

评价与反馈

对本任务进行评价，见表5-5。

评　分　表　　　　表5-5

考核项目	评分标准	分值	学生自评	小组互评	教师评价	小计
资料检索	熟练地查阅维修资料，能否找到诊断策略	15				
任务方案	是否根据手册提供的诊断策略进行维修	10				
操作过程	工艺步骤是否合理，方法是否正确	30				
设备、工具操作	是否正确	20				
安全生产	是否符合安全操作规程	5				
5S规范	场地是否整洁，物品摆放是否有序	5				
记录表填写	是否按要求填写，记录值是否准确	15				
总　分		100				

注意：违反操作规程，出现人身伤害或设备严重事故，本任务考核0分。

任务二　汽车报警系统的检修

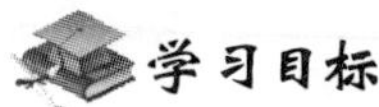

1. 简单描述汽车报警系统的功用、基本组成及工作原理;
2. 正确描述常见的汽车报警灯名称及功能;
3. 正确描述常见的汽车声音警告名称及功能;
4. 简单描述雪佛兰科鲁兹轿车报警系统的组成及工作原理;
5. 能熟练地查阅维修资料,确定报警系统故障范围;
6. 按照维修手册提供的维修策略,正确使用诊断仪或万用表等进行报警系统故障诊断,确定故障部位;
7. 根据维修手册在规定时间内,安全规范地进行机油压力开关的更换;
8. 维修过程中自觉保持场地整洁,物品摆放有序。

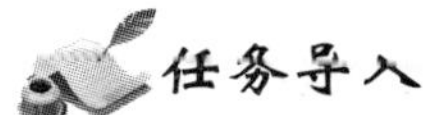

客户驾驶雪佛兰科鲁兹 1.6L/AT 2013 款轿车过程中,发现机油压力指示灯一直点亮。客户现将车开到雪佛兰服务站并与服务顾问沟通后,维修技师对此车的故障进行了验证,检测机油压力正常,怀疑为机油压力指示灯电路故障,服务顾问开出工单,请你们小组排除此故障。

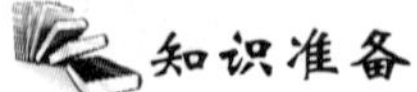

一、汽车报警系统的概述

报警系统通过灯光或声音信号警示车辆、发动机或某一系统处于不良或特殊状态,引起车外行人及汽车驾驶员的注意,保证汽车可靠工作和安全行驶,防止事故发生。

汽车报警系统的组成如图 5-15 所示,报警系统一般由电源、开关、熔断器(熔断丝)、报警灯(扬声器)、报警开关等组成。

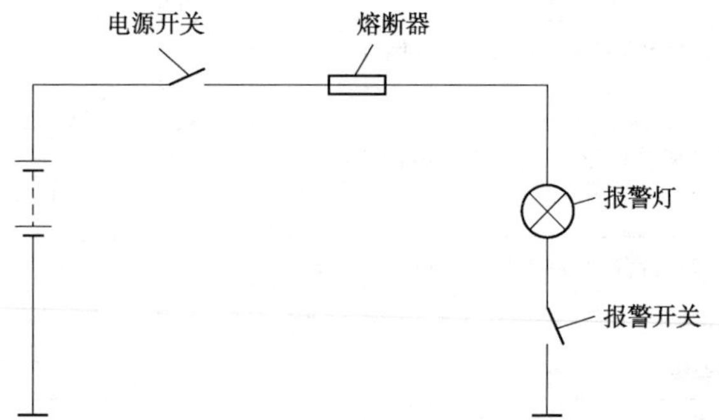

图 5-15　报警系统电路

当被监测的系统工作不正常时,报警开关自动接通,报警灯点亮或扬声器鸣叫,提醒驾驶员或者乘客注意。

二、常见汽车报警指示灯

常见汽车报警灯、指示灯图形符号及含义见表5-6。

常见汽车报警灯、指示灯图形符号及含义　　表5-6

名　称	符　号	含　义	名　称	符　号	含　义
雾灯指示灯		指示前后雾灯的工作状态	清洗液指示灯		指示风窗玻璃清洗液量情况
远光指示灯		指示远光灯的工作状态	制动器磨损报警灯		指示行车制动器的磨损情况
示宽指示灯		指示汽车示宽灯的工作状态	冷却液温度指示灯		指示发动机冷却液的温度情况
转向指示灯		指示转向信号灯的工作状态	ABS 指示灯		指示 ABS 防抱死制动系统的工作情况
车门未关指示灯		指示车门的关闭状况	燃油量指示灯		指示燃油量储备情况
安全带指示灯		指示安全带是否处于锁止状态	充电指示灯		指示汽车电源系统的工作情况
驻车制动器指示灯		指示驻车制动器工作状态	机油压力指示灯		指示汽车机油压力情况
气囊系统指示灯		指示 SRS 安全气囊系统的工作状态	发动机故障指示灯		指示发动机电子控制系统的工作情况

三、常见汽车声音警告

1 倒车蜂鸣器

汽车倒车时，为了警告车后的行人和车辆驾驶员，在汽车的后部常装有倒车灯、倒车蜂鸣器或语音倒车报警装置，由装在变速器盖上的倒车开关自动控制。

2 座椅安全带报警系统

当接通点火开关而没有扣紧座椅安全带时，座椅安全带报警系统蜂鸣器发出报警声响并点亮报警灯。

3 前照灯未关及点火钥匙未拔报警系统

如果驾驶员在离开车辆，打开车门时没有关闭前照灯，蜂鸣器或发音器便发出鸣叫提示。

4 防撞系统报警

为了提高行车安全，保护车辆及乘员，现代汽车装备了防撞系统。按照距离识别元件的不同，有红外线防撞系统、超声波防撞系统、激光防撞系统等。防撞系统能够自动检测并跟踪被测车辆与障碍物的距离，一旦该距离达到安全设置的极限距离时，便发出报警声音信号，并自动制动,使车辆减速行驶乃至停车。

四、雪佛兰科鲁兹 1.6L/AT 2013 款轿车机油压力指示灯系统组成及工作原理

雪佛兰科鲁兹 1.6L/AT 2013 款轿车机油压力指示灯系统包括机油压力开关、机油压力指示灯、扬声器、发动机控制模块、车身控制模块、线路及保护装置等。机油压力开关安装于发动机右侧,靠近前部。

机油压力指示灯工作原理,如图 5-16 所示。机油压力开关是一个常闭开关,当机油压力在正常范围时,机油压力开关打开。

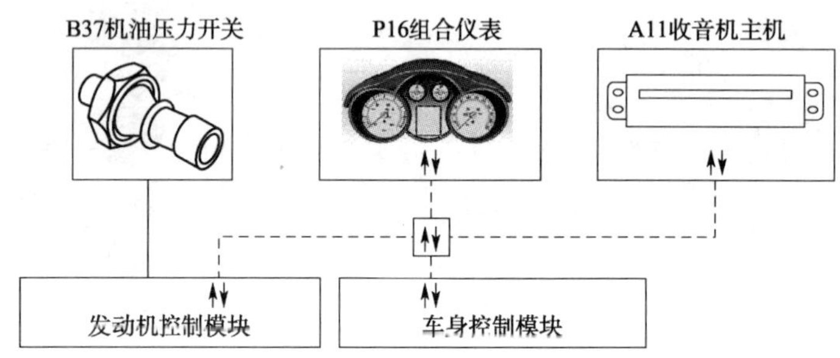

图 5-16　机油压力指示灯工作原理图

点火开关置于 ON 位置但发动机不运行时,机油压力开关闭合,发动机控制模块(ECM)检测到此信息,向车身控制模块(BCM)发送一条信息,车身控制模块再向组合仪表发送一条信息,请求仪表板机油压力指示灯点亮。

发动机运行时,机油压力在正常范围内,机油压力开关打开,发动机控制模块检测到此信号向组合仪表发送一条信息,仪表板机油压力指示灯熄灭。

当机油压力过低时,发动机控制模块检测到此信号输入,向车身控制模块(BCM)发送一条信息,车身控制模块再向组合仪表发送一条信息,仪表板机油压力指示灯点亮。同时车身控制模块发送一个串行数据信息给收音机,通过扬声器发出音频警告,提醒驾驶员注意机油压力过低。

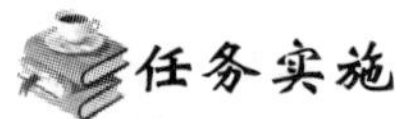

机油压力指示灯常亮故障诊断与排除

一、作业准备

作业准备见表 5-7。

作　业　准　备　　　　表 5-7

序号	项　　目	作业记录
1	汽车停放和三角块放置状况	
2	座椅套、转向盘套、换挡手柄套、脚垫、翼子板护围安装状况	
3	万用表、专用解码器、常用拆卸工具	
4	机油压力开关、熔断丝,线束	
5	纸质或电子版维护手册	
6	蓄电池电压情况	

二、故障现象确认

(1)点火开关置于ON位置但发动机不运行,机油压力指示灯是否点亮。　□是 □否

(2)发动机运行时,机油压力指示灯是否点亮。　□是 □否

三、故障码检查

连接专用故障诊断仪,读取故障码(有内容时填写检查代码,如果没有时填写“无”)。

____。

四、确定故障范围

根据上述检查进行判断,并填写可能故障范围(表5-8)。

可能故障范围　表5-8

组合仪表电源线及熔断丝	□是	□否
组合仪表搭铁线	□是	□否
机油压力指示灯	□是	□否
机油压力开关及相连线路	□是	□否
发动机控制模块	□是	□否
车身控制模块	□是	□否

五、部件及电路测试

1. 对被怀疑的部件进行测试

对被怀疑的部件进行测试见表5-9。

部件测试结果　表5-9

部　件	检查或测试后的判断结果	
	□正常	□不正常
	□正常	□不正常
	□正常	□不正常
	□正常	□不正常

2. 机油压力开关及相连线路检测

(1)将点火开关置于ON(打开)位置,确认故障诊断仪的“Engine Oil Pressure(机油压力)”参数为“LOW(低)”。

(2)发动机运转,确认故障诊断仪的“Engine Oil Pressure(机油压力)”参数为“OK(正常)”。

如果故障诊断仪显示正确,则机油压力开关及相连线路正常,否则检测机油压力开关及相连线路。

(3)将点火开关置于OFF(关闭)位置,断开B37机油压力开关的线束插接器。将点火开关置于ON(打开)位置,故障诊断仪的“Engine Oil Pressure Switch(机油压力开关)”参数应为“OK(正常)”,说明机油压力开关相连线路正常,否则进行相连线路的检测。

(4)机油压力开关相连线路正常,则更换B37机油压力开关。

六、故障部位确认

根据上述的所有检测结果,确认故障部位(表5-10)。

确认故障部位　　表 5-10

□ 元件损坏	请写明元件名称：
□ 线路故障	请写明线路区间：
□ 其他	

七、故障点的排除处理

□ 更换	□ 维修	□ 调整

发动机机油压力开关的更换

操作步骤：

(1)断开机油压力开关线束插头。

(2)拆下机油压力开关，如图 5-17 所示。

(3)安装机油压力开关，紧固 20N · m。

(4)连接机油压力开关线束插头。

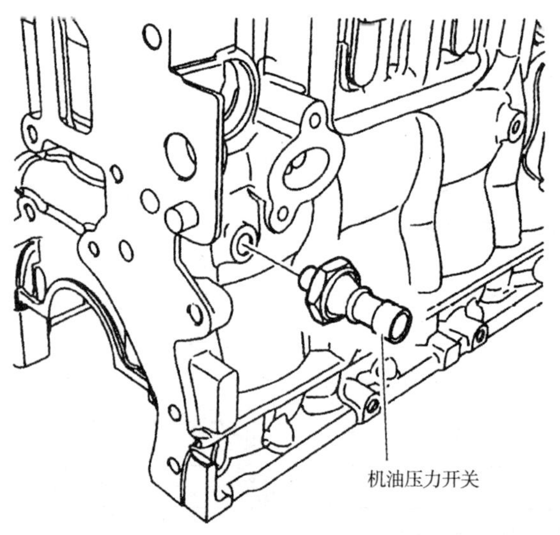

图 5-17　拆下机油压力开关

八、维修结果确认(表中项目检查有内容时填写检查结果，如果没有时填写“无”。)

(1)维修后故障码读取，并填写读取结果。

____。

(2)维修后的功能确认并填写结果。

____。

九、现场恢复

清洁工具、设备并归位，拆除防护装置，清洁车辆，将车辆驶出举升机工位。

评价与反馈

对本任务进行评价，见表 5-11。

评　分　表　　表5-11

考核项目	评分标准	分值	学生自评	小组互评	教师评价	小计
资料检索	熟练地查阅维修资料,能否找到诊断策略	15				
任务方案	是否根据手册提供的诊断策略进行维修	10				
操作过程	工艺步骤是否合理,方法是否正确	30				
设备、工具操作	是否正确	20				
安全生产	是否符合安全操作规程	5				
5S规范	场地是否整洁,物品摆放是否有序	5				
记录表填写	是否按要求填写,记录值是否准确	15				
总　分		100				

注意:违反操作规程,出现人身伤害或设备严重事故,本任务考核0分。

任务三　汽车音响系统的检修

学习目标

1. 简单描述音响系统的基本组成;
2. 正确描述科鲁兹轿车的音响系统电路结构特点;
3. 能熟练地查阅维修资料,确定汽车的音响系统故障范围;
4. 按照维修手册提供的维修策略,正确使用诊断仪或万用表进行故障诊断,确定汽车的音响系统故障部位;
5. 根据维修手册在规定时间内,安全规范地进行信息显示模块、收音机主机和收音机控制装置的更换;
6. 维护过程中自觉保持场地整洁,物品摆放有序。

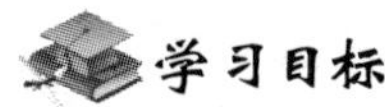

任务导入

客户使用雪佛兰科鲁兹1.6L/AT 2013款轿车时,将点火开关置于ON(打开)位置,打开收音机,收音机不工作,显示屏上无显示信息。客户现将车辆开至雪佛兰服务站,服务顾问已开出工单,请你们小组排除此故障。

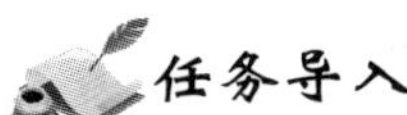

知识准备

一、汽车音响系统的组成

汽车音响已从最早单一功能的收音机,发展到现在具有收音机、CD放音、DAT数码音响、VCD或DVD影视系统的综合装置,已演变成集视听娱乐、通信导航、辅助驾驶多种功能于一身的综合性多媒体车载电子系统,为汽车上一个不可或缺的组成部分。

汽车音响系统车型和等级不同,组成也有所差异。目前大多国产车音响主流配置为收音机和 VCD、DVD、MP3 等,一般组成如图 5-18 所示,主要包括主机(收音机和 CD 播放机),功率放大器,扬声器(喇叭),天线及安装连接附件等。

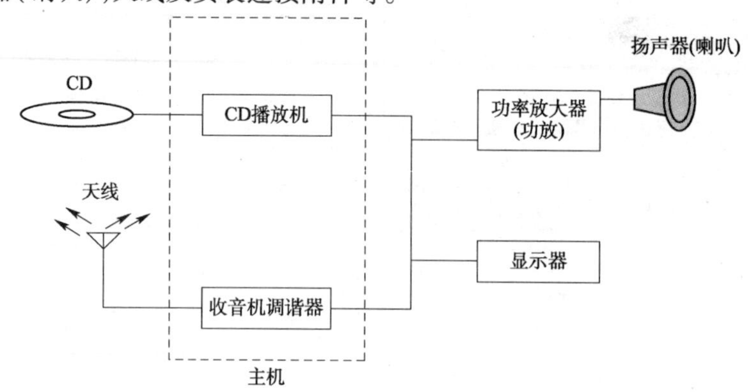

图 5-18 音响系统组成

二、汽车音响系统的工作原理

驾驶员通过控制面板(图 5-19)进行信号源选择、音量和音调控制等,控制开关将信号发送到主机(CD 播放机和调谐器)。主机计算并处理天线、CD(图 5-20)等音视频信号。不同信号源的音频信号经功率放大后,最终经过扬声器还原为声音;不同信号源的视频信号通过液晶显示器播放。

图 5-19 收音机控制面板

图 5-20 CD 光盘

三、雪佛兰科鲁兹 1.6L/AT 2013 款轿车音响系统的操作功能

雪佛兰科鲁兹 1.6L/AT 2013 款轿车音响系统控制面板如图 5-21 所示,其主要功能包括改变收听频道、音量调节、自动储存列表、时间和日期设定等。

四、雪佛兰科鲁兹 1.6L/AT 2013 款轿车音响系统的组成及工作原理

音响系统主要由收音机天线、收音机、信息显示模块、扬声器(喇叭)组成。收音机天线采用一根集成天线,安装在后窗玻璃上或采用多波段天线,安装在车顶上。收音机和信息显示模块位于车内中控台,扬声器位于四个车门及左右侧 A 柱处。

P17 信息显示模块(显示屏)和 A22 收音机控制装置通过 LIN 串行数据线进行通信,并将控制信息发送至收音机。A11 收音机主机和 P17 显示屏之间通过 CGI 串行数据总线进行通

信，如图 5-22 所示。CGI 数据总线又称 CAN 图形接口，传送高速显示图形。

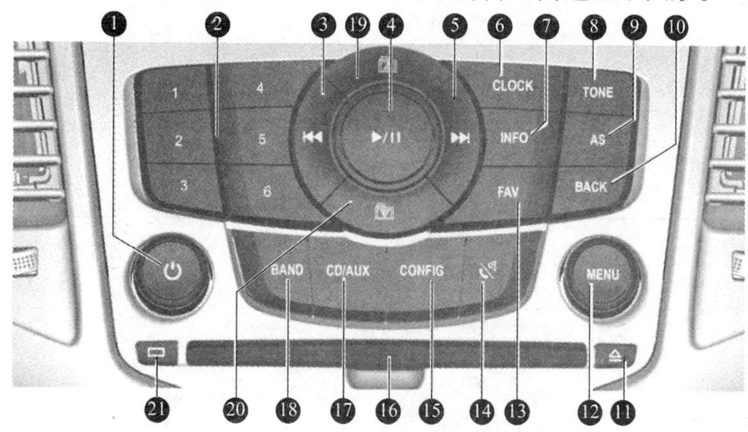

图 5-21　音响控制面板

1-电源按钮；2-数字按键 1-6；3-向后搜索；4-CD/MP3 播放/暂停；5-向前搜索；6-日期和时间设置快捷键；7-显示当前电台/曲目信息；8-音调（打开音调菜单）；9-AS-自动存储列表；10-返回；11-CD 弹出；12-菜单旋钮（旋转：设置数值；按下：选中标记选项）；13-打开收藏夹列表；14-电话/静音按钮；15-打开设置菜单；16-CD 装载槽；17-选择 CD 播放机或外接电源；18-启用收音机或改变波段；19-MP3 上一层文件夹；20-MP3 下一层文件夹；21-光盘插入指示灯

音响系统工作原理如图 5-23 所示。打开收音机后，A22 收音机控制装置通过 LIN 串行数据线、CGI 串行数据总线将控制信号发送到收音机，使天线模块启用。天线模块接收来自收音机天线的调幅和调频信号，通过内置天线放大器增强调幅和调频信号，发送给收音机主机，收音机给各个扬声器提供约为蓄电池电压一半的直流电压，使其工作。显示器背景灯变光亮度、图形数据通过 CGI 数据电路与收音机进行通信。

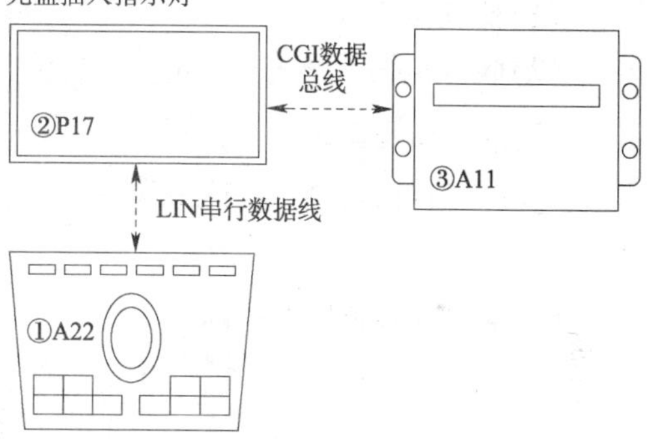

图 5-22　模块通信关系图

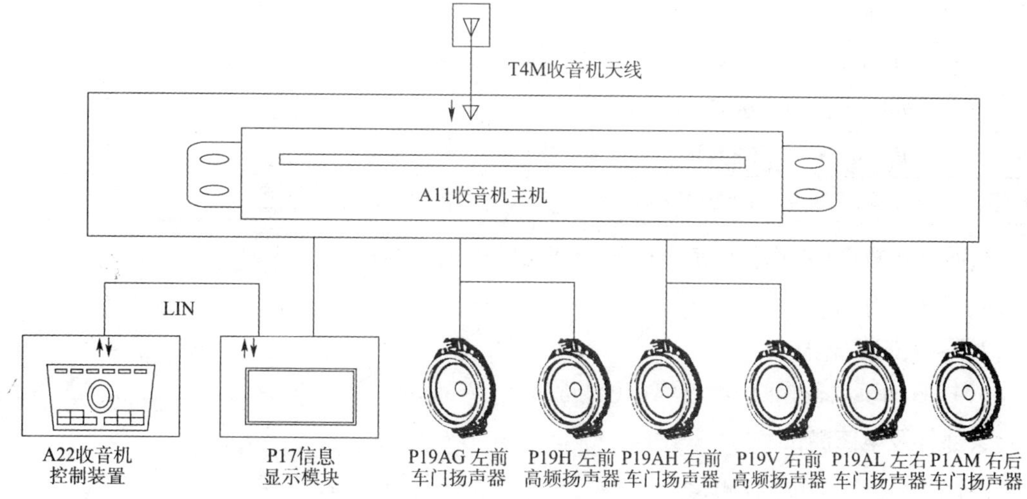

图 5-23　科鲁兹轿车音响系统工作原理

收音机不工作故障诊断与排除

一、作业准备

作业准备见表5-12。

作 业 准 备　　表5-12

序号	项　　目	作业记录
1	汽车停放状况	
2	座椅套、转向盘套、换挡手柄套、脚垫安装状况	
3	万用表、常用拆卸工具	
4	信息显示模块、收音机主机、收音机控制装置	
5	纸质或电子版维护手册	
6	蓄电池电压情况	

二、故障现象确认

(1)信息显示屏幕。　□ 正常 □ 不正常

(2)收音机扬声器工作情况。　□ 正常 □ 不正常

三、故障码检查

连接专用故障诊断仪,读取故障码(有内容时填写检查代码,如果没有时填写“无”)。

____。

四、确定故障范围并排除

根据上述检查进行判断,并填写可能故障范围(表5-13)。

可 能 故 障 范 围　　表5-13

收音机主机电源线或搭铁线	□ 是	□ 否
收音机天线及相连线路	□ 是	□ 否
收音机主机及相连线路	□ 是	□ 否
收音机控制装置及相连线路	□ 是	□ 否
信息显示模块及相连线路	□ 是	□ 否
某个或全部扬声器及相连线路	□ 是	□ 否

五、基本检查(在不作部件拆装的情况所做的外观检查)

(1)玻璃天线分支。　□ 正常 □ 不正常

(2)零件安装、连接等。　□ 正常 □ 不正常

(3)售后加装设备,如车窗玻璃有色贴膜等。　□ 正常 □ 不正常

六、部件及电路测试

1. 对被怀疑的部件进行测试

对被怀疑的部件进行测试见表5-14。

部件测试结果　表5-14

部　　件	检查或测试后的判断结果	
	□ 正常	□ 不正常
	□ 正常	□ 不正常
	□ 正常	□ 不正常
	□ 正常	□ 不正常

2. 收音机天线及相连线路检测

(1)点火开关置于 OFF(关闭)位置,将收音机天线同轴电缆从 A11 收音机和 K46 收音机天线模块上断开。测试同轴电缆中心端子端对端的电阻应小于5Ω,否则更换天线的同轴电缆。

(2)若天线同轴电缆检测正常,将其连接至 A11 收音机。点火开关置于 ON(打开)位置,打开 A11 收音机。天线同轴电缆中心端子和搭铁之间连接测试灯。如果测试灯未点亮,测试或更换 K46 收音机天线模块。如果测试灯点亮,更换 A11 收音机。

3. A22 收音机控制装置及相连线路检测

A22 收音机控制装置插接器如图 5-24 所示,相连线路检测见表 5-15。

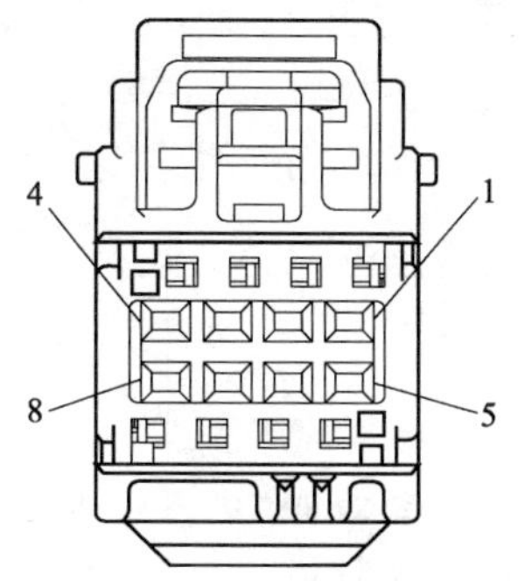

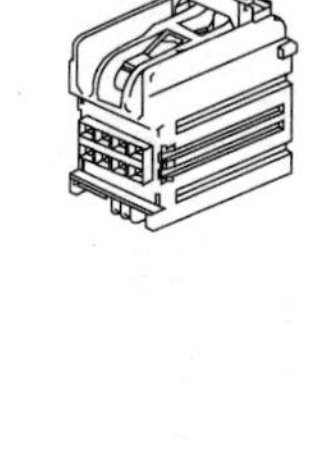

图5-24　A22 收音机控制装置插接器

检测 A22 收音机控制装置相连线路　表5-15

检测对象	检测条件	规定状态
A22 端子 2—搭铁	点火开关置于 OFF(关闭)位置	电阻小于 10Ω
A22 端子 1—搭铁	点火开关置于 OFF(关闭)位置	电压接近蓄电池电压
A22 端子 1—搭铁	点火开关置于 ON(打开)位置	电压为 2 ~ 11.5V

以上线路检查均正常,则测试或更换 A22 收音机控制装置。

4. A11 收音机及相连线路检测

A11 收音机插接器如图 5-25 所示,P17 信息显示模块插接器如图 5-26 所示,相连线路检测见表 5-16。

检测 A11 收音机相插线路　表5-16

检测对象	检测条件	规定状态
P17 端子 2—搭铁	点火开关置于 OFF(关闭)位置	电阻小于 10Ω
P17 端子 1—搭铁	点火开关置于 OFF(关闭)位置	电压接近蓄电池电压
P17 端子 6—搭铁	点火开关置于 OFF(关闭)位置,断开 A11 收音机的 X1 插接器	电阻小于 20Ω
P17 端子 7—搭铁	点火开关置于 ON(打开)位置	电压为 2 ~ 3V
P17 端子 8—搭铁		
P17 端子 4—搭铁	点火开关置于 ON(打开)位置	电压低于 1V
P17 端子 5—搭铁		

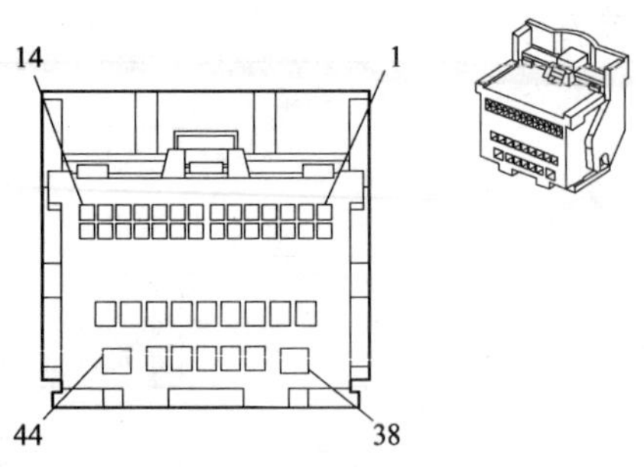

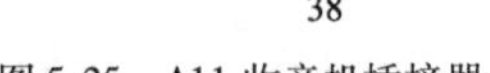

图 5-25　A11 收音机插接器

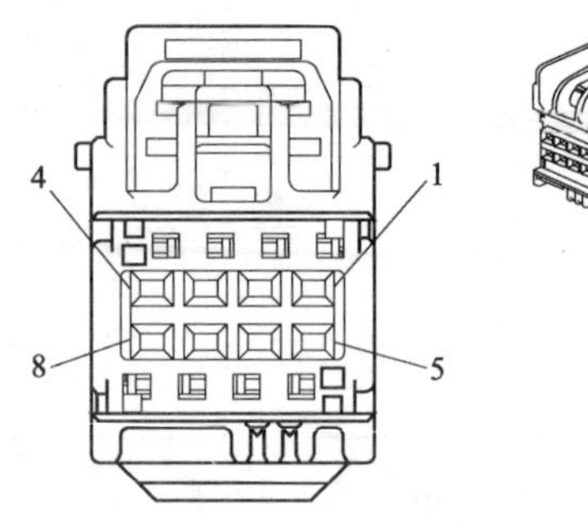

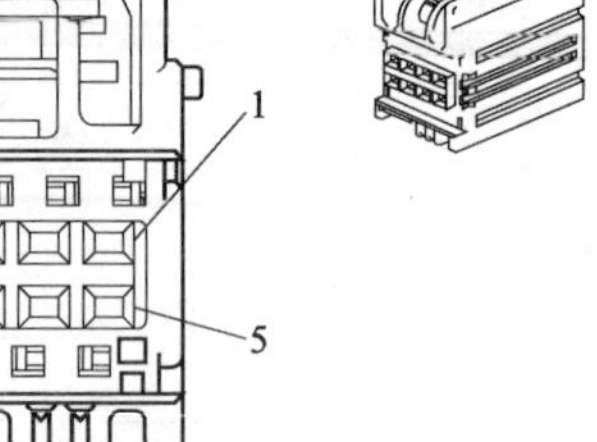

图 5-26　P17 信息显示模块插接器

以上线路检查均正常,则更换 A11 收音机。

5. P17 信息显示模块及相连线路检测

P17 信息显示模块相连线路检测见表 5-17。

检测 P17 信息显示模块线路　　表 5-17

检测对象	检测条件	规定状态
P17 端子 4—搭铁 P17 端子 5—搭铁	点火开关置于 OFF(关闭)位置, 断开 A11 收音机的 X1 插接器	电阻无穷大
P17 端子 4—A11 插接器 X1 端子 13 P17 端子 5—A11 插接器 X1 端子 27	点火开关置于 OFF(关闭)位置, 断开 A11 收音机的 X1 插接器	电阻小于 2Ω

以上线路检查均正常,则更换 P17 信息显示模块。

6. 扬声器及相连线路检测

将点火开关置于 ON(打开)位置,A11 收音机打开,关闭静音,调整衰减和平衡控制装置,分别测试各个扬声器。如果从所有扬声器听到清晰声音,则扬声器工作正常。若 1 个或多个扬声器的音响不工作或发出的音频不清晰,则进行相应扬声器的检测。

点火开关置于 OFF(关闭)位置,断开可能故障 P19 扬声器的线束插接器,检测扬声器见表 5-18。P19 扬声器插接器如图 5-27 所示。如不符合要求,则更换扬声器。

检测扬声器　　表 5-18

检测对象	检测条件	规定状态
1—2	未加蓄电池电压	不工作
	加蓄电池电压	正常工作

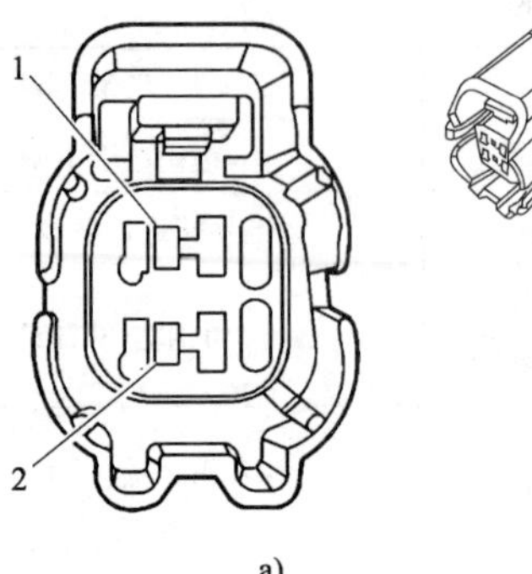

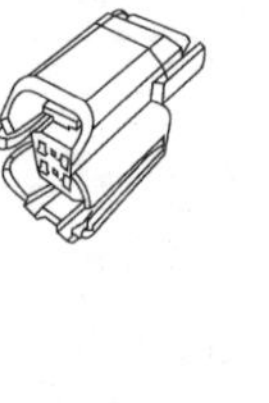

a)

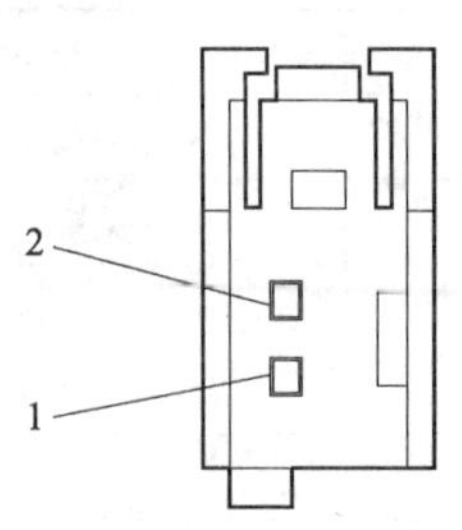

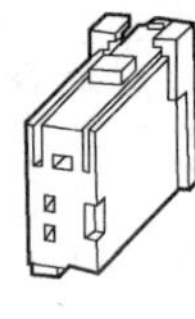

b)

图 5-27　P19 扬声器插接器

用万用表逐段检查扬声器相连线路，找出短路或断路故障的部位。

七、故障部位确认

根据上述的所有检测结果，确认故障部位（表5-19）。

确认故障部位　表5-19

□ 元件损坏	请写明元件名称：
□ 线路故障	请写明线路区间：
□ 其他	

八、故障点的排除处理

□ 更换	□ 维修	□ 调整

1. 收音机控制装置的更换

(1)拆下仪表板附件边框。

(2)拆卸两个收音机控制模块螺栓。

(3)断开电气插接器。

(4)更换收音机控制装置，如图5-28所示。

(5)连接电气插接器。

(6)安装收音机控制装置螺栓。

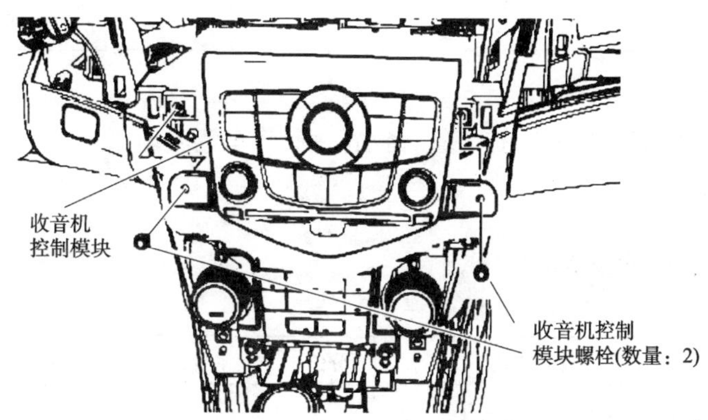

图5-28　收音机控制装置的更换

2. 收音机主机的更换

(1)断开蓄电池负极电缆。

(2)拆下收音机控制装置。

(3)拆下驾驶员信息显示屏嵌框。

(4)拆卸收音机螺栓、螺栓垫圈，摆放整齐，图5-29所示。

(5)断开电气部件。

(6)更换收音机。

(7)连接电气部件，安装收音机螺栓、螺栓垫圈。

(8)安装驾驶员信息显示屏嵌框；安装收音机控制装置；连接蓄电池负极电缆。

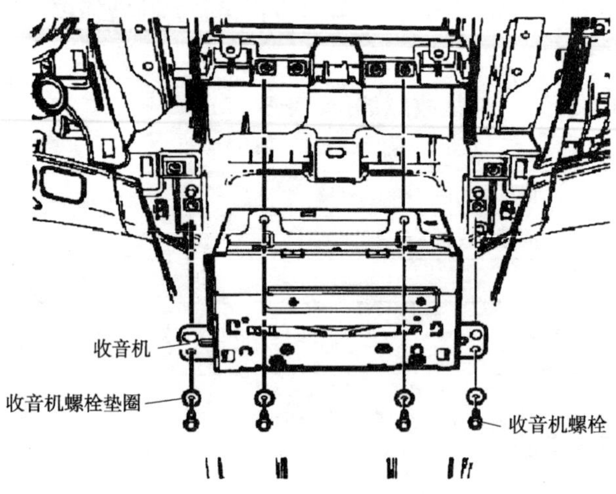

图5-29 收音机主机的更换

九、维修结果确认(表中项目检查有内容时填写检查结果,如果没有时填写“无”。)

(1)维修后故障码读取,并填写读取结果。

____。

(2)维修后的功能确认并填写结果。

____。

十、现场恢复

清洁工具、设备并归位,拆除防护装置,清洁车辆,将车辆驶出工位。

评价与反馈

对本任务进行评价,见表5-20。

评 分 表　　表5-20

考核项目	评分标准	分值	学生自评	小组互评	教师评价	小计
资料检索	熟练地查阅维修资料,能否找到诊断策略	15				
任务方案	是否根据手册提供的诊断策略进行维修	10				
操作过程	工艺步骤是否合理,方法是否正确	30				
设备、工具操作	是否正确	20				
安全生产	是否符合安全操作规程	5				
5S规范	场地是否整洁,物品摆放是否有序	5				
记录表填写	是否按要求填写,记录值是否准确	15				
总分		100				

注意:违反操作规程,出现人身伤害或设备严重事故,本任务考核0分。

任务四　汽车电子导航系统的检修

学习目标

1. 简单叙述导航系统的基本功能和组成；

2. 简单描述科鲁兹汽车的导航系统功能和组成；

3. 能熟练地查阅维修资料，查找导航系统各元件的安装位置；

4. 按照维修手册提供的维修策略，正确使用专业设备、诊断仪或万用表进行故障诊断，确定导航系统电路故障部位；

5. 根据维修手册在规定时间内，安全规范地进行远程通信接口控制模块或导航天线的更换；

6. 维护过程中自觉保持场地整洁，物品摆放有序。

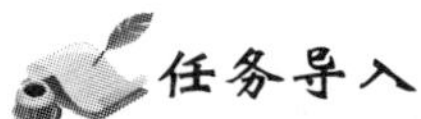

任务导入

客户使用雪佛兰科鲁兹1.6L/AT 2013款轿车过程中，将点火开关置于ON(打开)位置后，按下蓝色按钮呼叫安吉星服务中心，服务顾问无法确定车辆位置。客户现将车辆开至雪佛兰服务站，服务顾问已开出工单，请你们小组排除此故障。

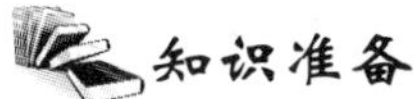

知识准备

一、汽车导航系统的概述

目前全世界有4套卫星导航系统：中国北斗、美国GPS、俄罗斯“格洛纳斯系统”、欧盟“伽利略系统”。其中美国GPS、俄罗斯“格洛纳斯系统”已建成投入使用。中国北斗，欧洲“伽利略系统”仍处于建设阶段。汽车导航系统一般采用GPS导航，又称车载GPS导航系统或车辆道路交通信息通信系统，通过软件和硬件做成定位终端安装于车辆上进行定位导航。

汽车导航大致可分为两类，一类是原厂自带GPS，在车辆生产时导航仪就嵌入车内并与车载ECU相连接，除了常规定位导航功能外还能监测车速；另一类是后期改装加载GPS，由用户自行在车辆上安装的GPS设备。

二、汽车导航系统的组成及工作过程

汽车GPS导航系统主要包括导航ECU、GPS接收天线、GPS接收机、可视显示器、位置检测装置等，如图5-30所示。

导航ECU根据GPS系统接收到的卫星信号和装在车上的车速传感器输入信号及存储器中的地图数据，经过计算处理后，再进行综合的图像协调，然后通过显示器将地图显示在屏幕上，并以闪光的标志表示汽车的实时位置；而且还能指示应该行驶的方向，并不断显示出目前到达目的地的距离，如图5-31所示。

三、汽车导航系统的使用

(1)导航功能：驾驶员选择行车路线的起点和终点，导航系统自动根据当前位置和交通状

况规划一条最优线路,如图 5-32 所示。

(2)电子地图:覆盖全国大中小城市,可随时查看城市交通,周边建筑物等情况。

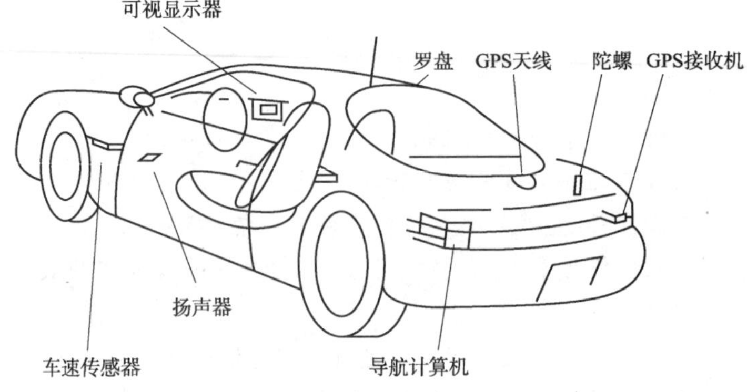

图 5-30 汽车导航系统组成

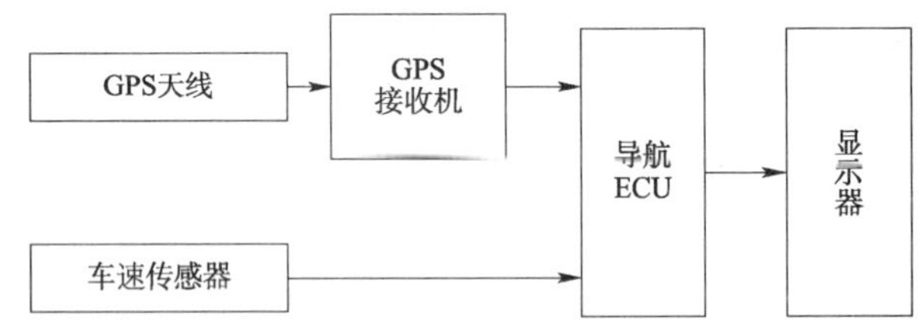

图 5-31 汽车 GPS 工作原理

(3)转向语音提示功能:用语音提前提示驾驶员路口转向、导航系统等行车信息。

(4)定位功能:GPS 通过接收卫星信号,准确定位所在位置并在地图上标记,误差小于 10m,如图 5-33 所示,同时可显示方向、海拔等信息。

图 5-32 导航路线规划

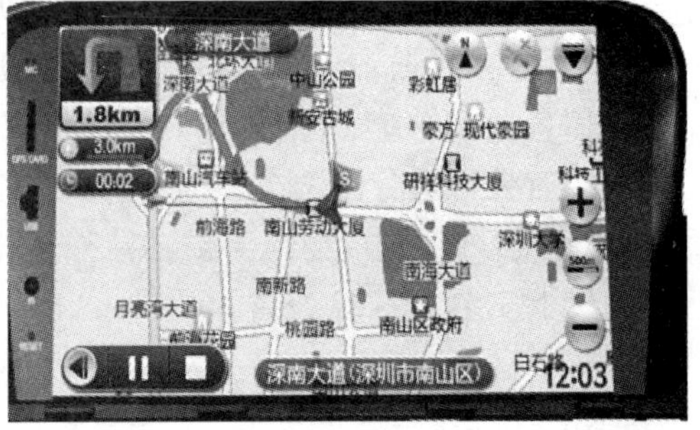

图 5-33 定位功能

四、雪佛兰科鲁兹 1.6L/AT 2013 款轿车安吉星服务系统介绍

1 通用安吉星服务系统

通用车载多媒体服务系统为 OnStar (安吉星)服务系统,其提供紧急救援协助、全程音控领航、车况检测报告、车门远程应急开启、全音控免提电话等多项服务。

2 安吉星服务系统操作

安吉星操作按钮如图 5-34 所示,按下蓝色安吉星按钮,可以与安吉星客户服务顾问进行

通话，客户服务顾问会根据需要验证账户信息，并解答客户提出的相关问题。红色紧急按钮，仅限于紧急情况下使用，如车辆发生紧急故障或交通事故或目击到其他车辆发生紧急故障、交通事故，求助信号连同您的车辆位置信息将立即发送至安吉星客户服务中心，获得客户服务顾问的专业帮助。按下白色电话按钮，全音控免提电话功能启动，可拨打电话、接听来电、发出免提通话或导航语音指令。

图 5-34　安吉星按钮

安吉星按键总成处安装 LED 指示灯。系统开启且运行正常时，LED 为绿色；LED 指示灯为绿色并闪烁时，表示正在呼叫中；LED 指示灯为红色时，表示系统中有故障。系统有故障情况下，系统仍能呼叫，在呼叫过程中 LED 指示灯将呈红色闪烁。若 LED 指示灯不点亮，这可能表示客户的安吉星服务未启用或已过期。

❸ 通用安吉星工作原理

安吉星系统主要包括远程通信接口控制模块、安吉星按钮总成、传声器（麦克风）、车载电话天线、导航天线、蓝牙天线（如装备）、备用蓄电池（如装备），如图 5-35 所示。呼叫按钮及 LED 总成安装于后视镜上，移动电话传声器设置在头顶控制台上，车载电话和导航功能一体的组合天线安装在车顶上。

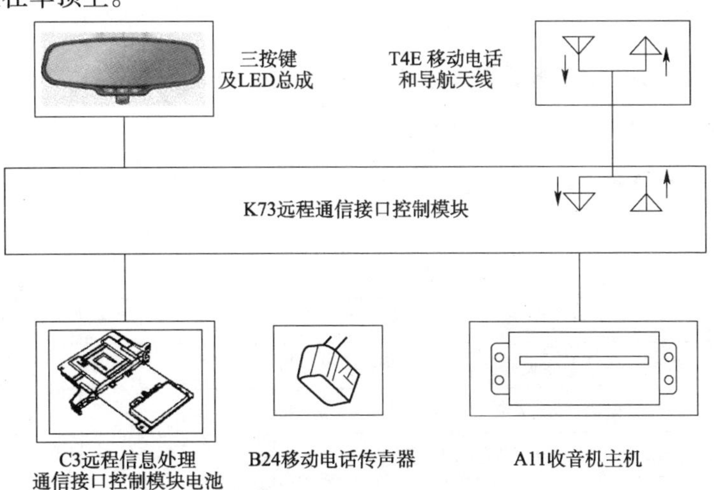

图 5-35　科鲁兹安吉星系统工作原理图

当用户按下安吉星系统的按键或安全气囊展开后，向 K73 远程通信接口控制模块发送一个信号，使安吉星系统接通，利用天线通过模拟或数字移动电话通信塔与安吉星呼叫中心通信，车辆和 GPS 位置数据在呼叫的同时也被发送，传声器将语音数据传送给 K73 远程通信接口控制模块，接收的声音信息通过收音机扬声器播放。如果在收音机打开时车辆接收到呼叫，则音响系统将会静音，扬声器中将会传出电话铃声。

K73远程通信接口控制模块还配备了备用蓄电池。备用蓄电池是一块不可充电的锂电池,用于车辆蓄电池断电后,K73向通信接口控制模块提供辅助电源。

4 安吉星导航系统工作过程

驾驶员首先联系安吉星服务中心,服务人员通过全球定位系统得到车辆的当前位置,根据驾驶到目的地进行指示,并将路线进行存储,行驶过程中不断地检查车辆的位置,当偏离计划的路线时,系统将进行识别,并向驾驶员提供如何前进的语言提示。然后驾驶员在语言上做出反应,引导系统继续当前路线或由于错误转弯而重新计算路线,如图5-36所示。

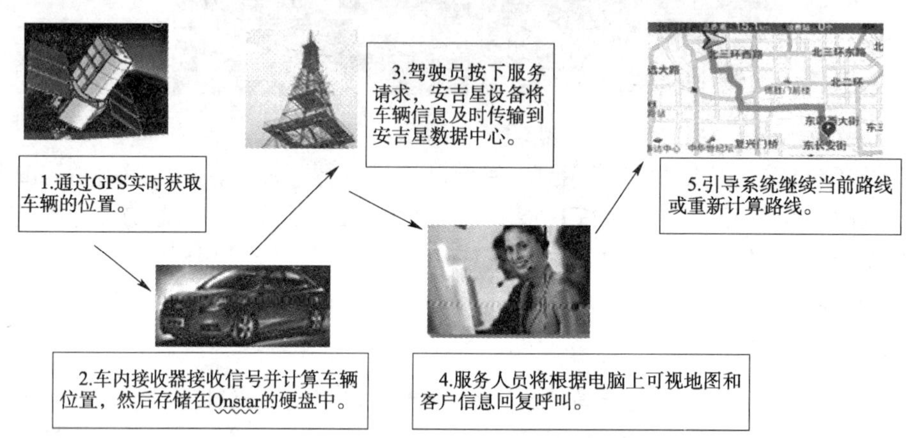

图5-36 安吉星导航系统工作过程

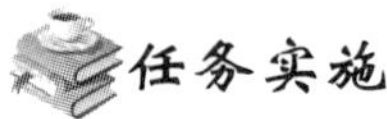

任务实施

安吉星服务系统无法确定车辆位置故障诊断与排除

一、作业准备

作业准备见表5-21。

作业准备 表5-21

序号	项目	作业记录
1	车辆停放情况	
2	座椅套、转向盘套、换挡手柄套、脚垫、翼子板护围安装状况	
3	远程通信接口控制模块、导航天线	
4	安吉星天线诊断工具组件、万用表、拆卸工具	
5	纸质或电子版维护手册	
6	蓄电池电压情况	

二、故障现象确认

(1)安吉星按钮工作情况。 □ 正常 □ 不正常

(2)传声器工作情况。 □ 正常 □ 不正常

(3)收音机工作情况。 □ 正常 □ 不正常

三、故障码检查

连接专用故障诊断仪，读取故障码（有内容时填写检查代码，如果没有时填写“无”）。

____。

四、确定故障范围

根据上述检查进行判断，并填写可能故障范围（表5-22）。

可能故障范围　　表5-22

远程通信接口控制模块电源线或搭铁线	□是	□否
远程通信接口控制模块	□是	□否
安吉星按钮总成	□是	□否
导航天线及相连同轴电缆	□是	□否
移动电话传声器及相连线路	□是	□否
扬声器	□是	□否
远程通信接口控制模块电池	□是	□否

五、基本检查（在不作部件拆装的情况所做的外观检查）

线路/插接器外观及连接情况。　□ 正常 □ 不正常

零件安装等。　□ 正常 □ 不正常

六、部件及电路测试

对被怀疑的部件进行测试（表5-23）。

部件测试结果　　表5-23

部　　件	检查或测试后的判断结果	
	□正常	□不正常
	□正常	□不正常
	□正常	□不正常
	□正常	□不正常

（1）将点火开关置于OFF（关闭）位置，断开K73远程通信接口控制模块上的全球定位系统和车载电话同轴电缆插接器。

（2）使用EL-49903安吉星天线诊断工具组件，如图5-37所示，将EL-49903-3天线连接至K73远程通信接口模块，测试天线放置在车顶上，点火开关置于ON（打开）位置。

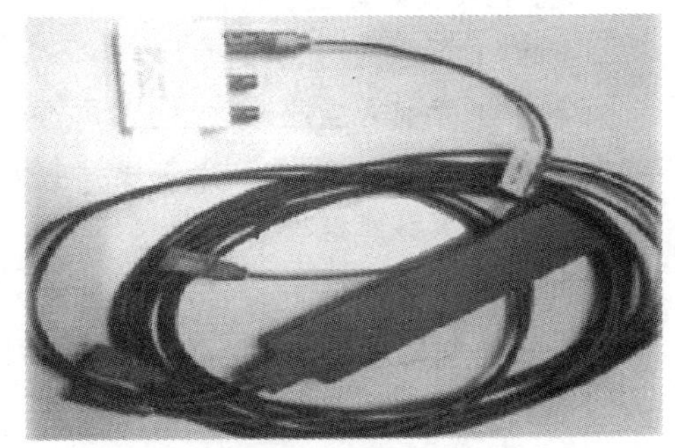

图5-37　EL-49903安吉星天线诊断工具

（3）按下蓝色按钮后，呼叫安吉星服务中心，请求服务顾问查找车辆。

①若无法确定车辆位置。更换K73远程通信接口控制模块。

②如果顾问能查找到车辆。

a. 测试K73远程通信接口控制模块和T4G导航天线之间的同轴电缆。将点火开关置于OFF（关

闭)位置,断开两个部件处的同轴电缆,测试同轴电缆中心两端的电阻小于5Ω。

b. 如果同轴电缆通过了测试,则更换T4E导航天线。

七、故障部位确认

根据上述的所有检测结果,确认故障部位(表5-24)。

确认故障部位　　表5-24

□ 元件损坏	请写明元件名称:
□ 线路故障	请写明线路区间:
□ 其他	

八、故障点的排除处理

□ 更换	□ 维修	□ 调整

1. K73远程通信接口控制模块更换

(1)拆下仪表板储物箱。

(2)断开电气部件。

(3)使用工具拆下3个K73远程通信接口控制模块螺栓。

(4)取下电话收发器托架,如图5-38所示。

(5)更换新的移动电话控制模块总成。

(6)安装螺栓、托架,连接电气部件。

(7)安装仪表板储物箱。

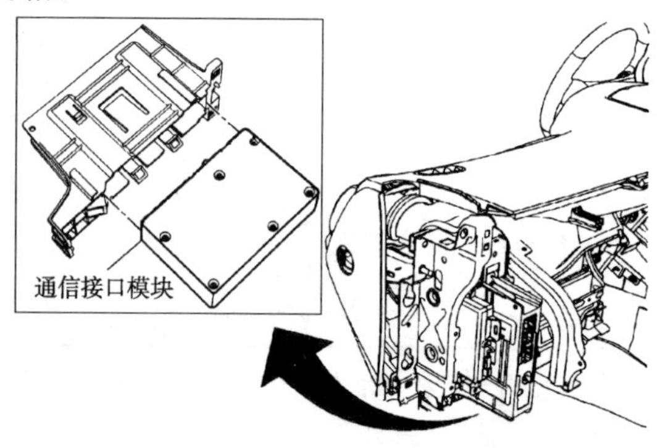

图5-38　取下电话收发器托架

2. 导航天线的更换

(1)拆下车顶内衬装饰板。

(2)拆下导航天线座螺栓,如图5-39所示。

(3)拆下导航天线座,并安装新导航天线座,如图5-40所示。

(4)紧固天线座螺栓。

(5)安装车顶内衬装饰板。

九、维修结果确认(表中项目检查有内容时填写检查结果,如果没有时填写"无"。)

(1)维修后故障码读取,并填写读取结果。

____。

(2)维修后的功能确认并填写结果。

____。

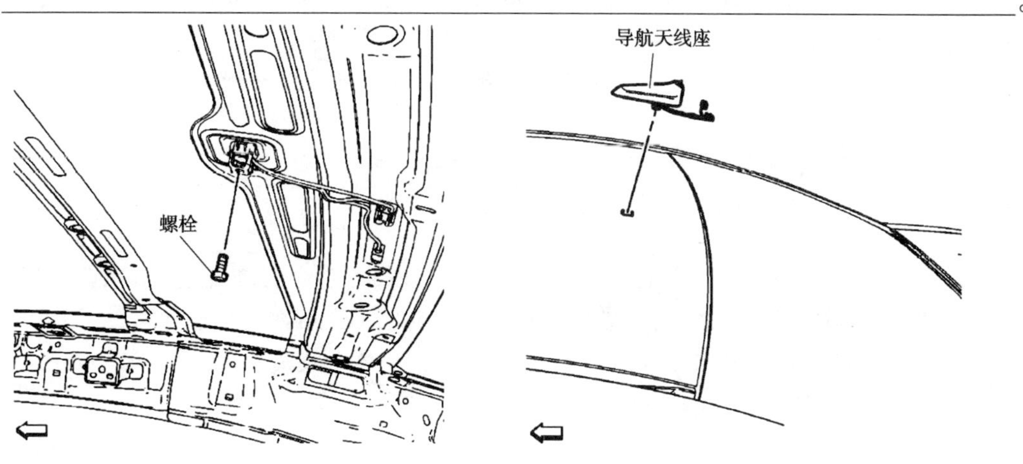

图 5-39　导航天线座螺栓的拆卸　　　　图 5-40　导航天线座的更换

十、现场恢复

清洁工具、设备并归位,拆除防护装置,清洁车辆,将车辆驶出举升机工位。

评价与反馈

对本任务进行评价,见表 5-25。

评　分　表　　　　表 5-25

考核项目	评分标准	分值	学生自评	小组互评	教师评价	小计
资料检索	熟练地查阅维修资料,能否找到诊断策略	15				
任务方案	是否根据手册提供的诊断策略进行维修	10				
操作过程	工艺步骤是否合理,方法是否正确	30				
设备、工具操作	是否正确	20				
安全生产	是否符合安全操作规程	5				
5S 规范	场地是否整洁,物品摆放是否有序	5				
记录表填写	是否按要求填写,记录值是否准确	15				
总　分		100				

注意:违反操作规程,出现人身伤害或设备严重事故,本任务考核 0 分。

任务五　汽车倒车辅助系统的检修

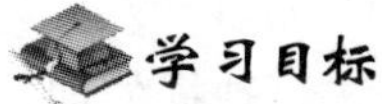

学习目标

1. 简单描述倒车辅助系统的基本功能、组成和工作原理;
2. 正确描述科鲁兹轿车的倒车辅助系统组成;

3. 能熟练地查阅维修资料,确定倒车辅助系统电路故障范围;

4. 按照维修手册提供的维修策略,正确使用诊断仪或万用表进行故障诊断,确定倒车辅助系统电路故障部位;

5. 根据维修手册在规定时间内,安全规范地进行后部驻车辅助控制模块和后物体传感器的更换;

6. 维护过程中自觉保持场地整洁,物品摆放有序。

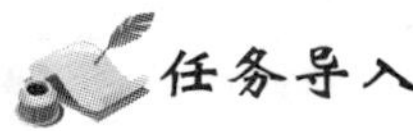

任务导入

客户使用雪佛兰科鲁兹1.6L/AT 2013 款轿车过程中,将点火开关置于ON(打开)位置,挂倒挡时,驻车辅助系统不工作,仪表板组合仪表上的驻车辅助系统指示灯点亮。客户现将车辆开至雪佛兰服务站,服务顾问开出工单,请你们小组排除此故障。

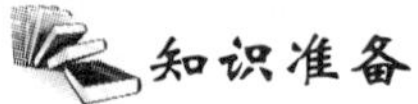

知识准备

一、汽车倒车辅助系统的发展

倒车雷达的快速发展始于 20 世纪末 21 世纪初,随着技术发展和用户需求的变化,倒车雷达大致经过了六代的演变。

第一代:倒车时通过喇叭提醒。只要驾驶员挂上倒挡,"倒车请注意!"就会响起,提醒周围的人注意,不能算真正的倒车雷达,基本已经淘汰。

第二代:采用蜂鸣器不同声音提示驾驶员,这是倒车雷达系统的真正开始。倒车时,如果车后 1.5 ~ 1.8m 处有障碍物,蜂鸣器就会开始工作。蜂鸣声越急,表示车辆离障碍物越近。但没有语音提示,也没有距离显示。

第三代:数码波段显示车后障碍物离车体具体距离或者距离范围。有两种显示方式,数码显示产品显示距离数字,波段显示产品由 3 种颜色来区别:绿色代表安全距离;黄色代表警告距离;红色代表危险距离,必须停止倒车。

第四代:液晶屏动态显示。不用挂倒挡,只要发动汽车,显示器上就会出现汽车图案以及车辆周围障碍物的距离,色彩清晰漂亮,安装方便,不过抗干扰能力不强,误报也较多。

第五代:魔幻镜倒车雷达。结合前几代产品优点,采用仿生超声雷达技术,配以电脑控制,可全天候准确地测知 2m 以内的障碍物,并以不同等级的声音提示和直观地显示提醒驾驶员,颜色款式多样,可以按照个人需求和车内装饰选配。

第六代:专为高档轿车生产。外观方面,比第五代产品更为精致典雅;功能方面,除了具备第五代产品的所有功能之外,还可以在显示器上观看 DVD 影像。

二、汽车倒车辅助系统的工作原理

倒车雷达利用超声波测距原理工作,如图 5-41 所示。在倒车时,倒车雷达会自动起动,并在控制器的控制下,由装置于车尾保险杠上的侦测器(发射器)发送超声波信号。

当遇到障碍物时,产生反射波信号,侦测器接收到反射波信号后经控制器进行数据处理并计算出车体与障碍物之间的实际距离,然后通过显示或语音设备提示给驾驶员,使其停车或倒车更容易、更安全。

倒车雷达的提示方式可分为液晶、语言和声音三种。高档车的倒车雷达一般都带显示器，比如液晶彩屏显示倒车雷达、图像加数字显示倒车雷达等，其原理是倒车雷达控制器将信号发送到显示器，进行显示。

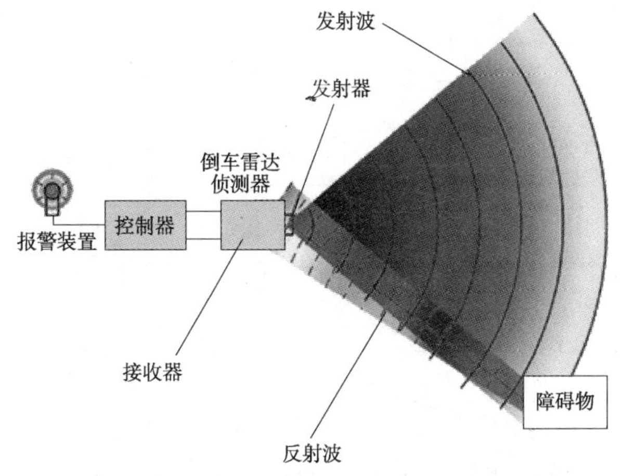

图 5-41　倒车雷达系统工作原理

三、雪佛兰科鲁兹 1.6L /AT 2013 款轿车倒车辅助系统的组成及工作原理

1 车辆倒车辅助系统组成

雪佛兰科鲁兹 1.6L/AT 2013 款轿车倒车辅助系统由超声波传感器、驻车辅助控制模块、驻车辅助系统指示灯、驾驶员信息中心、扬声器等组成。超声波传感器共 4 个，安装在车辆的后保险杠上，如图 5-42 所示，该传感器用于探测物体和保险杠之间的距离；后部驻车辅助控制模块安装在行李舱侧面，接收、处理传感器信号；驻车辅助系统指示灯位于车内，系统故障时指示灯点亮；驾驶员信息中心在组合仪表的中下方，其任务是提供信息；扬声器安装在后挡板平台上，车辆距离物体小于 250cm，声音信号启动，蜂鸣声的频率随着距离的减小而增大。

图 5-42　后物体传感器安装位置

2 车辆倒车辅助系统工作原理

车辆在以 8km/h 的车速倒车时，倒车雷达系统识别并提醒驾驶员车辆行驶路径中的物体，可以检测宽度大于 7.6cm 和高度大于 25.4cm 的物体。此系统不能检测到保险杠以下、车辆下方的物体。

当选择倒挡后，倒车雷达系统将自动接通。K41R 驻车辅助控制模块触发传感器发出一个超声波频率信号，当有物体在传感器的测量范围内时，此信号就被物体反射，并被邻近传感器接收，传感器将该信号转换成电压信号发送至 K41R 驻车辅助控制模块。K41R 驻车辅助控制模块根据传感器回波时间（发出频率和接收到反射之间的时间差）评估接收到的传感器信号，确定物体的位置和距离，如图 5-43 所示。

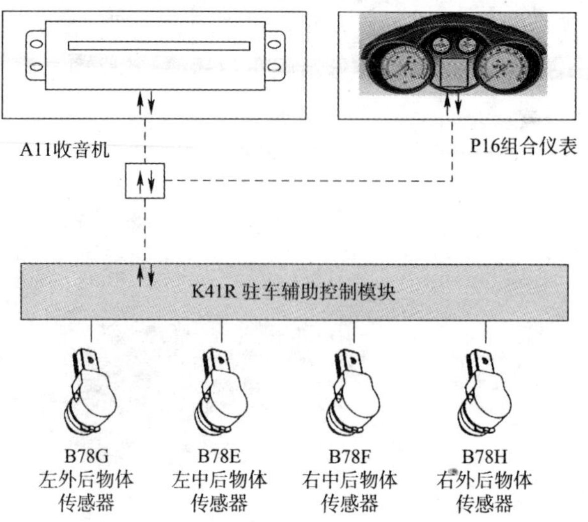

图 5-43　科鲁兹轿车倒车辅助系统工作原理图

后物体警报传感器的测量范围为 30～250cm,一旦物体在测量范围内,K41R 驻车辅助控制模块将通过 CAN 总线向收音机发送一条消息,发出音频警报。从 250cm 处开始,声音信号启动,蜂鸣声的频率随着距离的减小而增大。距离小于 30cm 时,声音将会持续。

K41R 驻车辅助控制模块执行自检并监测每个传感器的电源和信号,以查看是否有电气和机械故障。当传感器被泥土、冰和雪等阻塞,安装非正确类型的传感器或有故障时,倒车雷达系统会生成相应症状的故障诊断码,停用倒车雷达系统,并点亮仪表板组合仪表上的驻车辅助系统指示灯。

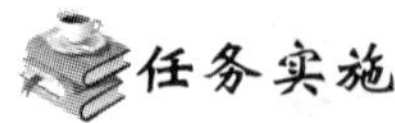

任务实施

倒车辅助系统不工作故障诊断与排除

一、作业准备

作业准备见表 5-26。

作　业　准　备　　表 5-26

序号	项　　目	作 业 记 录
1	汽车停放状况	
2	座椅套、转向盘套、换挡手柄套、脚垫、翼子板护围安装状况	
3	万用表、常用拆卸工具	
4	后物体传感器、驻车辅助控制模块、线束若干	
5	纸质或电子版维护手册	
6	蓄电池电压情况	

二、故障现象确认

(1)车辆距物体距离小于 250cm 处,声音信号工作情况。　□ 正常 □ 不正常

(2)收音机工作情况。　□ 正常 □ 不正常

三、故障码检查

连接专用故障诊断仪，读取故障码（有内容时填写检查代码，如果没有时填写“无”）。

____。

四、确定故障范围

根据上述检查进行判断，并填写可能故障范围（表5-27）。

可能故障范围　　表5-27

驻车辅助控制模块电源线及熔断丝	□是	□否
驻车辅助控制模块搭铁线	□是	□否
驻车辅助控制模块	□是	□否
B78G左外后物体传感器及相连线路	□是	□否
B78E左中后物体传感器及相连线路	□是	□否
B78F左中后物体传感器及相连线路	□是	□否
B78H左外后物体传感器及相连线路	□是	□否
扬声器及相连线路	□是	□否
驻车辅助系统指示灯	□是	□否

五、基本检查（在不作部件拆装的情况所做的外观检查）

(1)检查售后加装设备。　　□ 正常 □ 不正常

(2)检查各部件安装情况。　　□ 正常 □ 不正常

(3)检查后位传感器表面污物情况。　　□ 正常 □ 不正常

六、部件及电路测试

1. 对被怀疑的部件进行测试

对被怀疑的部件进行测试见表5-28。

部件测试结果　　表5-28

部　件	检查或测试后的判断结果	
	□正常	□不正常
	□正常	□不正常
	□正常	□不正常
	□正常	□不正常

2. 扬声器及相连线路检测

将点火开关置于ON（打开）位置，A11收音机打开，关闭静音，调整衰减和平衡控制装置，分别测试各个扬声器。如果从所有扬声器听到清晰的声音，则扬声器全部正常。若1个或多个扬声器的音响不工作或发出的声音不清晰，则进行相应扬声器及相连线路检测。

3. 驻车辅助控制模块及相连线路检测

使用万用表测量可能故障后物体传感器的3个端子，具体见表5-29。后物体传感器插接器如图5-44所示。

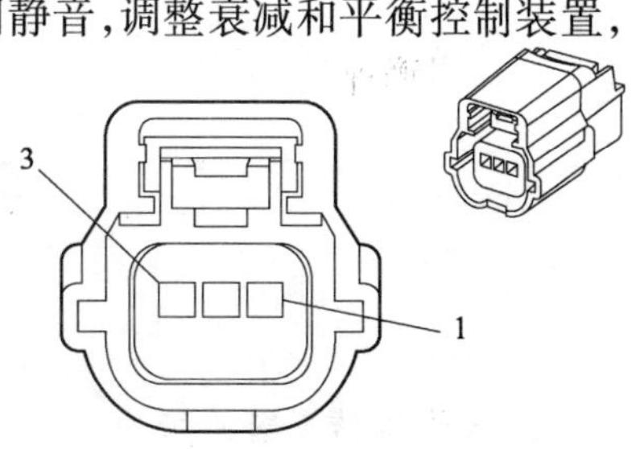

图5-44　后物体传感器插接器

驻车辅助控制模块线路检测

表5-29

检测对象	检测条件	规定状态
后物体传感器端子2—搭铁	点火开关置于“OFF(关闭)”位置1min, 断开K41驻车辅助控制模块处的线束插接器X2	电阻小于2Ω
后物体传感器端子1—搭铁	点火开关置于ON(打开)位置	电压7.5~9.5V
后物体传感器端子3—搭铁	点火开关置于ON(打开)位置	电压4.8~5.2V

如果以上电路测试不正常,则故障原因为驻车辅助控制模块或相连线路。检测K41R驻车辅助控制模块与可能故障后物体传感器相连线路电阻值,若测量值小于2Ω,则更换K41R后部驻车辅助控制模块。

若以上线路检测全部正常,则更换可能故障后物体传感器。

七、故障部位确认

根据上述的所有检测结果,确认故障部位(表5-30)。

确认故障部位

表5-30

□ 元件损坏	请写明元件名称:
□ 线路故障	请写明线路区间:
□ 其他	

八、故障点的排除处理

□ 更换	□ 维修	□ 调整

1. K41R驻车辅助控制模块更换

(1)拆卸行李舱左侧饰件。

(2)拆卸后物体报警模块卡子,如图5-45所示。

(3)取出故障驻车辅助控制模块,清理周边。

(4)更换新模块,并安装模块卡子。

(5)安装行李舱左侧饰件。

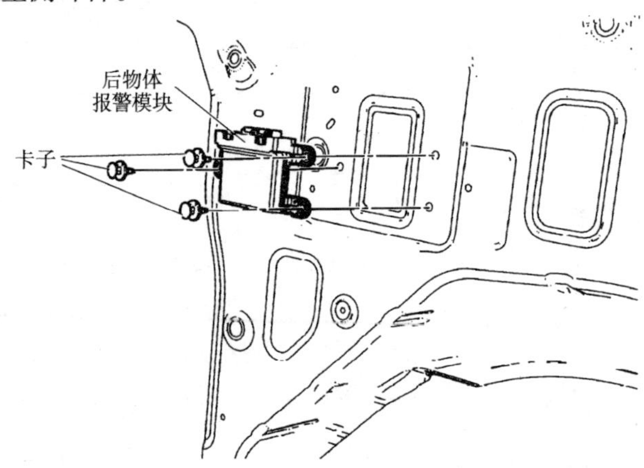

图5-45 拆卸后物体报警模块卡子

2. 后物体传感器更换

(1)拆卸行李舱左侧饰件。

(2)拆卸后物体报警模块卡子,如图5-46所示。

(3)取出故障驻车辅助控制模块,清理周边。

(4)更换新模块,并安装模块卡子。

(5)安装行李舱左侧饰件。

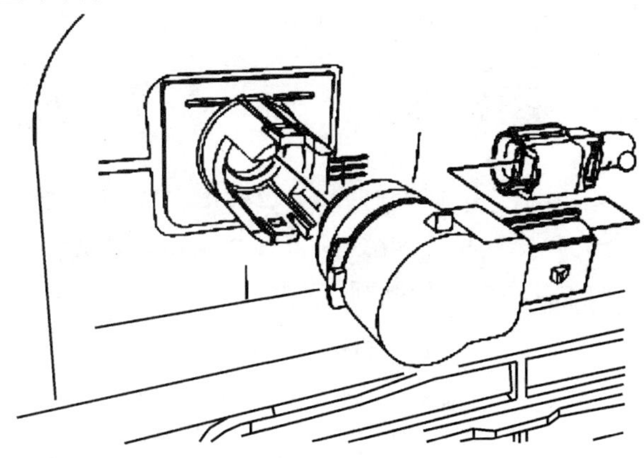

图5-46　后物体传感器的更换

九、维修结果确认(表中项目检查有内容时填写检查结果,如果没有时填写“无”。)

(1)维修后故障码读取,并填写读取结果。

____。

(2)维修后的功能确认并填写结果。

____。

十、现场恢复

清洁工具、设备并归位,拆除防护装置,清洁车辆,将车辆驶出工位。

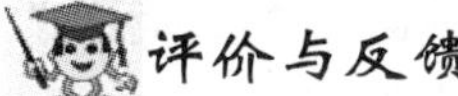

对本任务进行评价,见表5-31。

评　分　表　　表5-31

考核项目	评分标准	分值	学生自评	小组互评	教师评价	小计
资料检索	熟练地查阅维修资料,能否找到诊断策略	15				
任务方案	是否根据手册提供的诊断策略进行维修	10				
操作过程	工艺步骤是否合理,方法是否正确	30				
设备、工具操作	是否正确	20				
安全生产	是否符合安全操作规程	5				
5S规范	场地是否整洁,物品摆放是否有序	5				
记录表填写	是否按要求填写,记录值是否准确	15				
总　分		100				

注意:违反操作规程,出现人身伤害或设备严重事故,本任务考核0分。

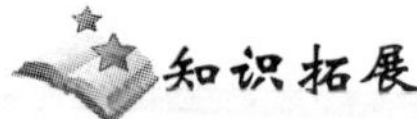

倒车雷达误报

当倒车时显示器始终显示固定的数字,不会随着障碍物的远近变化而改变时,可能的故障原因有探头安装有误;探头连接线束损坏;探头或控制器损坏。

故障的判断:

(1)根据显示器的方向指示灯确定出相应有故障的探头,检查探头是否安装歪斜,如存在此现象请及时调整。

(2)使用万用表检查相应的探头到控制器的连接线束,是否有短路或是断路的现象。

(3)如经过上述检查后,仍无法排除故障,即可判断为控制器或探头本身损坏。选用正常探头替代可能故障探头,如还存在同样问题则可判断为控制器损坏。

一、填空题

1. 安吉星服务系统提供________、________、________、________、________等多项服务。

2. 现在的汽车一般采用___________导航系统。

3. 雪佛兰科鲁兹 1.6L/AT 2013 款轿车倒车辅助系统由________、________、________、________、________组成。

4. ___________指示灯用来指示汽车电源系统的工作情况。

5. 常见的汽车声音警告有_________、_________、_________、_________。

6. 发动机转速表常用的有_________和_________ 两种。

7. 燃油表用来指示___________内储油量的多少。

8. 里程表用来指示汽车累计_______,按其工作原理可以分为_______和_______两种。

9. 雪佛兰科鲁兹 1.6L/AT 2013 款轿车倒车雷达的后物体警报传感器的测量范围为____ cm。

10. 一般汽车音响主要包括________、________、________、________等。

11. 雪佛兰科鲁兹 1.6L/AT 2013 款轿车音响系统的天线位于_______,收音机和信息显示模块位于_______,扬声器位于_______。

二、简答题

1. 汽车电子仪表系统的基本组成和工作原理是什么?

2. 汽车报警装置的作用和组成是什么?

3. 汽车电子仪表系统的发展趋势是怎样的?

4. 常见的汽车仪表及其作用是什么?

5. 常见的汽车报警指示灯及其图形符号是什么?

6. 常见的汽车声音警告及其作用是什么?

7. 安吉星按钮安装在哪里? 各有什么功能?

8. 简述雪佛兰科鲁兹 1.6L/AT 2013 款轿车倒车雷达的工作过程。

9. 简述雪佛兰科鲁兹 1.6L/AT 2013 款轿车音响设备中 A22 收音机控制装置及相关线路测试流程。

项目六　汽车安全系统的检修

任务一　汽车中控门锁系统的检修

学习目标

1. 简单描述中控门锁系统的功能、基本组成及安装位置；
2. 简单叙述中控门锁系统的工作原理；
3. 正确描述科鲁兹轿车的中控门锁系统组成及工作原理；
4. 能熟练地查阅维修资料，确定中控门锁系统故障范围；
5. 按照维修手册提供的维修策略，正确使用诊断仪或万用表等对门锁控制开关、车门微开开关、门锁电动机进行检查；
6. 根据维修手册在规定时间内，安全规范地进行门锁控制开关、门锁电动机的更换；
7. 维修过程中自觉保持场地整洁，物品摆放有序。

任务导入

客户在使用雪佛兰科鲁兹 1.6L/AT 2013 款轿车过程中，操作车门内饰板上的门锁控制开关，四个车门门锁未锁止或解锁。客户现将车辆开至雪佛兰服务站，服务顾问已开出工单，请你们小组排除此故障。

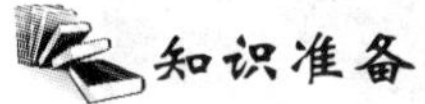

知识准备

一、中控门锁系统概述

汽车门锁是锁止汽车车门的机构，传统的汽车门锁操作不方便，驾驶员侧和前乘员侧车门通过钥匙锁止车门，这种门锁只控制一个车门，其他车门通过车门内饰板上的门锁按钮进行锁止或开启（现在国产载货汽车的门锁仍采用这种控制方式）。随着人们对汽车驾驶的舒适性、操纵的方便性、使用的安全性要求的提高，现代轿车广泛安装中控门锁控制系统。

目前，汽车中控门锁系统主要是采用电子电路控制。驾驶员在车内操作驾驶员侧车门门锁控制开关时，其他车门、加油口盖及行李舱均同时解锁（或锁止）；驾驶员在车外可以使用钥匙操作右前或左前侧门上的钥匙操纵开关来同时解锁（或锁止）所有车门。

二、中控门锁系统的组成及工作原理

1 中控门锁系统的组成

中控门锁系统一般包括控制开关、门锁总成、行李舱门锁、油箱加注口开启器及门锁控制

器等,如图 6-1 所示。

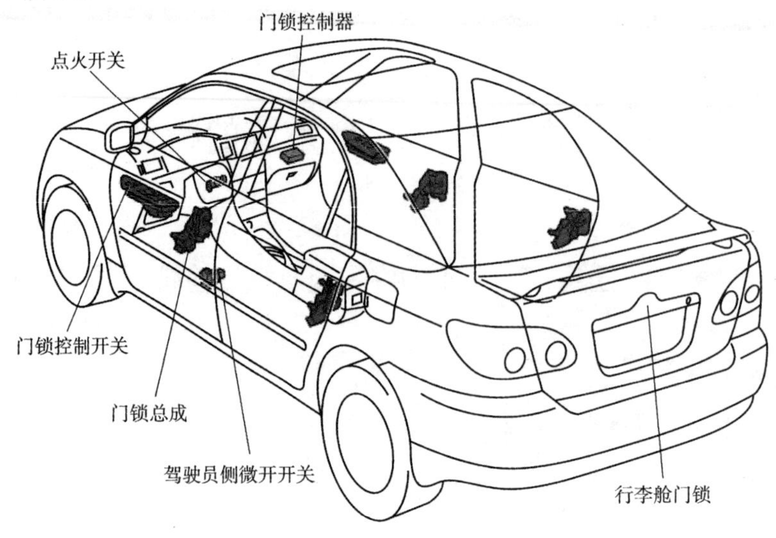

图 6-1 中控门锁系统的组成

1)控制开关

控制开关包括门锁控制开关、驾驶员侧微开开关、钥匙操纵开关、行李舱门开关。门锁控制开关可以同时锁止和解锁所有车门和加油口盖,一般安装在驾驶员侧车门上,如图 6-2a)所示。微开开关检测车门开或关的状态,一般安装在四个车门侧门柱上。钥匙操纵开关装在前门的钥匙门上,如图 6-2b)所示。行李舱门开关一般安装在便于驾驶员操作的仪表台、内饰板上,如图 6-2c)所示。

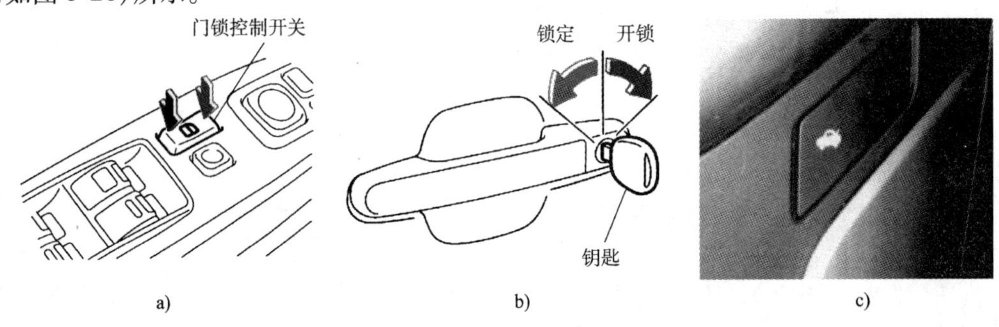

图 6-2 控制开关

2)门锁总成

门锁总成主要由门锁传动机构(图 6-3)、门锁位置开关(图 6-4)、门锁控制电动机、外壳等组成。

门锁电动机是门锁的执行器,当门锁电动机转动时,蜗杆带动蜗轮转动,蜗轮推动锁杆,车门被锁上或打开,然后蜗轮在复位弹簧的作用下返回原位置,防止操纵门锁按钮时电动机工作。

门锁位置开关位于门锁总成内,用来检测车门的锁紧状态,由一个触点片和一个开关底座组成。锁杆处于开门位置时接通,当锁杆推向锁门位置时,位置开关断开。图 6-5 所示为门锁位置开关工作状态。

3)门锁控制器

门锁控制器接收来自各门锁开关的锁定或解锁信号并驱动各车门的门锁电动机工作。常

见的有继电器式、集成电路(IC)式、电脑控制式。

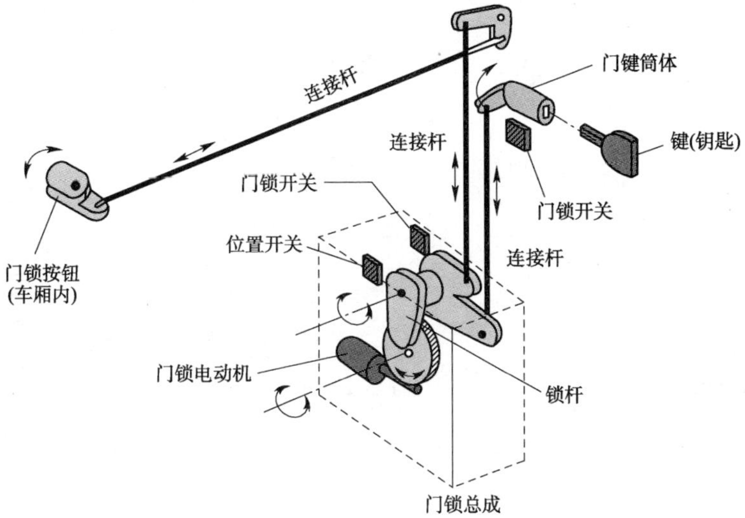

图 6-3　门锁总成

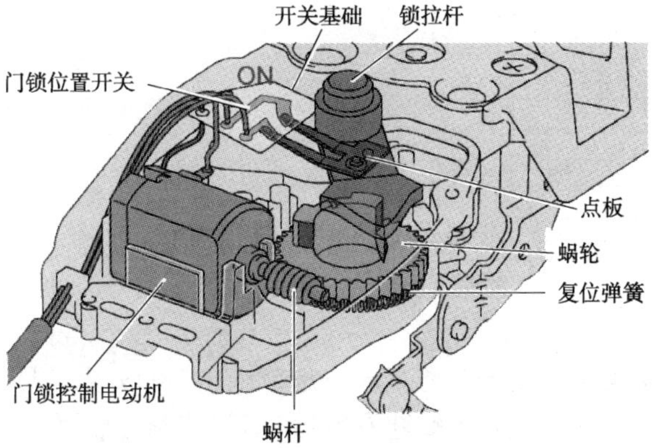

图 6-4　门锁传动机构

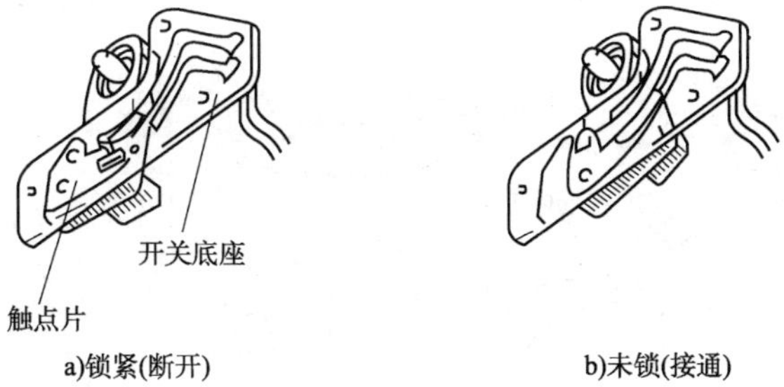

a)锁紧(断开)　　b)未锁(接通)

图 6-5　门锁位置开关

❷ 中控门锁工作原理

中控门锁工作原理图如图 6-6 所示，当门锁控制开关或钥匙操作开关置于开锁/闭锁侧时，车门开锁/闭锁信号被传输到门锁控制器，门锁控制器收到信号后，使门锁控制电动机沿开锁/闭锁方向旋转，从而打开/锁定所有车门门锁。但如果车门微开开关检测到某个车门未关，此时驾驶员执行锁门操作,门锁控制器收到锁门信号后,门锁控制电动机会先闭锁然后再开锁,以提醒驾驶员车门未关闭。

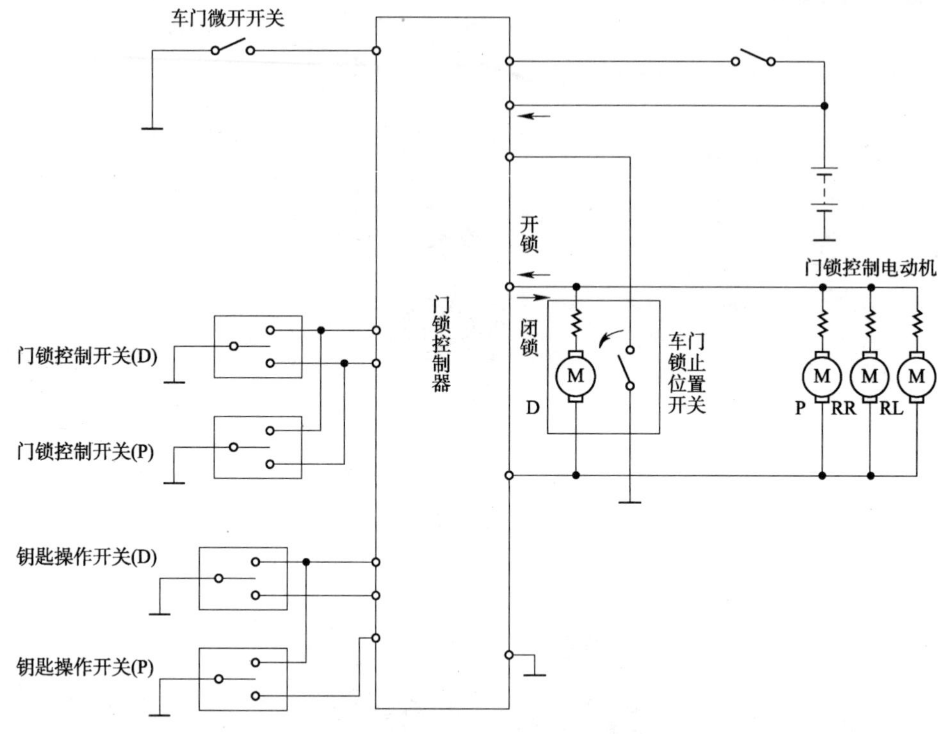

图 6-6 中控门锁工作原理图

三、无线遥控门锁系统

无线遥控门锁系统是指驾驶员在离车辆一定范围内,可以通过无线遥控对汽车门锁进行开锁和闭锁操作的系统。此系统是由钥匙发射器、车门控制接收器、门锁控制器、车门门锁总成等组成,如图 6-7 所示。

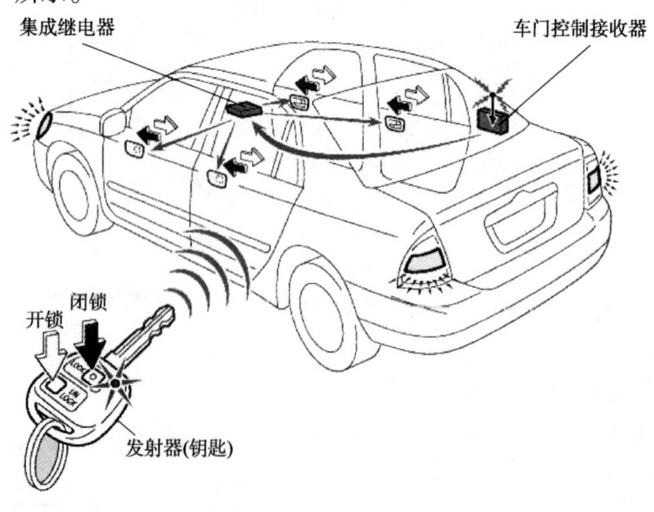

图 6-7 无线遥控门锁系统

无线遥控门锁系统工作原理,如图6-8所示,钥匙发射器发送电波信号,车门控制接收器接收此发射器发出的信号,并发送到门锁控制器。门锁控制器收到信号后控制各个车门门锁电动机开锁或锁止。除这一功能外,无线遥控门锁系统还具有打开行李舱、应答及其他功能。无线遥控门锁系统的功能根据车型、等级和地区有所不同。

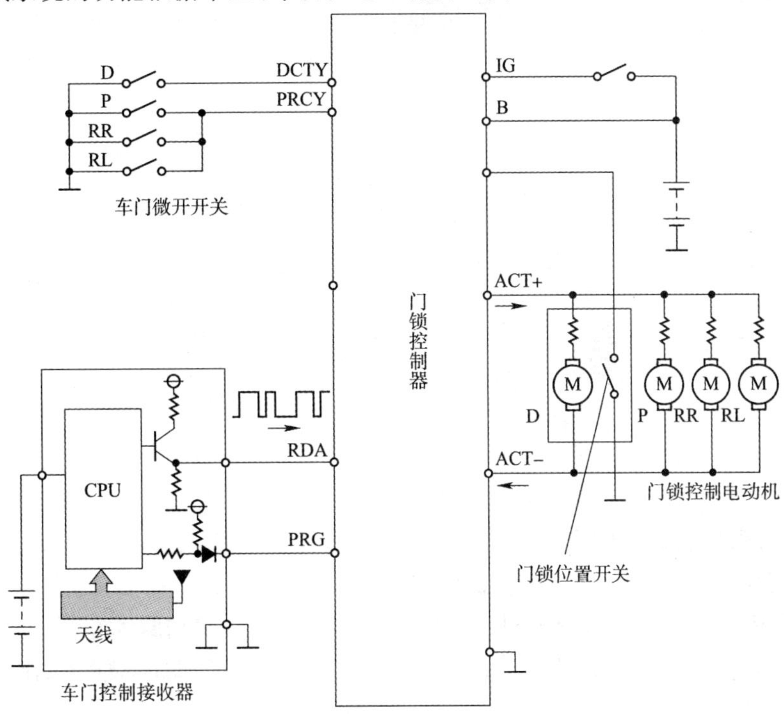

图6-8　无线遥控门锁原理图

四、雪佛兰科鲁兹1.6L/AT 2013款轿车中控门锁系统结构特点

1 中控门锁系统组成

雪佛兰科鲁兹1.6L/AT 2013款轿车中控门锁系统主要由门锁控制开关、钥匙操纵开关、行李舱开关、钥匙发射器、四个车门门锁总成(含位置开关)、行李舱盖锁电动机、加油口盖释放执行器及车身控制模块(门锁控制器)、车门微开警告灯(组合仪表)、扬声器(收音机扬声器)等组成。

2 中控门锁系统工作原理

科鲁兹轿车中控门锁系统工作原理,如图6-9所示。当驾驶员操作门锁控制开关、钥匙操作开关或遥控器置于锁定或解锁位置时,车身控制模块接收到锁定或解锁信号后,控制所有车门、加油口盖门锁电动机工作,使其按照指令锁止或解锁。

当驾驶员操作行李舱开关置于解锁位置时,车身控制模块将控制行李舱盖锁电动机,使行李舱解锁。

当车速大于8km/h且车门打开时,车门微开开关关闭,向车身控制模块发送信号,车身控制模块接收到此信号通过串行数据信息与组合仪表通信。组合仪表点亮驾驶员侧的车门微开指示灯,并发送一个串行数据信息至收音机,通过扬声器发出车门微开音频警告。

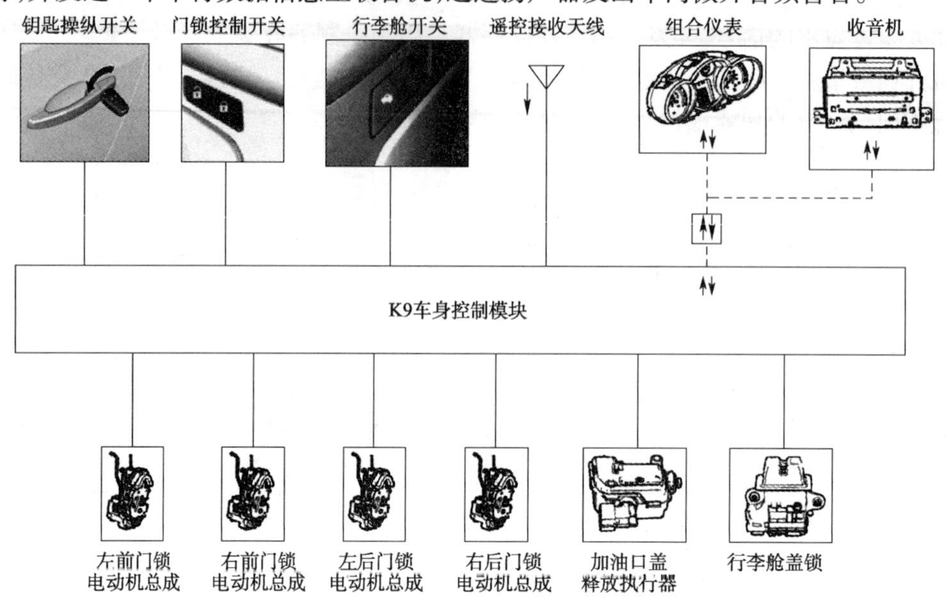

图6-9 科鲁兹中控门锁系统工作原理图

除以上功能外,科鲁兹轿车中控门锁系统还有自动车门锁定功能和防止锁在车外功能。自动车门锁定功能:如果所有车门关闭,将点火开关置于ON(打开)位置,变速器换挡杆移出驻车挡,此系统会自动锁定四个车门,当再挂回驻车挡,又会自动解锁车门;防止锁在车外功能:如果车门打开并且点火钥匙完全插入点火开关内,则车身控制模块将启用门锁开关,锁止所有车门并解锁驾驶员侧车门。

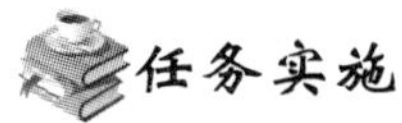

任务实施

中控门锁系统不工作故障诊断与排除

一、作业准备

作业准备见表6-1。

作 业 准 备　　表6-1

序号	项　目	作业记录
1	汽车停放和三角块放置状况	
2	座椅套、转向盘套、换挡手柄套、脚垫、翼子板护围安装状况	
3	万用表、专用解码器、充电机、常用拆卸工具情况	
4	门锁总成、门锁控制开关、线束情况	
5	纸质或电子版维护手册	

提示:在车辆进行维修和操作之前,必须确保车辆安全地支撑在举升机上。

二、故障现象确认

(1)门锁控制开关操作情况。　□ 正常 □ 不正常

(2)钥匙控制开关操作情况。　□ 正常 □ 不正常

(3)遥控车门锁工作情况。　☐ 正常 ☐ 不正常

(4)各门锁执行器动作情况。　☐ 正常 ☐ 不正常

三、故障码检查

连接专用故障诊断仪,读取故障码(有内容时填写检查代码,如果没有时填写"无")。

______________________________。

四、确定故障范围

根据上述检查进行判断,并填写可能故障范围(表6-2)。

可 能 故 障 范 围　　表6-2

电源及熔断丝	☐ 是	☐ 否
门锁控制开关及相连线路	☐ 是	☐ 否
驾驶员侧车门微开开关及相连线路	☐ 是	☐ 否
前乘员侧车门微开开关及相连线路	☐ 是	☐ 否
左后乘员侧车门微开开关及相连线路	☐ 是	☐ 否
右后乘员侧车门微开开关及相连线路	☐ 是	☐ 否
驾驶员侧门锁电动机及相连线路	☐ 是	☐ 否
前乘员侧门锁电动机及相连线路	☐ 是	☐ 否
左后乘员侧门锁电动机及相连线路	☐ 是	☐ 否
右后乘员侧门锁电动机及相连线路	☐ 是	☐ 否
车身控制模块	☐ 是	☐ 否

五、基本检查(在不作部件拆装的情况所做的外观检查)

(1)线路/插接器外观及连接情况。　☐正常　☐不正常

(2)零件安装等。　☐正常　☐不正常

六、部件及电路测试

1. 对被怀疑的部件进行测试

对被怀疑的部件进行测试见表6-3。

部 件 测 试 结 果　　表6-3

部　　件	检查或测试后的判断结果	
	☐正常	☐ 不正常
	☐正常	☐ 不正常
	☐正常	☐ 不正常
	☐正常	☐ 不正常

2. 门锁控制开关及相连线路检测

将点火开关置于ON(打开)位置,当门锁控制开关在锁止和解锁之间切换时,确认故障诊断仪"BCM Central Door Lock Switch on Console(车身控制模块控制台中央门锁开关)"参数从"Inactive(未起动)"变化为"Lock(锁止)"和"Unlock(解锁)"。如果参数不在规定值之间切换,则进行门锁控制开关及相连线路检测。

将点火开关置于 OFF(关闭)位置,拆下门锁控制开关,检查导通性,见表 6-4。S13D 门锁控制开关插接器如图 6-10 所示。如果不符合要求,则更换门锁控制开关。如果符合要求,则进行相连线路检测。

门锁控制开关检测 表 6-4

检测端子	检测条件	规定状态
1—3	—	不导通
	解锁	电阻小于 2Ω
1—4	—	不导通
	锁止	电阻小于 2Ω

用万用表逐段检查门锁控制开关相连线路,找出短路或断路故障的部位。

3. 车门微开开关及相连线路检测

下面以驾驶员侧车门微开开关及相连线路检测为例进行介绍,前乘员侧、左后乘员侧、右后乘员侧车门微开开关及相连线路检测相同。

将点火开关置于 ON(打开)位置, 打开和关闭驾驶员侧车门时,确认故障诊断仪“Driver Door Ajar Switch(驾驶员侧车门微开开关)”参数在“Inactive(未激活)”和“Active(激活)”之间切换。如果参数不在规定值之间切换,则进行车门微开开关及相连线路检测。

将点火开关置于 OFF(关闭)位置,拆下驾驶员侧车门门锁总成,检查导通性,见表 6-5。A23D 驾驶员侧车门门锁总成插接器如图 6-11 所示。如果不符合要求,则更换驾驶员侧车门微开开关。如果符合要求,则进行相连线路检测。

驾驶员侧车门微开开关检测 表 6-5

检测端子	检测条件	规定状态
6—8	车门打开	不导通
	车门关闭	电阻小于 2Ω

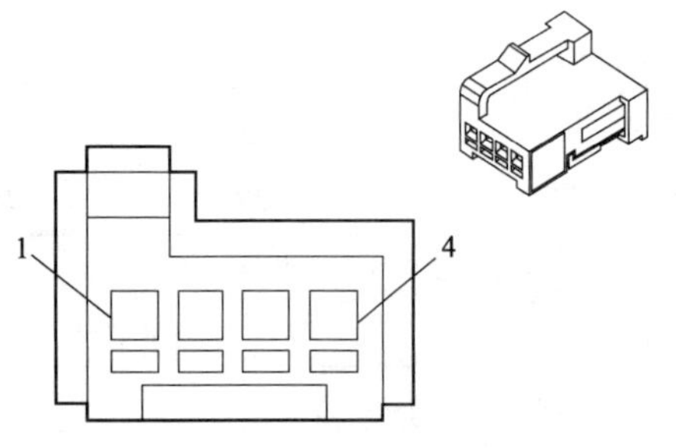

图 6-10 门锁控制开关插接器

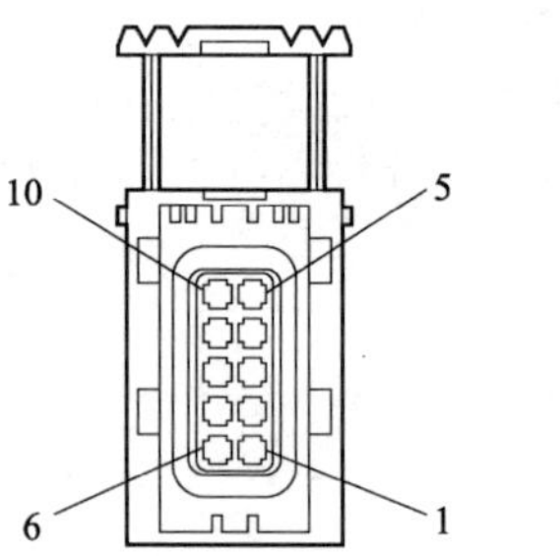

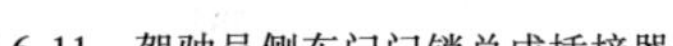
图 6-11 驾驶员侧车门门锁总成插接器

用万用表逐段检查车门微开开关相连线路,找出短路或断路故障的部位。

4. 车门门锁电动机检测

下面以驾驶员侧车门门锁电动机及相连线路检测为例进行介绍,前乘员侧、左后乘员侧、右后乘员侧车门门锁电动机及相连线路检测相同。

当用故障诊断仪指令“所有车门锁定/解锁”时,确认所有车辆车门“锁定”和“解锁”。如果车门不在指令的状态之间切换,则进行车门门锁电动机及相连线路检测。

将点火开关置于 OFF(关闭)位置,拆下驾驶员侧车门门锁总成,对门锁电动机进行检查,见表 6-6。如果不符合要求,则更换驾驶员侧车门门锁总成。如果符合要求,则进行相连线路检测。

车门门锁电机检测　　表 6-6

检测端子	检测条件	规定状态
端子 2—端子 3	未加蓄电池电压	—
	加蓄电池电压	正常工作

用万用表逐段检查车门门锁电动机相连线路,找出短路或断路故障的部位。

七、故障部位确认

根据上述的所有检测结果,确认故障部位(表 6-7)。

确认故障部位　　表 6-7

□ 元件损坏	请写明元件名称:
□ 线路故障	请写明线路区间:
□ 其他	

八、故障点的排除处理

□ 更换	□ 维修	□ 调整

1. 门锁控制开关的更换

(1)拆卸仪表板中央上装饰条,如图 6-12 所示。

(2)拆卸前控制台储物托盘两只紧固螺钉,再拆下前地板控制台储物托盘,如图 6-13 所示。

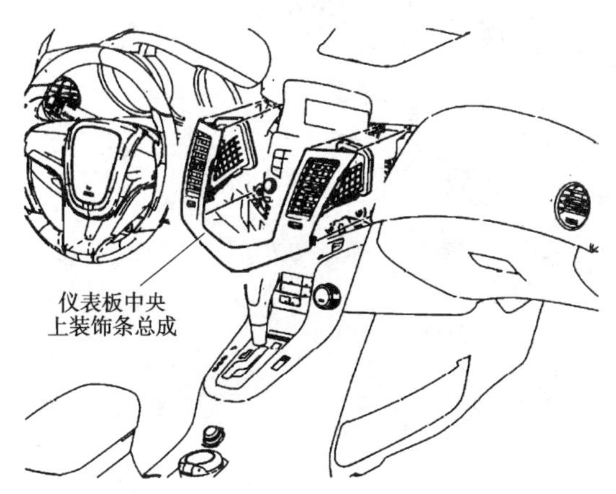

图 6-12　拆卸仪表板中央上装饰条

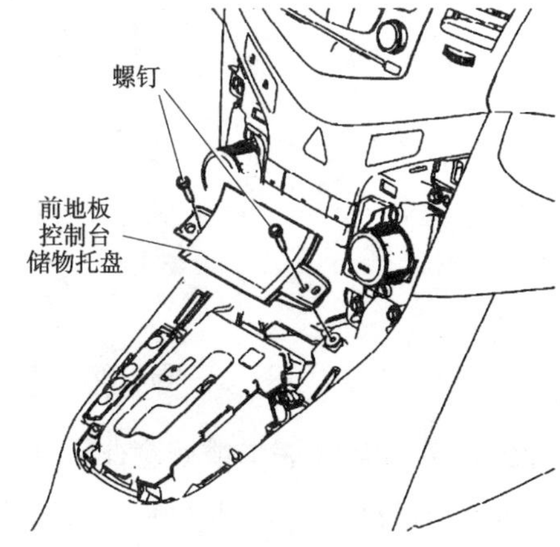

图 6-13　拆卸前地板控制台储物托盘

(3)拆卸仪表板附件嵌框 4 只紧固螺钉,再拆下仪表板附件嵌框,断开电气插接器,如图 6-14 所示。

(4)拆卸门锁开关两颗螺钉,拆下门锁开关,如图 6-15 所示。

(5)安装新门锁控制开关,安装步骤与拆装步骤相反。

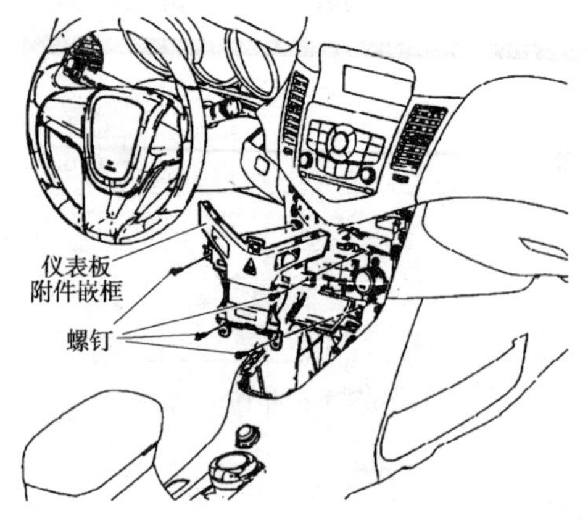

图 6-14　拆卸仪表板附件嵌框

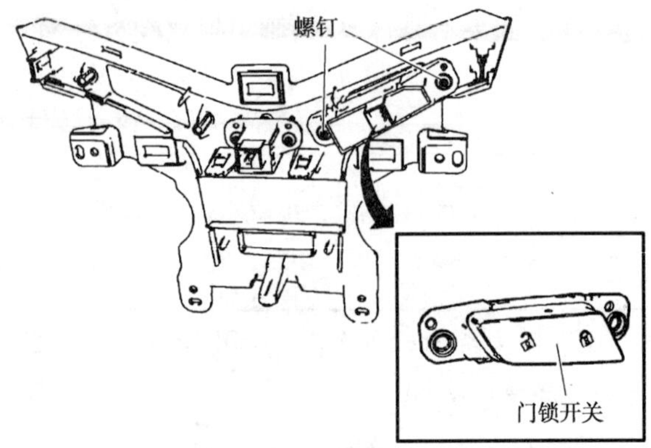

图 6-15　拆卸门锁开关

2. 驾驶员侧车门门锁总成更换

(1)拆下驾驶员侧车门饰板。

(2)拆下驾驶员侧车门挡水板。

(3)拆下驾驶员侧车门门锁盖。

(4)拆下驾驶员侧车门两只紧固螺栓。

(5)拆下驾驶员侧车门门锁总成,如图 6-16 所示。

(6)安装新驾驶员侧车门门锁总成,安装步骤与拆装步骤相反。

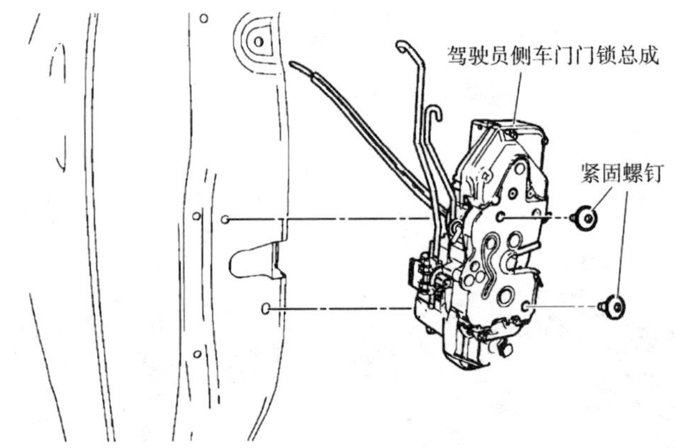

图 6-16　拆卸驾驶员侧车门门锁总成

九、维修结果确认(表中项目检查有内容时填写检查结果,如果没有时填写“无”。)

(1)维修后故障码读取,并填写读取结果。

____。

(2)维修后的功能确认并填写结果。

____。

十、现场恢复

清洁工具、设备并归位,拆除防护装置,清洁车辆,将车辆驶出举升机工位。

评价与反馈

对本任务进行评价，见表6-8。

评　分　表　　　　表6-8

考核项目	评分标准	分值	学生自评	小组互评	教师评价	小计
资料检索	熟练地查阅维修资料，能否找到诊断策略	15				
任务方案	是否根据手册提供的诊断策略进行维修	10				
操作过程	工艺步骤是否合理，方法是否正确	30				
设备、工具操作	是否正确	20				
安全生产	是否符合安全操作规程	5				
5S规范	场地是否整洁，物品摆放是否有序	5				
记录表填写	是否按要求填写，记录值是否准确	15				
总　分		100				

注意：违反操作规程，出现人身伤害或设备严重事故，本任务考核0分。

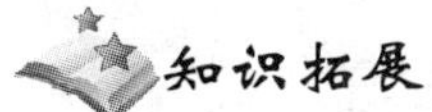

知识拓展

遥控电池的更换

如图6-17所示，展开钥匙，打开电池盒盖，更换电池（电池类型CR2032），注意安装位置。换好电池后，盖上电池盒盖，将钥匙插入驾驶员侧门锁中打开车门，接通点火开关时，无线遥控器将被同步设置。

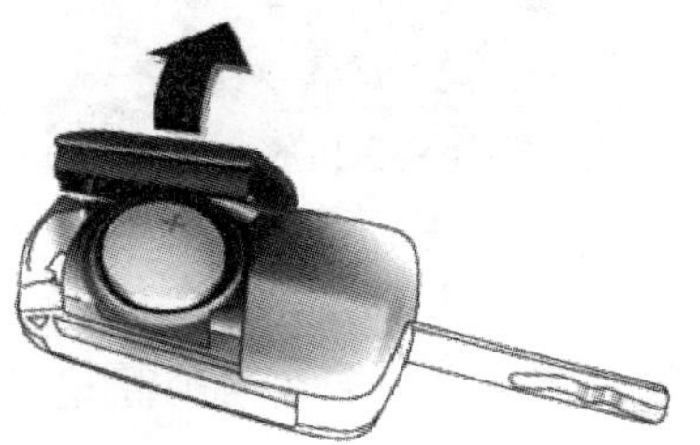

图6-17　遥控电池的更换

任务二　汽车防盗系统的检修

学习目标

1. 简单描述防盗系统的基本组成与分类；
2. 简单叙述防盗系统的结构与工作原理；
3. 正确描述科鲁兹汽车的防盗系统组成及工作原理；
4. 能熟练地查阅维修资料，确定防盗系统故障范围；
5. 按照维修手册提供的维修策略，正确使用诊断仪或万用表等进行报警喇叭的检测；
6. 根据维修手册在规定时间内，安全规范地进行报警喇叭的更换；
7. 维修过程中自觉保持场地整洁，物品摆放有序。

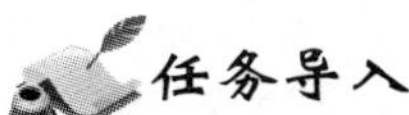

任务导入

客户使用雪佛兰科鲁兹1.6L/AT 2013款轿车过程中，用机械钥匙将车门打开后，车外灯闪烁，而防盗喇叭不工作。客户现将车辆开至雪佛兰服务站，服务顾问已开出工单，维修技师已初步判断为防盗系统故障，请你们小组排除此故障。

知识准备

一、防盗系统概述

汽车防盗系统是为了防止车辆本身或车上的物品被盗所设的系统。汽车防盗系统实质上是一种用来增加盗车难度,延长盗车时间的装置。

1 汽车防盗系统分类

汽车防盗系统按结构形式可以分为三类:机械式、电子式、网络式。机械式防盗装置靠其坚固的金属材质,来锁止汽车的操纵装置(如转向盘、变速杆等)或车门,如图6-18所示。机械式防盗装置制造简单、费用低廉,但其防盗作用很差,已趋于淘汰。

a)转向盘锁

b)变速杆锁

c)车轮锁

图6-18　机械式防盗装置

目前,汽车上所采用的电子式防盗系统主要采用两种控制方式同时进行防盗,一种是禁进入式防盗系统,当外人非法进入车内触发防盗系统后,发出刺耳的声音和闪光,恐吓盗贼,使其主动放弃盗车行为,同时也提醒行人和车主采取相应的措施,如图6-19所示;另一种是禁起动(或移动)式防盗系统,当企图非法起动车辆时,防盗系统使起动机或发动机不能起动和运转,使其无法起动(或移动)车辆。本章主要介绍电子式防盗系统。

图6-19　触发防盗示意图

网络式防盗系统除了靠锁定汽车的起动系统或发动机控制系统达到防盗的目的外,同时还可通过卫星定位跟踪系统(简称GPS系统)或其他网络系统,将报警信息和报警车辆所在位置无声地传送到报警中心。

❷ 电子式防盗系统的组成及工作原理

1)禁进入式防盗系统组成及工作原理

禁进入式防盗系统的组成包括钥匙开关、遥控发射器、车门微开开关、发动机罩开关、行李舱盖微开开关、振动传感器、防盗 ECU、车身控制模块、各车门电动机及位置开关、行李舱门锁总成、报警装置(喇叭、灯光等)、防盗指示灯等,如图 6-20 所示。

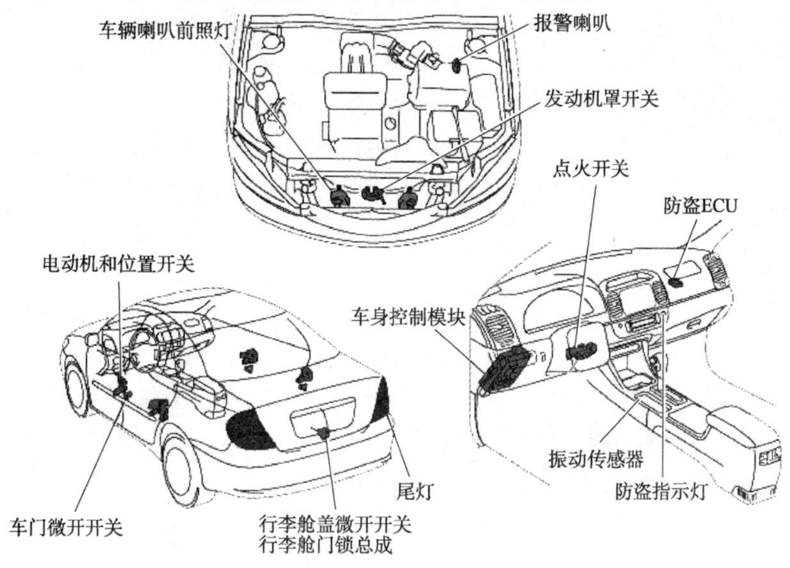

图 6-20 禁进入式防盗系统组成

图 6-21 所示为禁进入式防盗系统原理图,当通过钥匙开关或遥控发射器利用中控门锁装置锁好车门时,防盗控制单元(ECU)进行系统自检,防盗指示灯点亮,几秒后防盗指示灯开始闪烁,防盗系统起动进入警戒状态。防盗控制单元(ECU)根据四个车门微开开关、行李舱盖微开关、发动机罩开关、振动传感器等部件的信号判断车辆是否被非法侵入或移动,若判断车辆被非法侵入或移动,采用声音和灯光方式进行报警。防盗功能解除后,防盗系统停止工作。

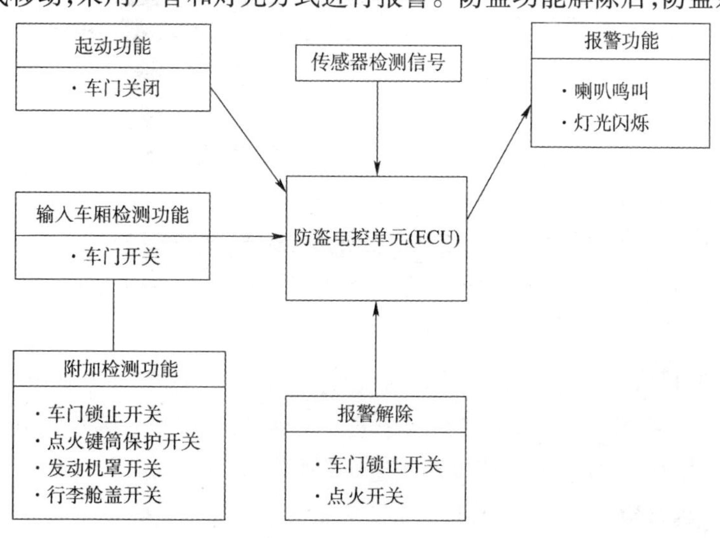

图 6-21 禁进入式防盗系统原理图

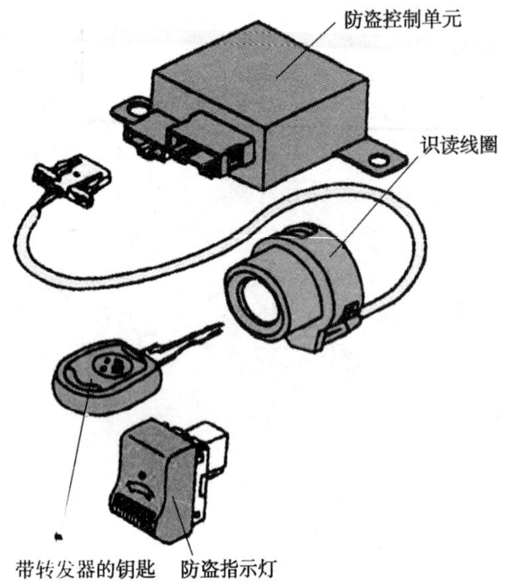

图 6-22　禁起动式防盗系统组成

2)禁起动(或移动)式防盗系统组成和工作原理

禁起动(或移动)式防盗系统的组成包括防盗ECU、发动机 ECU、带转发器的钥匙、识读线圈、防盗指示灯、执行机构(防止汽车起动和移动装置)等,如图 6-22 所示。每一把钥匙中安装有转发器,识读线圈安装在点火开关锁芯上,将转发器的信息传递给防盗控制单元。由于车型不同,防盗系统的组成有所差异。

用钥匙起动发动机时,如图 6-23 所示,防盗电控单元(ECU)利用识读线圈读取的点火钥匙转发器中编码信息,根据编码信息判断点火钥匙的合法性。若点火钥匙是合法有效的,则防盗电控单元(ECU)通过总线或数据线向发动机 ECU 发送防盗解除信号,起动机锁止功能和发动机点火、喷油禁止功能被解除,发动机能够起动运转。若点火钥匙是非法无效的,则防盗电控单元(ECU)向发动机 ECU 发送禁止起动信号,起动机锁止功能或发动机点火、燃油喷射抑制功能被激活,车辆无法起动。

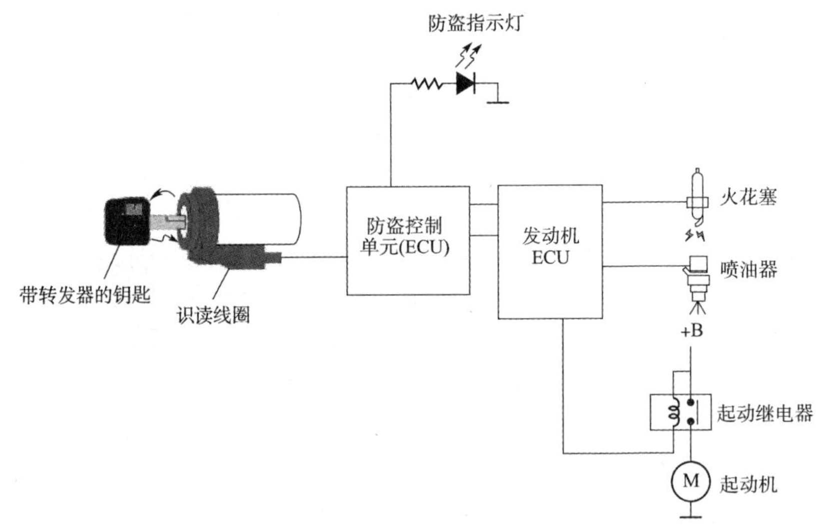

图 6-23　禁起动式防盗系统工作原理图

雪佛兰科鲁兹 1.6L /AT 2013 款轿车防盗系统结构特点

雪佛兰科鲁兹 1.6L/AT 2013 款轿车防盗系统包括禁进入式防盗系统和禁起动(或移动)式防盗系统。防盗系统起动后,当检测到非法进入车辆时,该系统会鸣响喇叭并点亮车外灯约 30s。当检测到点火钥匙无效,则发动机控制模块将禁止车辆起动。

1 禁进入防盗系统

防盗系统的设定:将点火钥匙置于 OFF(关闭)位置,使用钥匙操纵开关或者遥控发射器

的“LOCK(锁止)”按钮锁止车门。车身控制模块检测到上述条件时，进入待机状态。直到所有车门被关上，车身控制模块起动计时器。15s后车身控制模块进入防盗起动模式。

防盗系统工作过程：当车身控制模块检测到车门开启操作不正常或车门被撬开；行李舱盖、发动机罩被非法打开；蓄电池被断开又重新连接等情况，使喇叭发出鸣叫声并点亮车外灯。

解除防盗系统：按下遥控发射器上的“UNLOCK(解锁)”按钮或将一个有效的钥匙插入到点火开关并将开关置于ON(打开)位置。

图6-24为雪佛兰科鲁兹1.6L/AT 2013款轿车禁进入防盗系统工作原理图。

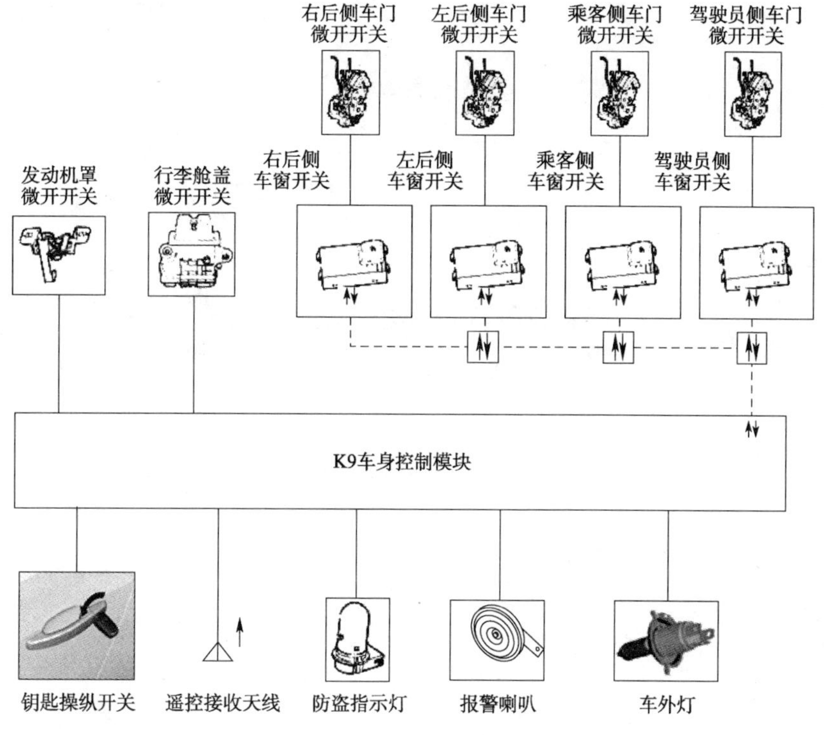

图6-24　科鲁兹轿车禁进入防盗系统工作原理图

❷ 禁起动(或移动)防盗系统

雪佛兰科鲁兹1.6L/AT 2013款轿车禁起动(或移动)防盗系统组成包括车身控制模块(BCM)、发动机控制模块(ECM)、安全防盗系统控制模块、任何储存有识别编码的模块和防盗指示灯(组合仪表)等。

科鲁兹轿车禁起动防盗系统工作原理图如图6-25所示，当点火钥匙插入点火开关锁芯并且置于ON(打开)位置时，钥匙中的收发器通过点火开关锁芯的识读线圈给车身控制模块发送信号。然后，车身控制模块将该信息与自身存储器中存储的信息进行比较，同时监测各种模块存储的识别符是否匹配。如果所有信息均匹配，则车身控制模块将通过串行数据发送预解除密码至发动机控制模块。如果信息不正确或识别符不匹配，则车身控制模块将发送燃油禁用信息至发动机控制模块。

当发动机控制模块接收到车身控制模块预解除密码时，发动机控制模块通过串行数据将校验口令发送至车身控制模块。发动机控制模块和车身控制模块对此校验口令进行计算。如果两个控制模块计算的结果匹配，则发动机控制模块将允许车辆起动。

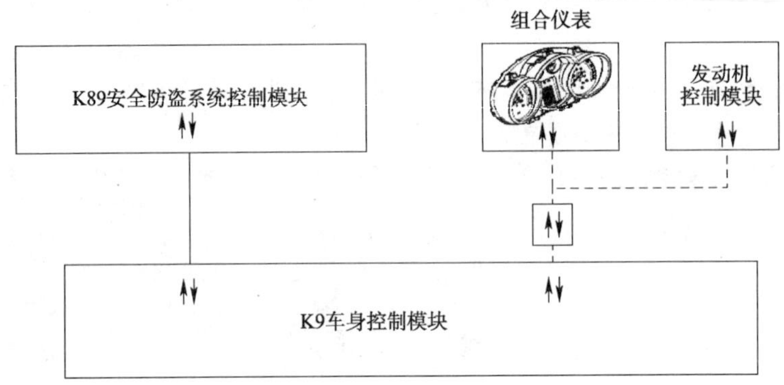

图 6-25　科鲁兹轿车禁起动(或移动)防盗系统工作原理图

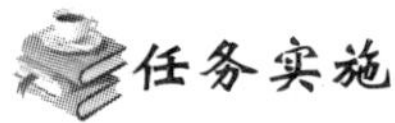
任务实施

防盗喇叭不工作故障诊断与排除

一、作业准备

作业准备见表 6-9。

作　业　准　备　　表 6-9

序号	项　　目	作 业 记 录
1	汽车停放和三角块放置状况	
2	座椅套、转向盘套、换挡手柄套、脚垫、翼子板护围安装状况	
3	万用表、专用解码器、常用拆卸工具	
4	安全防盗系统控制模块、线束若干	
5	纸质或电子版维护手册	

提示：车辆进行维修和操作之前，必须确保车辆蓄电池电量充足。

二、故障现象确认

(1)防盗指示灯工作情况。　□ 正常 □ 不正常

(2)防盗系统触发后喇叭工作情况。　□ 正常 □ 不正常

(3)防盗系统触发后外部灯光工作情况。　□ 正常 □ 不正常

三、故障码检查

连接专用故障诊断仪，读取故障码(有内容时填写检查代码，如果没有时填写“无”)。

____。

四、确定故障范围

根据上述检查进行判断，并填写可能故障范围(表 6-10)。

可能故障范围　　表6-10

电源及熔断丝	□ 是	□ 否
车身控制模块(带安全防盗系统控制)	□ 是	□ 否
四个车门门锁开关及相连线路	□ 是	□ 否
四个车门微开开关及相连线路	□ 是	□ 否
防盗指示灯及相连线路	□ 是	□ 否
外部灯光及相连线路	□ 是	□ 否
防盗喇叭及相连线路	□ 是	□ 否

五、基本检查(在不作部件拆装的情况所做的外观检查)

(1)线路/插接器外观及连接情况。　□ 正常 □ 不正常

(2)零件安装等。　□ 正常 □ 不正常

六、部件及电路测试

1. 对被怀疑的部件进行测试(表6-11)。

部件测试结果　　表6-11

部　　件	检查或测试后的判断结果	
	□ 正常	□ 不正常
	□ 正常	□ 不正常
	□ 正常	□ 不正常
	□ 正常	□ 不正常

2. 防盗系统报警喇叭及相连线路的检测

将点火开关置于OFF(关闭)位置,断开防盗报警喇叭上的线束插接器。检查其工作状况,见表6-12。喇叭插接器如图6-26所示。如不符合要求,则更换喇叭。如果符合要求,则进行相连线路检测。

检　测　喇　叭　　表6-12

检测端子	检测条件	规定状态
1—2	未加蓄电池电压	不工作
	加蓄电池电压	正常工作

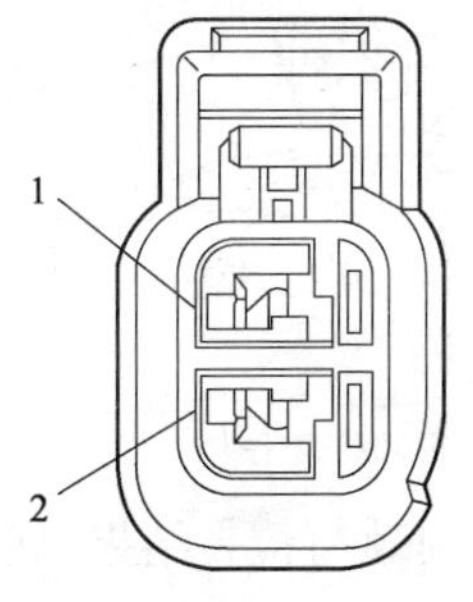

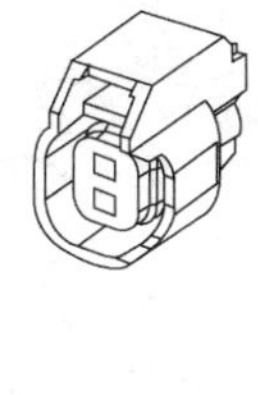

图6-26　报警喇叭插接器

用万用表逐段检查喇叭相连线路,找出短路或断路故障的部位。

七、故障部位确认

根据上述的所有检测结果,确认故障部位(表6-13)。

确认故障部位　　表6-13

□ 元件损坏	请写明元件名称:
□ 线路故障	请写明线路区间:
□ 其他	

八、故障点的排除处理

□ 更换	□ 维修	□ 调整

防盗喇叭的更换

(1)拆下进风口格栅板,如图6-27所示。

(2)拆卸防盗喇叭固定螺栓。

(3)拆卸防盗喇叭,如图6-28所示。

(4)安装(安装顺序与拆卸顺序相反,喇叭固定螺栓拧紧力矩为9N·m)。

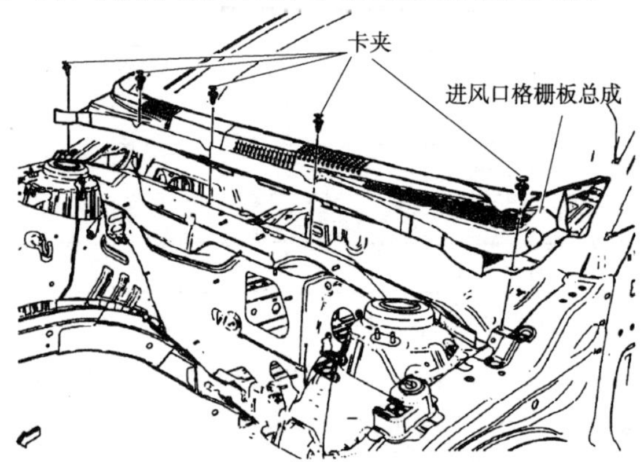

图6-27　拆卸进风口格栅板

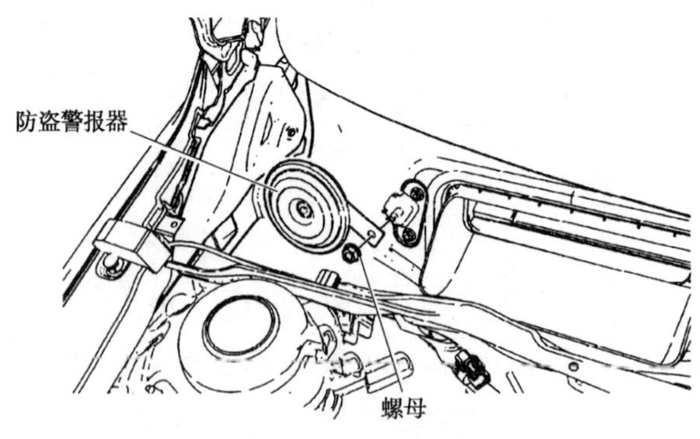

图6-28　拆卸防盗喇叭

九、维修结果确认(表中项目检查有内容时填写检查结果,如果没有时填写“无”。)

(1)维修后故障码读取,并填写读取结果。

____。

(2)维修后的功能确认并填写结果。

____。

十、现场恢复

清洁工具、设备并归位,拆除防护装置,清洁车辆,将车辆驶出举升机工位。

评价与反馈

对本任务进行评价,见表6-14。

评　分　表　　表6-14

考核项目	评分标准	分值	学生自评	小组互评	教师评价	小计
资料检索	熟练地查阅维修资料,能否找到诊断策略	15				
任务方案	是否根据手册提供的诊断策略进行维修	10				
操作过程	工艺步骤是否合理,方法是否正确	30				
设备、工具操作	是否正确	20				
安全生产	是否符合安全操作规程	5				
5S规范	场地是否整洁,物品摆放是否有序	5				
记录表填写	是否按要求填写,记录值是否准确	15				
总　分		100				

注意:违反操作规程,出现人身伤害或设备严重事故,本任务考核0分。

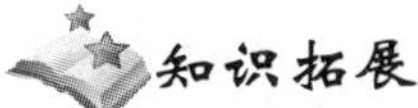

知识拓展

一、更换钥匙

(1)将故障诊断仪连接至车辆并访问维修编程系统。

(2)确保车辆上所有用电装置都已关闭。

(3)选择维修编程系统应用程序并按屏幕上的说明进行操作。

(4)选择"Reprogram ECU(重新编程电子控制单元)"。

(5)选择"IMMO Immobilizer Learn-Setup(IMMO安全防盗系统读入-设置)"。

(6)选择"Program Transponder or Remote Key(Delete)[编程"收发器"或"遥控钥匙"(删减)]"功能。

(7)对所有钥匙编程后,会显示"Programming Complete(编程完成)"。

(8)按下已编程钥匙上的锁止和解锁按钮,可激活钥匙并起动无钥匙进入功能。

(9)使用故障诊断仪,清除所有故障码。

(10)确认每把钥匙工作正常。

注意:(1)每辆车总共可编程8把钥匙。

(2)此程序完成需要15min以上。若蓄电池电压过低,应先给蓄电池充电。

二、添加钥匙

(1)使用故障诊断仪添加钥匙。使用故障诊断仪进行钥匙的添加,操作步骤与更换钥匙相同。

(2)不使用故障诊断仪添加钥匙。

①使用先前已读入的钥匙,将点火开关置于 ON(打开)位置。

②将点火开关置于 OFF(关闭)位置,拔出钥匙。

③用第二把先前已读入的钥匙将点火开关置于 ON(打开)位置。

④将点火开关置于 OFF(关闭)位置,拔出钥匙。

⑤在将点火开关置于 OFF(关闭)位置后的 10s 内,插入要读入的钥匙并将点火开关置于 ON(打开)位置,车辆现在已经读入该新钥匙。

注意:①每辆车总共可编程 8 把钥匙。

②执行以上操作需要有 2 把已读入的主钥匙。此操作仅用于添加钥匙。

③该程序不能删除先前已读入的钥匙。

④待读入钥匙的机加工切口必须与当前钥匙完全相同。

任务三　汽车安全气囊系统的检修

学习目标

1. 简单描述安全气囊系统的基本组成及各部件的功能;

2. 简单叙述安全气囊系统及安全带预紧器的结构与工作原理;

3. 正确描述安全气囊系统使用的注意事项;

4. 正确描述科鲁兹轿车的安全气囊系统的拆装注意事项、方法;

5. 按照维修手册提供的维修策略,正确使用诊断仪或万用表等对转向盘气囊线圈、碰撞传感器进行检测;

6. 根据维修手册在规定时间内,安全规范地进行气囊组件、转向盘气囊线圈、安全气囊控制单元、碰撞传感器的更换;

7. 维修过程中自觉保持场地整洁,物品摆放有序。

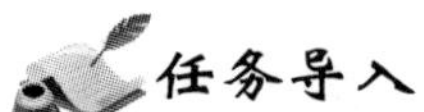

任务导入

客户在驾驶雪佛兰科鲁兹 1.6L/AT 2013 款轿车正常行驶时,安全气囊故障指示灯突然亮起。客户现将车辆开至雪佛兰服务站,服务顾问已开出工单,请你们小组排除此故障。

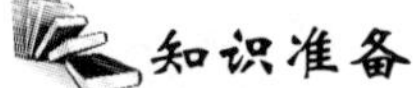

知识准备

一、安全气囊的功用

汽车的安全装置分为主动安全装置和被动安全装置两种。主动安全装置是为预防汽车发生事故,避免人员受到伤害而采用的各种装置,包括防抱死制动系统(ABS)和驱动防滑系统(ASR)等。被动安全装置为汽车发生交通事故后能最大限度地减少乘客和行人伤害的安全装置。安全带加安全气囊的被动安全装置在汽车上已逐渐普及。在汽车发生碰撞时,安全带和安全气囊正常地发挥作用,可使车内乘员头部受伤率减少 30% ~50%,面部受伤率减少 70% ~80%。

安全气囊也称辅助乘员保护系统(Supplemental Restraint System,SRS),其作用是在汽车遭遇碰撞时,通过充气的方式使气囊迅速膨胀,形成一个缓冲垫,以使车内乘员不致碰撞车内硬物而受伤。

一、安全气囊系统的分类

1 按保护对象不同分类

汽车安全气囊系统按保护对象不同可分为:驾驶员防撞安全气囊、乘员防撞安全气囊、侧面防撞安全气囊、窗帘式安全气囊、膝部安全气囊,如图6-29所示。

a)

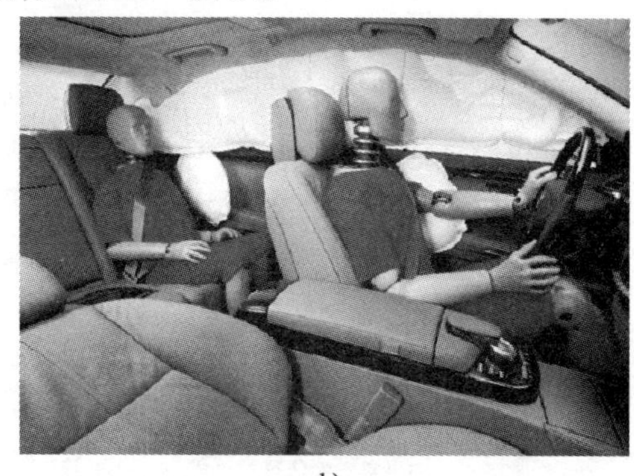

b)

图6-29　安全气囊的类型

2 按膨胀力不同分类

按照膨胀力不同可分为单级式安全气囊和多级式安全气囊。单级式安全气囊是指只要达到气囊展开条件,无论发生多大强度的撞击,安全气囊打开的力是恒定的。图6-30所示为多级式安全气囊,其可以根据汽车的行驶速度、碰撞程度和座椅滑移位置不同,分几个阶段调节充气膨胀力。车速越高,撞击程度越大,充气膨胀力越大。

a)膨胀力小

b)膨胀力大

图6-30　多级式安全气囊

3 智能型安全气囊

智能型安全气囊通过检测乘员是否系上安全带、座椅上是否有乘员、乘员乘坐位置、儿童座椅是否安装等来调控安全气囊充气膨胀力,减轻安全气囊工作时对车辆人员的副作用。

三、安全气囊系统的组成及工作原理

电子式安全气囊系统主要由安全气囊组件、气囊传感器、电子控制装置(SRS ECU)、警告灯、诊断接头、螺旋电缆、安全带预紧器等组成,如图 6-31 所示。车型不同所采用部件的结构、安装位置和数量有所不同,但其基本组成和工作原理都大致相同。

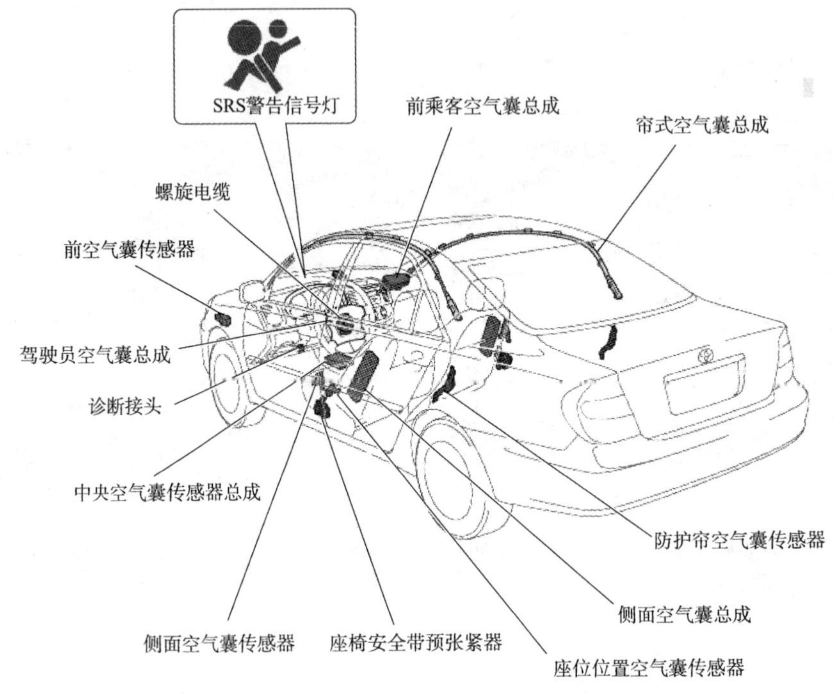

图 6-31　安全气囊系统组成

❶ 安全气囊组件

图 6-32　安全气囊组件

安全气囊组件为安全气囊执行器,如图 6-32 所示,其包括充气装置、气囊、外壳等。如图6-33a)所示,当安全气囊被触发时,引燃器点火,火焰传播到增强剂,使气体发生剂迅速产生大量氮气经过滤后充入安全气囊,安全气囊会在瞬间展开,减轻驾驶员头部的撞击,气囊上面有排气孔,充气结束后,排气孔立即排气使气囊变软,为乘员留出逃生空间,如图 6-33b)所示。

❷ 气囊传感器

气囊传感器包括前空气囊传感器、侧面空气囊传感器等,如图 6-34 所示,用来检测碰撞减速力、碰撞强度以计算气囊是否动作。

❸ 安全气囊电子控制装置(ECU)

安全气囊电子控制装置(图 6-35)接收空气囊传感器及其他传感器的输入信号,判断是否

点火引爆气囊及安全带预紧器,并对 SRS 的故障进行自诊断。电子控制装置上安装有紧急辅助电源和中央空气囊传感器等,确保安全气囊系统工作的准确性和可靠性。

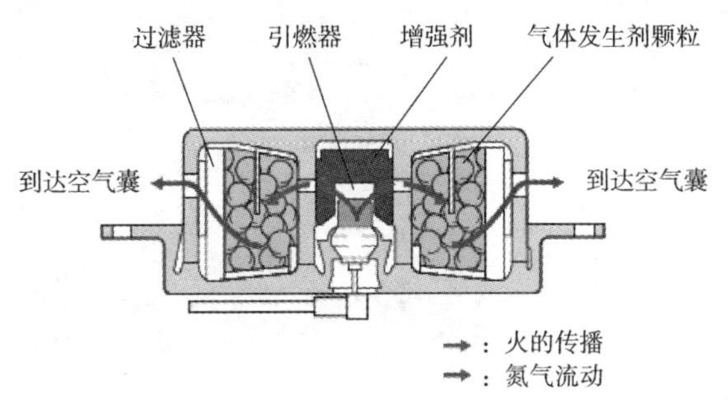

a)安全气囊充气装置

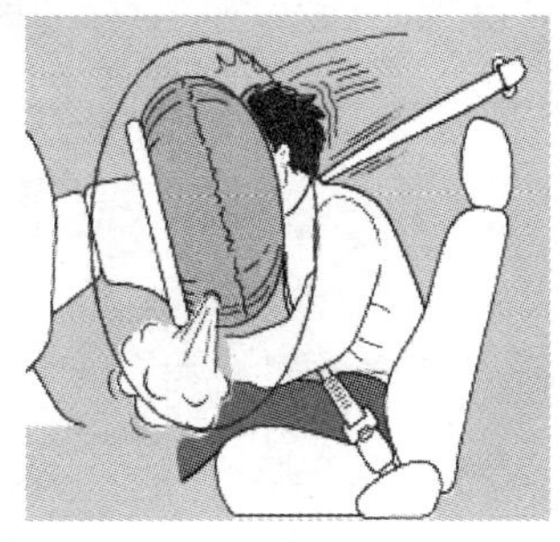

b)安全气囊展开图

图 6-33　安全气囊充气装置和气囊

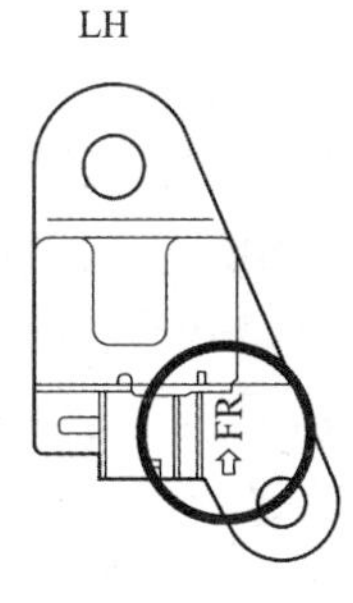

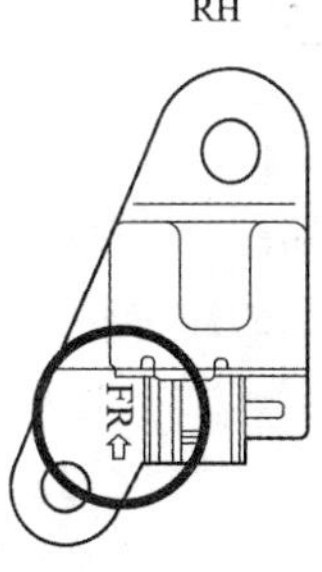

图 6-34　气囊传感器

4 警告灯

警告灯显示安全气囊系统的工作状态,如图 6-36 所示。当点火开关置于 ON 位置时,系统进行自检,此灯点亮几秒后熄灭,则系统正常,否则系统存在故障。

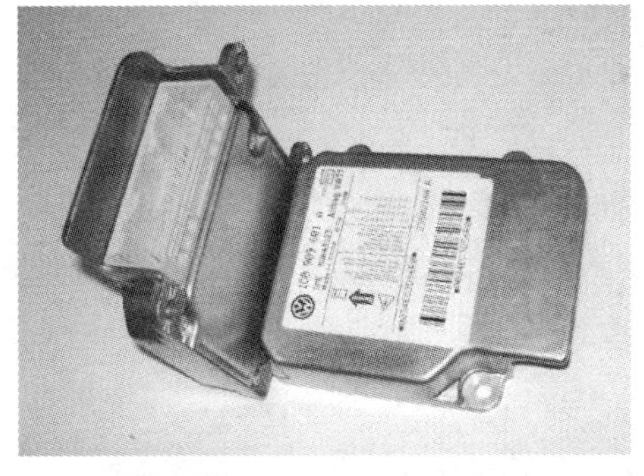

图 6-35　安全气囊电子控制装置

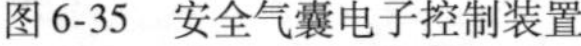

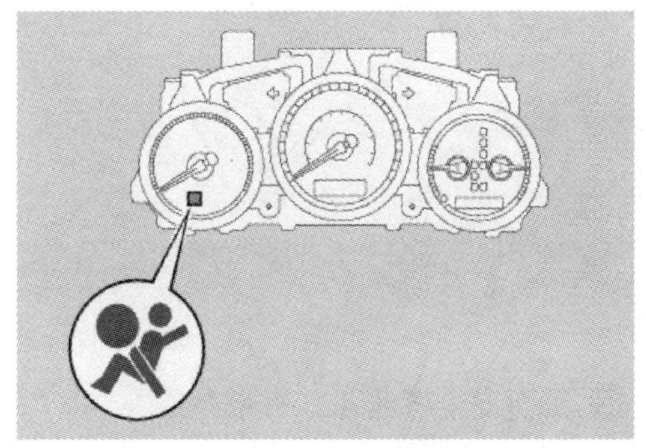

图 6-36　空气囊警告灯

5 安全带预紧器

安全带预紧器只在严重的正面碰撞时工作,将安全带收缩,从而减少乘员前移量。安全气囊和安全带预紧器给乘员提供最大防护,如图 6-37 所示。

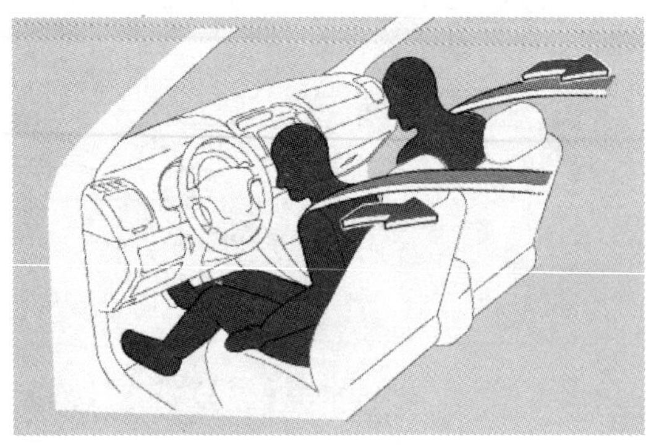
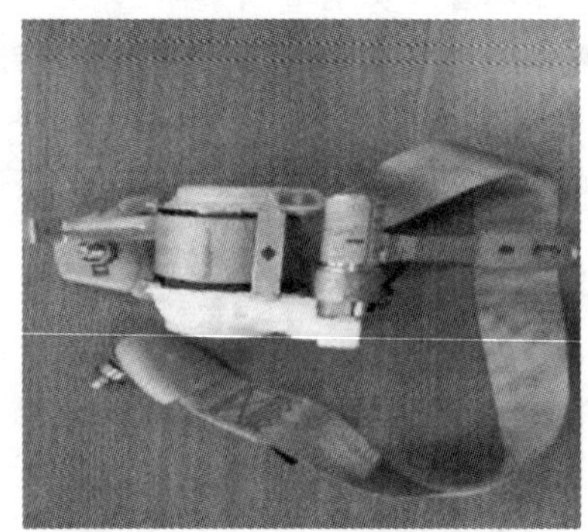

图 6-37　安全带预紧器

四、安全气囊系统的工作过程

1 安全气囊工作过程

下面以正面安全气囊工作过程为例,其他安全气囊工作过程与正面安全气囊工作过程相同。如图 6-38 所示,当汽车受到前方一定角度范围内的高速碰撞时,车速急剧下降,安装在汽车前端的碰撞传感器、与 SRS ECU 安装在一起的中央空气囊传感器(安全传感器)就会检测到汽车突然减速和撞击强度的信号。当达到规定的强度时,传感器即向 SRS ECU 发出信号。SRS ECU 接收到信号后,与其原存储信号进行比较,若达到气囊的展开条件,则由驱动电路向安全气囊组件中的气体发生器送去起动信号。气体发生器接到起动信号后,引燃气体发生剂,产生大量气体,使气囊在极短的时间内突破衬垫迅速展开,在驾驶员或乘客的前部形成弹性气垫,并及时泄漏、收缩,从而有效地保护人体头部和胸部免于伤害或减轻伤害程度。

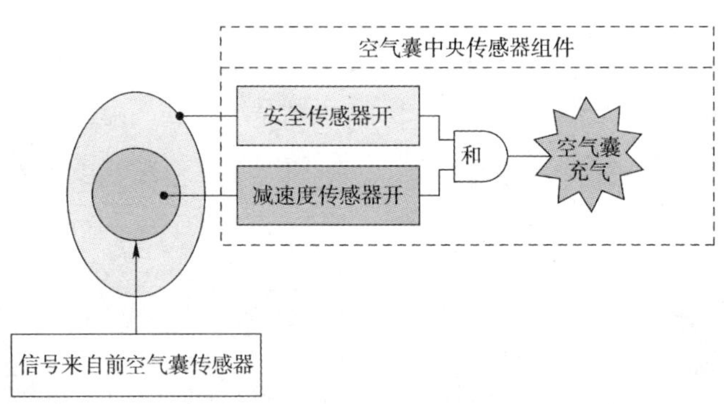

图 6-38　安全气囊工作过程

2 正面安全气囊工作有效范围

安全气囊系统不是在所有碰撞情况下都能起作用。如图 6-39 所示,正面防撞安全气囊系统在汽车正前方或斜前方 ±30°角范围内发生碰撞,且其纵向减速度达到阈值时,系统才能工作。

另外下列情况可能导致误触发,应注意:温度过高,引起充气装置中火药燃烧;过分撞击,使引燃器引爆;电磁波引起误触发,如大功率移动电话等;修理时操作不慎。

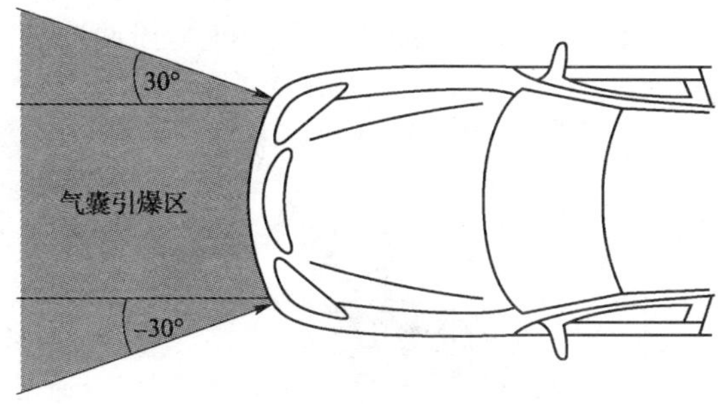

图 6-39　碰撞有效范围

五、安全气囊使用注意事项

(1) SRS 安全气囊被设计成只能使用一次,其相关的零件在使用后需要更换。

(2) 不得在前面乘员席上安装面部朝后的儿童紧束装置,如图 6-40 所示。因为前面乘员安全气囊的迅速膨胀可以使儿童致死或严重受伤。

(3) 不要把物品放在仪表板前或转向盘底座等前安全气囊周围,如图 6-41 所示。可能会妨碍安全气囊展开或当安全气囊展开时物品向后抛导致死亡或严重受伤。

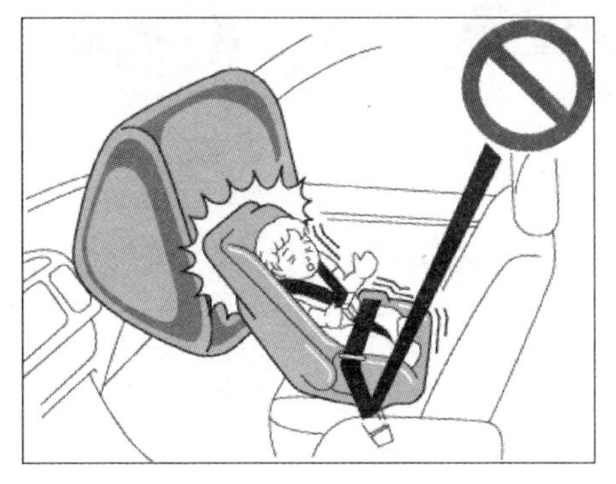

图 6-40　儿童座椅的使用

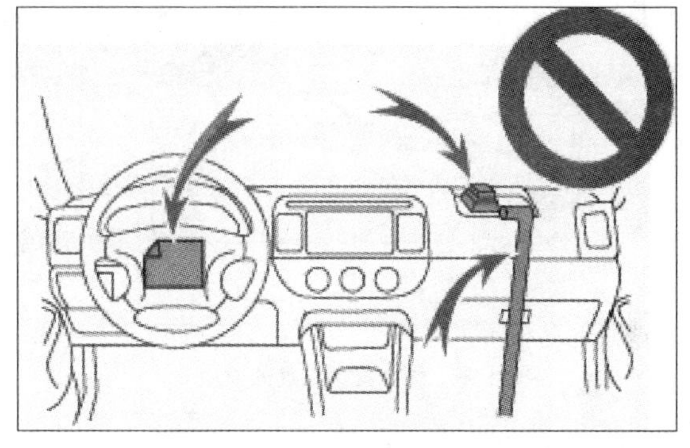

图 6-41　前安全气囊使用

(4) 不要坐在座位的边缘或者倾身在仪表板上,不允许儿童站在或跪在前面乘员座椅上,膝盖上或怀里抱着儿童请不要坐前乘员座位,如图 6-42 所示。当前安全气囊膨胀时有很大的速度和力量,以免造成严重伤害或死亡。

a)

b)

图 6-42　前乘员座的使用

(5)车辆运行时要端坐并很好地靠在座位中,不允许小孩面向乘员的侧门跪在乘员座位上,如图 6-43 所示。否则侧面和窗帘式空气囊展开会造成严重损害。

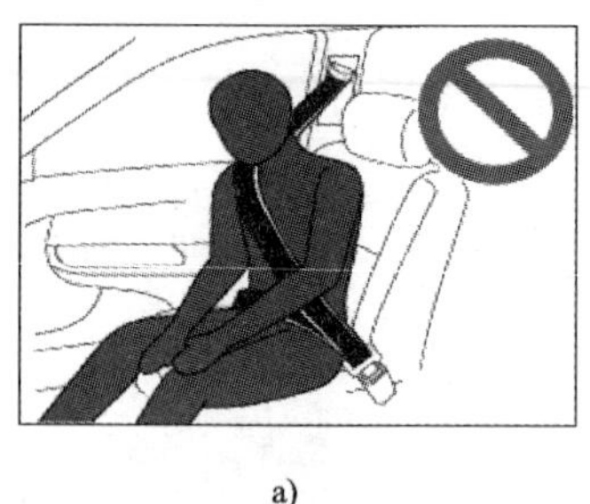
a)

b)

c)

图 6-43 前乘员不正确坐姿

(6)不得在车门上侧面安全气囊周围添设杯子架或物体,如图 6-44 所示。不得在帘布式安全气囊周围附上任何物品,如图 6-45 所示。否则将导致侧面、窗帘式安全气囊不正确地触发,或展开时物品抛出,导致严重受伤或死亡。

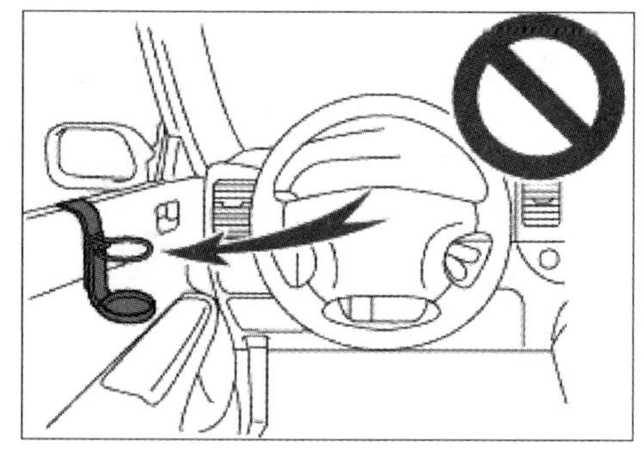

图 6-44 侧面安全气囊的使用

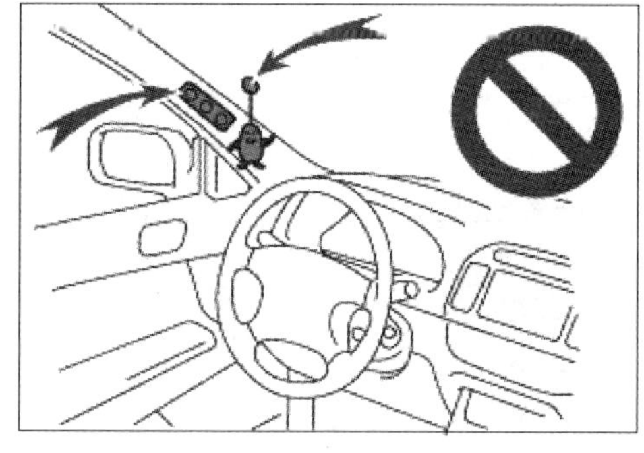

图 6-45 窗帘式安全气囊的使用

六、雪佛兰科鲁兹 1.6L/AT 2013 款轿车安全气囊系统结构特点

1 安全气囊系统组成和安装位置

科鲁兹 1.6L/AT 2013 款轿车安全气囊系统由安全气囊控制单元(SDM)、3 个碰撞传感器、6 个安全气囊和安全带预紧器组成,如图 6-46 所示。3 个碰撞传感器分别位于车辆前部的中央前碰撞传感器和 B 柱(左侧和右侧)内的两个侧面碰撞传感器。安全气囊包括主安全气囊(安装于驾驶员转向盘)、乘客侧安全气囊(安装于乘客侧仪表板)、帘式安全气囊(分别安装于驾驶员侧和乘客侧车顶纵梁内,B 柱上方)、侧面安全气囊(分别安装于驾驶员座椅左侧和前乘客侧座椅右侧)。

2 安全气囊系统工作原理

图 6-47 所示为安全气囊工作原理图,如果发生碰撞,则安全气囊控制单元(SDM)将来自内部和外部碰撞传感器的信号与存储器中的存储值进行比较。当产生的信号超过存储值时,SDM 就接通相应的展开电路,从而展开相应的安全气囊和安全带张紧器。SDM 记录安全气囊展开时的安全气囊系统状态,并点亮位于组合仪表上的“AIR BAG(安全气囊)”指示灯。

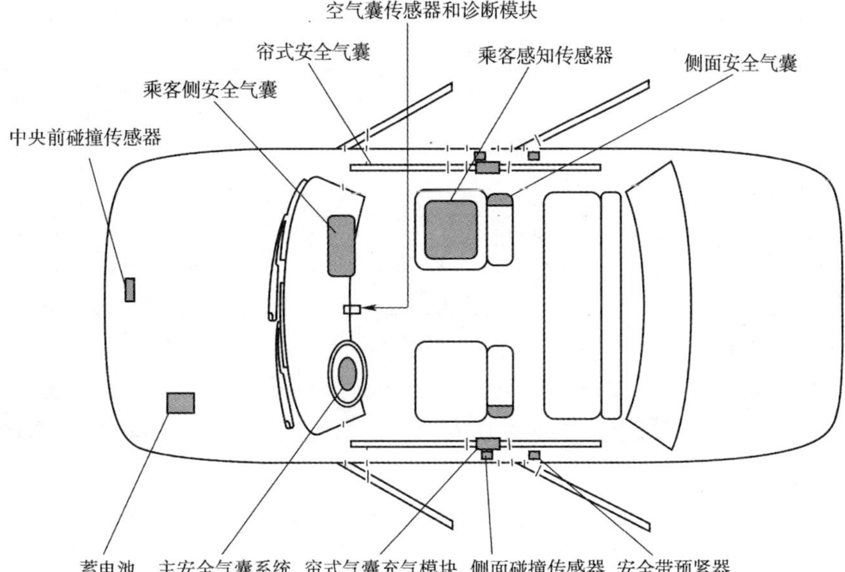

图 6-46　科鲁兹轿车安全气囊系统组成

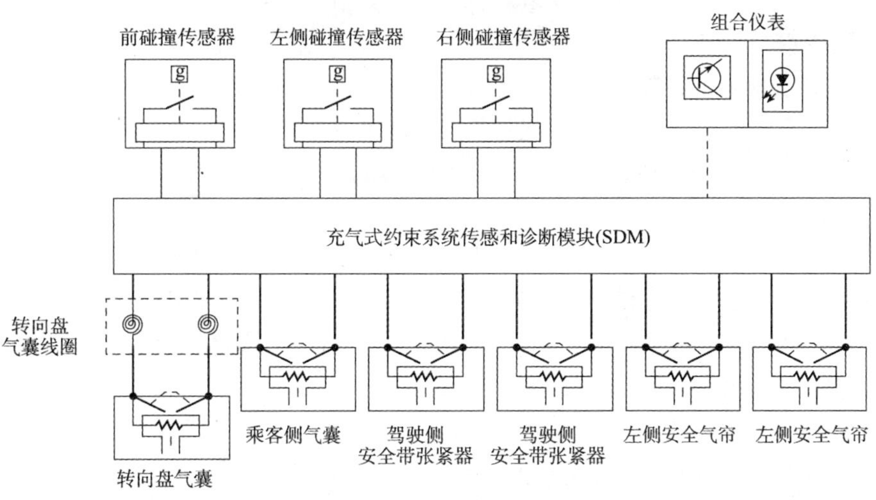

图 6-47　科鲁兹轿车安全气囊系统工作原理图

将点火开关置于 ON(打开)位置时,安全气囊控制单元(SDM)会对系统的电气部件和电路进行连续诊断监测。SDM 检测到故障时,就会存储一个故障码,并请求组合仪表点亮“AIR BAG(安全气囊)”指示灯,以通知驾驶员有故障存在。如果在碰撞过程中失去了电源,SDM 将通过后备电源继续工作,以使安全气囊能够展开。在进行维修工作时,应先将后备电源放电。

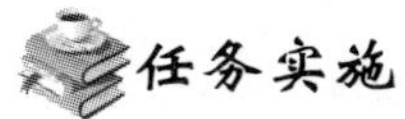

任务实施

安全气囊故障指示灯突然亮起故障诊断与排除

一、作业准备

作业准备见表 6-15。

作 业 准 备　　表6-15

序号	项　目	作业记录
1	汽车停放状况	
2	座椅套、转向盘套、换挡手柄套、脚垫、翼子板护围安装状况	
3	万用表、常用拆卸工具	
4	安全气囊组件、安全气囊传感器、安全气囊控制单元、线束若干	
5	纸质或电子版维护手册	

提示:在车辆进行维修和操作之前,要遵守诊断注意事项

在维修、检测安全气囊系统时,要严格按正确顺序进行操作,否则,会使安全气囊系统在检修过程中意外展开而造成严重事故,或致使安全气囊系统不能正常运作。因此,在排除故障之前,一定要注意以下几点:

(1)由于安全气囊系统的故障症状难以确诊,故障排除时最重要的信息来源就是故障码。因此在进行安全气囊系统故障排除时,务必要检查故障码。

(2)检修工作必须在将点火开关转到LOCK位置并拆下蓄电池搭铁线2min以上才能开始。这是因为安全气囊系统配有备用电源,如果检修工作在拆下蓄电池搭铁线后2min之内进行,就有可能使安全气囊打开。

(3)即使只发生轻微碰撞而安全气囊未打开,也要对安全气囊传感器和安全气囊组件进行检查。如需更换,务必使用新零件,绝对不可使用其他车辆上的安全气囊组件。

(4)某些安全气囊传感器总成含有汞。更换之后,不要将换下的旧零件随意毁掉,应作为有害废弃物处置。

(5)在检修过程中,如有可能对气囊传感器产生冲击,在修理之前应将气囊传感器拆下。不要试图拆卸和修理安全气囊传感器或气囊组件以供重新使用。如果安全气囊传感器或气囊组件跌落过,壳体、托架、插接器上有裂纹、凹陷或其他缺陷,应更换新件。不要将安全气囊传感器或气囊组件直接暴露在热空气和火焰面前。

(6)对电路进行检查时,要使用高阻抗(至少10kΩ/V)万用表进行诊断。

(7)手持安全气囊时,不要将安全气囊组件指向身体;放置于工作台或其他表面时,要将装饰面朝上;安全气囊内表面可能残留有氢氧化钠,展开安全气囊时,需戴手套和安全眼镜,若接触到皮肤可用冷水冲洗。

(8)传感器安装方向是安全气囊系统发挥正常功能的关键,应将其恢复到原来位置。配线作业要十分小心,在作业前必须使安全气囊组件安全拆除。

(9)检修完成后,不要急于将安全气囊组件接入电路,应先进行电气检查,确认无误时,再将安全气囊组件接入。

(10)在安全气囊系统零部件的外表面上有说明标牌,必须遵照注意事项。

二、故障现象确认

(1)安全气囊系统警告灯点亮情况。　□ 正常 □ 不正常

(2)安全气囊系统警告灯熄灭情况。　□ 正常 □ 不正常

三、故障码检查

连接专用故障诊断仪，读取故障码（有内容时填写检查代码，如果没有时填写“无”）。

____。

四、确定故障范围

根据上述检查进行判断，并填写可能故障范围（表6-16）。

可能故障范围　　表6-16

电源及熔断丝线路	□ 是	□ 否
主安全气囊及相连线路	□ 是	□ 否
乘客侧安全气囊及相连线路	□ 是	□ 否
帘式安全气囊（左）及相连线路	□ 是	□ 否
帘式安全气囊（右）及相连线路	□ 是	□ 否
侧面安全气囊（左）及相连线路	□ 是	□ 否
侧面安全气囊（右）及相连线路	□ 是	□ 否
前碰撞传感器及相连线路	□ 是	□ 否
侧面碰撞传感器（左）及相连线路	□ 是	□ 否
侧面碰撞传感器（右）及相连线路	□ 是	□ 否
安全带预紧器（左）及相连线路	□ 是	□ 否
安全带预紧器（右）及相连线路	□ 是	□ 否
安全气囊控制单元	□ 是	□ 否
安全气囊指示灯及相连线路	□ 是	□ 否

五、基本检查（在不作部件拆装的情况所做的外观检查）

（1）线路/插接器外观及连接情况。　□ 正常 □ 不正常

（2）零件安装等。　□ 正常 □ 不正常

六、部件及电路测试

1. 对被怀疑的部件进行测试

对被怀疑的部件进行测试见表6-17。

部件测试结果　　表6-17

部　　件	检查或测试后的判断结果	
	□ 正常	□ 不正常
	□ 正常	□ 不正常
	□ 正常	□ 不正常
	□ 正常	□ 不正常

2. 转向盘气囊线圈检测

将转向盘沿一个方向转动360°，然后再沿另一个方向转回360°，观察故障诊断仪“Deployment Loop Resistance（展开回路电阻）”参数；移动X85转向盘安全气囊线圈、F107转向盘安全气囊、K36充气式约束系统传感器和诊断模块各元件所有插接器附近的线束，观察故障诊断仪“Deployment Loop Resistance（展开回路电阻）”参数。参数应持续保持在2.1～4.0Ω之间，且没有峰值或跌落。如果有峰值或跌落，则更换X85驾驶员转向盘安全气囊线圈。

3. 碰撞传感器及相连线路检测

以前碰撞传感器为例,其他两个传感器检测方法相同。将点火开关置于 OFF(关闭)位置,断开 B59 前碰撞传感器插接器和 K36 充气式约束系统传感器和诊断模块的线束 X2 插接器,检测两元件之间线路导通情况,见表 6-18。插接器如图 6-48、图 6-49 所示。

检测前碰撞传感器相连线路 表 6-18

检 测 对 象	检 测 条 件	规 定 状 态
B59 端子 1—K36 线束 X2 端子 23	—	电阻小于 2Ω
B59 端子 2—K36 线束 X2 端子 24	—	电阻小于 2Ω

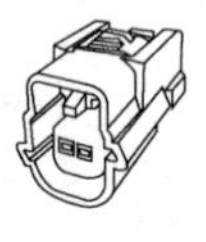

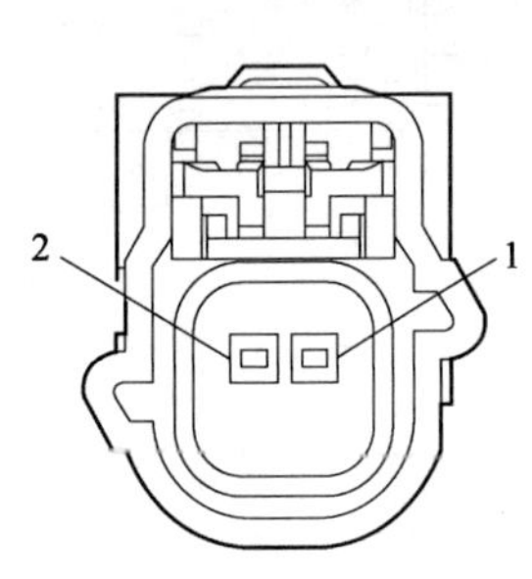

图 6-48 前碰撞传感器插接器

图 6-49 K36 线束 X2 插接器

如果以上线路检测均正常,则更换前碰撞传感器。

七、故障部位确认

根据上述的所有检测结果,确认故障部位(表 6-19)。

确 认 故 障 部 位 表 6-19

□ 元件损坏	请写明元件名称:
□ 线路故障	请写明线路区间:
□ 其他	

八、故障点的排除处理

□ 更换	□ 维修	□ 调整

1. 安全气囊组件更换

(1)驾驶员侧气囊组件的拆卸。

①断开蓄电池的负极电缆,并等待 3min 以上。

②拆卸转向柱上装饰盖。

③将适当的工具插入转向盘两侧开口中,如图 6-50 所示。

④按箭头方向松开弹簧。

⑤断开电气插接器,如图 6-51 所示。

(2)驾驶员侧气囊组件的安装。

①连接电气插接器。

②将转向盘模块紧固件对准转向柱紧固件孔。

③安装转向柱上装饰盖。

④启用辅助充气式约束系统。

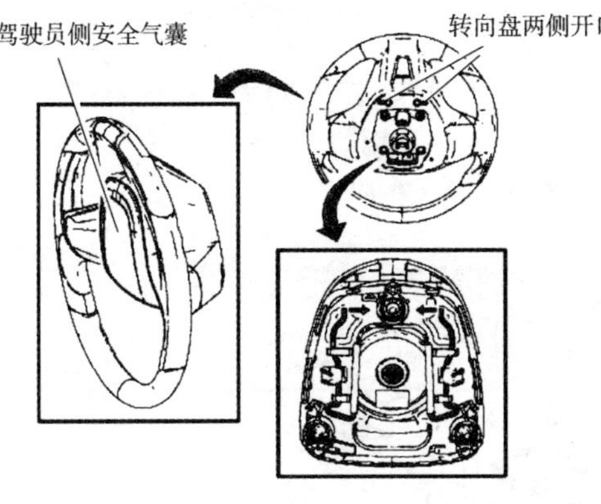

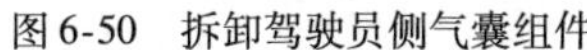
图 6-50 拆卸驾驶员侧气囊组件

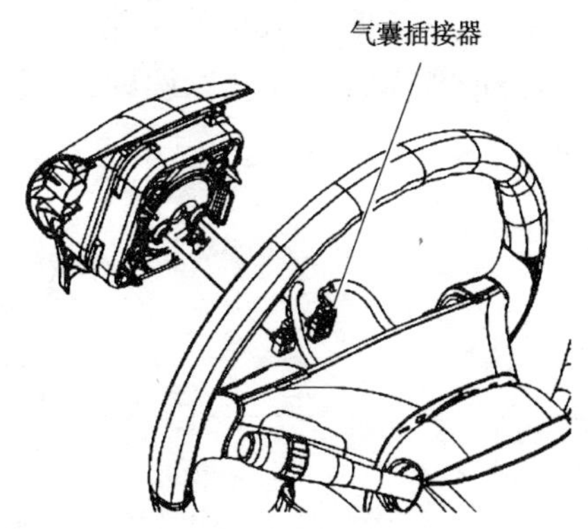

图 6-51 拆卸气囊连接线

2. 螺旋导线线盘更换

(1)转向盘气囊线圈的拆卸(拆卸主气囊后),如图 6-52 所示。

①使车辆车轮处于直线行驶状态。

②拆卸转向盘紧固螺栓,用专用工具拆卸转向盘气囊线圈,如图 6-53 所示。

③拆卸连接线束。

④拆卸转向盘气囊线圈紧固螺栓,取下转向盘气囊线圈。

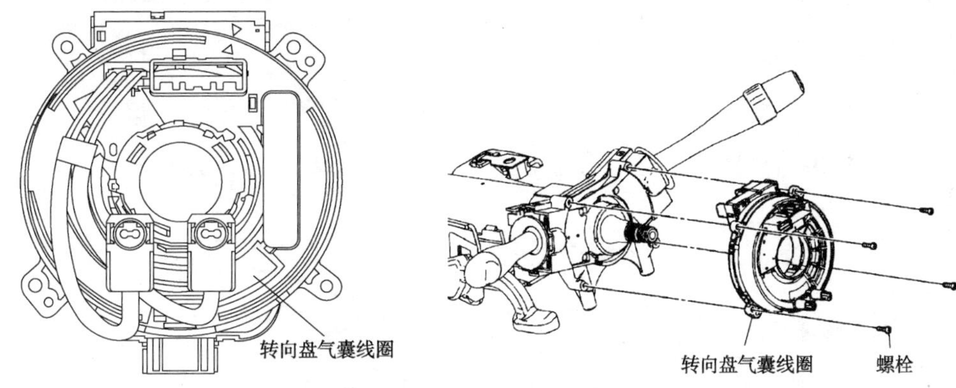

图 6-52 转向盘气囊线圈　　图 6-53 拆卸转向盘气囊线圈

(2)转向盘气囊线圈的安装。

①使车辆前轮处在直线行驶的位置。

②小心地将转向盘气囊线圈安装到转向柱轴上,连接插接器。

③顺时针旋转线圈的凸轮,直到线圈带停止。切勿过度用力。

④逆时针旋转线圈的凸角约 3 周至中间位置。安装转向柱护盖。

⑤正确对准线圈,直到对中窗口露出黄色。

⑥安装转向盘,紧固转向盘紧固螺栓。

3. SRS 控制单元的更换

(1)拆卸 SRS 控制单元。

①拆下蓄电池负极电缆,并等候 2min 以上。

②拆下仪表板下装饰板。

③SRS 装置上断开 SRS 主线束。

④从 SRS 装置上拆下 3 个螺母,然后拆卸 SRS 控制单元,图 6-54 所示。

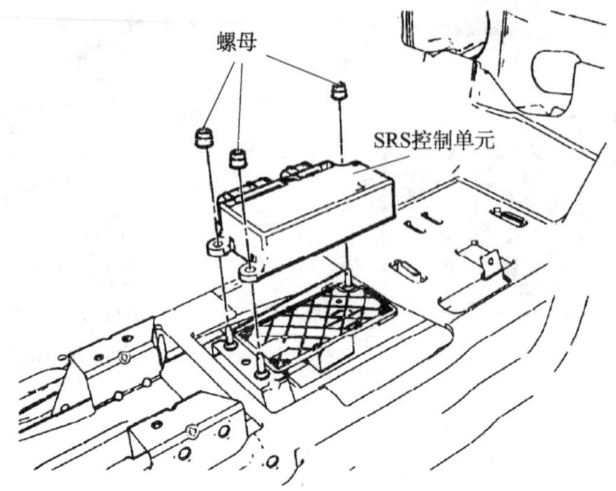

图 6-54　拆卸 SRS 控制单元

(2)安装 SRS 控制单元。

按拆卸时的相反顺序安装 SRS 装置。

4. 前碰撞传感器的更换

(1)拆卸前碰撞传感器。

①断开蓄电池负极 2min。

②断开电气插接器。

③松开螺栓,并将传感器从键槽内滑出。(注:螺栓与传感器总成是一体的,切勿单独拆卸)。如图 6-55 所示。

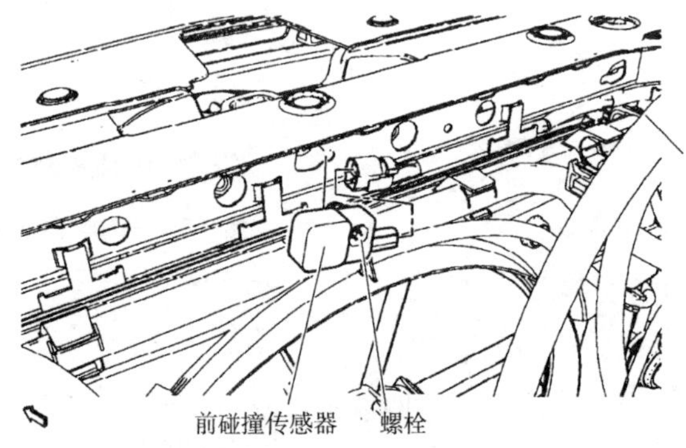

图 6-55　拆卸前碰撞传感器

(2)安装前碰撞传感器。

按拆卸时的相反顺序安装,传感器螺栓拧紧力矩为 7.5N·m。

九、维修结果确认(表中项目检查有内容时填写检查结果,如果没有时填写“无”。)

(1)维修后故障码读取,并填写读取结果。

____。

(2)维修后的功能确认并填写结果。

____。

十、现场恢复

清洁工具、设备并归位,拆除防护装置,清洁车辆,将车辆驶出工位。

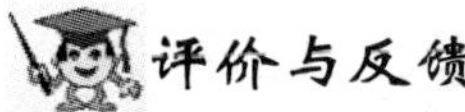

对本任务进行评价,见表6-20。

评　分　表　　　　　　表6-20

考核项目	评分标准	分值	学生自评	小组互评	教师评价	小计
资料检索	熟练地查阅维修资料,能否找到诊断策略	15				
任务方案	是否根据手册提供的诊断策略进行维修	10				
操作过程	工艺步骤是否合理,方法是否正确	30				
设备、工具操作	是否正确	20				
安全生产	是否符合安全操作规程	5				
5S规范	场地是否整洁,物品摆放是否有序	5				
记录表填写	是否按要求填写,记录值是否准确	15				
总　分		100				

注意:违反操作规程,出现人身伤害或设备严重事故,本任务考核0分。

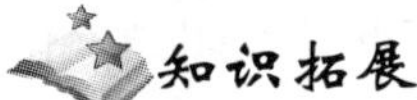

处置废弃的安全气囊或安全带预张紧器

(1)拆下安全气囊或安全带预张紧器。

(2)将拆下的安全气囊或安全带预张紧器固定在安全气囊展开夹具(图6-56)上。

(3)连接安全气囊展开专用线束,如图6-57所示。

(4)给安全气囊或安全带预张紧器通电,以引爆该装置。

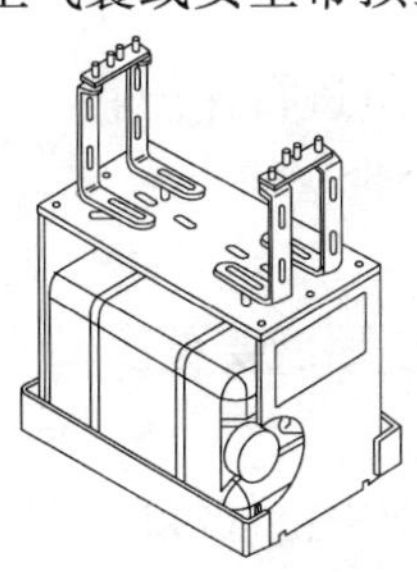

图6-56　气囊展开夹具

图6-57　安全气囊展开线束

注意:

(1)当使用SRS安全气囊或安全带预张紧器时,务必使用规定的SRS安全气囊展开工具。

(2)在展开SRS安全气囊或安全带预张紧器的时候,至少离安全气囊装置或安全带预张紧器10m进行操作。

(3)安全气囊或安全带预张紧器被展开时非常热,因此展开后要至少放置30min。

(4)在处理带有展开后的安全气囊或安全带预张紧器时,要使用手套和防护镜。

思考与练习

一、选择题

1. 中控门锁系统中的门锁控制开关用于控制所有门锁,安装在(　　)。

A. 驾驶员侧门的内侧扶手上　　B. 每个门上　　C. 门锁总成中

2. 门锁位置开关位于(　)。

A. 驾驶员侧门的内侧扶手上　　B. 每个门上　　C. 门锁总成中

3. 门锁控制开关的作用是(　　)。

A. 在任意车门内侧实现开门和锁门动作

B. 在驾驶员侧车门内侧实现驾驶员侧车门的开门和锁门动作

C. 在驾驶员侧车门内侧实现开门和锁门动作

4. 在防盗系统中,一般情况下装在机械点火开关外面的是(　　)。

A. 脉冲转发器　　B. 识读线圈　　C. 防盗控制模块

5. 安全气囊系统中大多数气体发生器产生的气体是(　　)。

A. CO_2　　B. N_2　　C. 氩气　　D. O_2

6. 安全气囊前碰撞传感器的有效作用范围是汽车正前方(　　)。

A. ±30°　　B. ±40°　　C. ±45°　　D. ±50°

二、判断题

1. 无线遥控门锁系统是在距离车辆一定距离内,都可以对汽车门锁进行开锁和闭锁操作的系统。(　　)

2. 钥匙操纵开关装在每个车门上。(　　)

3. 当防盗系统被设置后,指示灯闪烁表明系统已被解除。(　　)

4. 钥匙ID代码与车内储存的代码相同,发动机才能起动。(　　)

5. 防盗系统通过禁止起动机转动来阻止发动机起动。(　　)

6. 更换防盗控制单元时不需要进行匹配。(　　)

7. SRS安全气囊是主动安全装置,用来在车辆碰撞中对乘员进行保护。(　　)

8. 当带有SRS安全气囊系统行车时,驾驶员不必扣紧安全带。(　　)

9. 前安全气囊对所有方向的撞击均能保护乘员。(　　)

10. 前安全气囊设计成只能触发一次,与此相关的部分在使用后要更换。(　　)

11. 必须在螺旋电缆被装在中间位置后,方可安装转向盘。(　　)

12. 只有当前安全气囊和安全带预张紧器已经触发过时,中央空气囊传感器装置才必须更换,而其他安全气囊使用过后,不必更换。(　　)

三. 简答题

1. 简述汽车中控门锁的功能和工作原理。

2. 简述科鲁兹轿车安全气囊的基本组成和工作过程。

3. 如何处置安全气囊?

项目七　汽车辅助电气系统的检修

任务一　电动后视镜系统的检修

学习目标

1. 简单描述电动后视镜的基本组成及工作原理；
2. 正确描述科鲁兹轿车电动后视镜系统电路结构特点；
3. 能熟练地查阅维修资料，确定电动后视镜系统故障范围；
4. 按照维修手册提供的维修策略，正确使用诊断仪或万用表等进行故障诊断，确定电动后视镜系统故障部位；
5. 根据维修手册在规定时间内，安全规范地进行电动后视镜开关和电动后视镜电动机的更换；
6. 维修过程中自觉保持场地整洁，物品摆放有序。

任务导入

客户在使用雪佛兰科鲁兹 1.6L/AT 2013 款轿车过程中，操作电动后视镜开关，发现无法调节。客户现将车开到雪佛兰服务站，服务顾问接车后开出工单，请你们小组排除此故障。

知识准备

一、电动后视镜系统的组成及工作原理

汽车电动后视镜俗称倒车镜，主要是方便驾驶员观察车辆两侧的行人、车辆以及其他障碍物的情况，确保行车或倒车安全。电动后视镜一般由镜片、永磁式电动机、控制电路及控制开关等组成。图 7-1 中后视镜包含两个电动机，由电动后视镜开关进行控制，可以实现水平方向和垂直方向的调节。

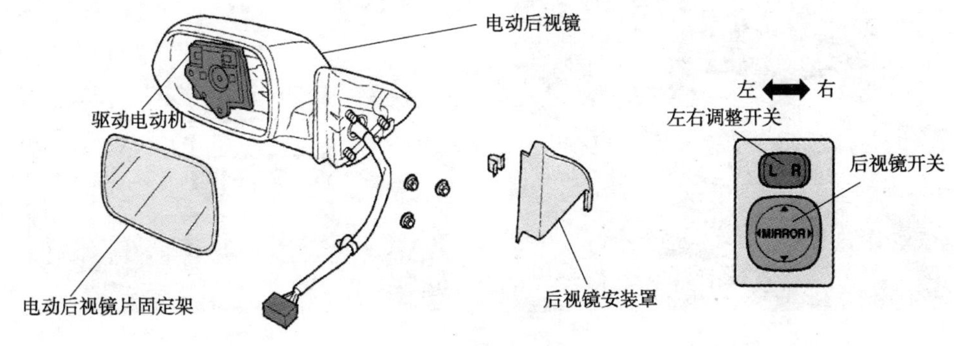

图 7-1　电动后视镜组成

电动后视镜工作原理如图 7-2 所示,当驾驶员选择左侧后视镜向上调节时,此时电流的通路为:电源(+)→点火开关→熔断器→后视镜开关接线柱 B→后视镜开关接线柱 H_1→电动机 M_1→后视镜开关接线柱 C→后视镜开关接线柱 E(搭铁)→电源(—)。电动机 M_1 通电产生转矩,带动左侧后视镜向上倾斜。

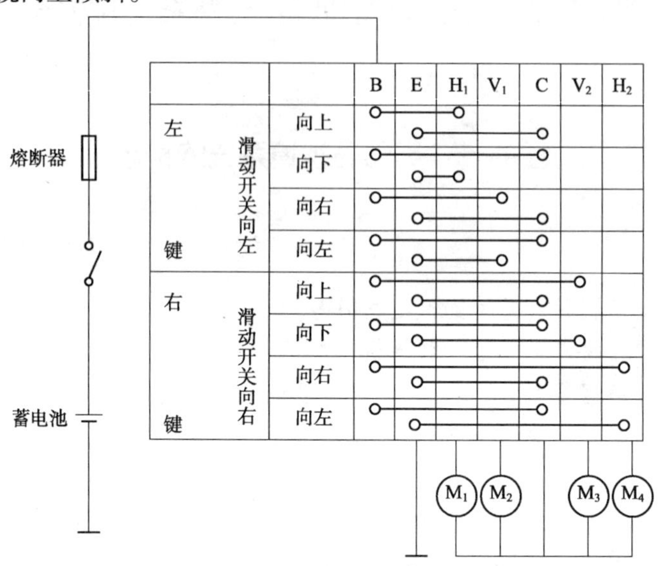

图 7-2 电动后视镜控制电路原理图

当驾驶员选择左侧后视镜向下调节时,电流的通路为:电源(+)→点火开关→熔断器→后视镜开关接线柱 B→后视镜开关接线柱 C→电动机 M_1→后视镜开关接线柱 H_1→后视镜开关接线柱 E(搭铁)→电源(—)。电动机 M_1 通电电流方向相反,反转带动左侧后视镜向下倾斜。

二、雪佛兰科鲁兹 1.6L/AT 2013 款轿车电动后视镜系统结构特点

雪佛兰科鲁兹 1.6L/AT 2013 款轿车电动后视镜系统除具有水平和垂直方向的调节功能外,还具备除雾功能(加热功能)。其电动后视镜系统的组成包括镜片、永磁式电动机、加热器、控制电路及控制开关等,其中后视镜开关安装于驾驶员侧车窗开关总成上,加热功能开关安装于空调控制面板上,如图 7-3、图 7-4 所示。

图 7-3 后视镜开关

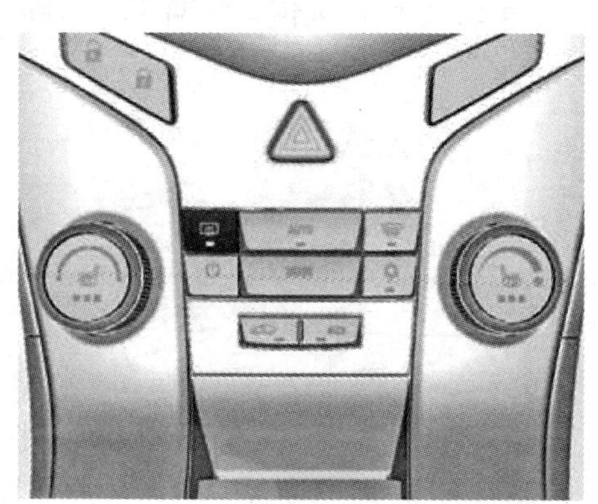

图 7-4 加热功能开关

电动后视镜开关(图7-5)包括选择开关(L、O、R3个位置)和移动方向开关(上、下、左、右4个位置)。

雪佛兰科鲁兹1.6L/AT 2013款轿车电动后视镜工作原理如图7-6所示。驾驶员调节左侧后视镜向左倾斜,首先旋动选择开关置于L挡,接着选定移动方向开关向左,接通左侧电动后视镜水平方向电动机电路,电动机运转。当驾驶员调节左侧后视镜向右倾斜时,电动机反方向转动。当后视镜加热开关开启时,左侧和右侧后视镜加热器元件控制电路接通,两侧后视镜加热。

图7-5　科鲁兹轿车后视镜开关

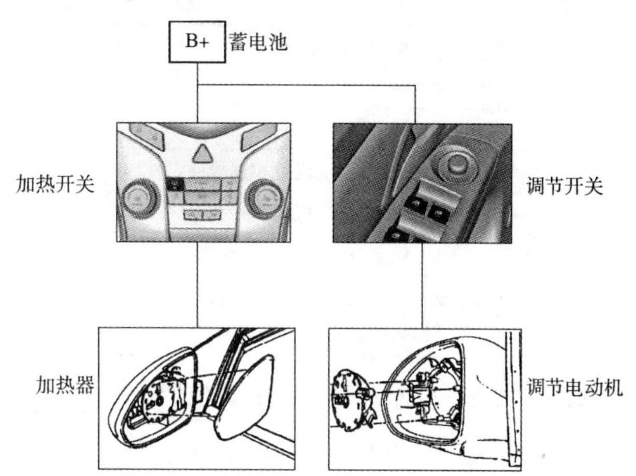

图7-6　科鲁兹轿车电动后视镜工作原理图

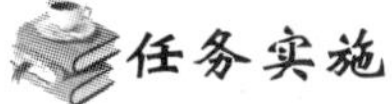

任务实施

电动后视镜不工作故障诊断与排除

一、作业准备

作业准备见表7-1。

作　业　准　备　　表7-1

序号	项　　目	作业记录
1	汽车停放和三角块放置状况	
2	座椅套、转向盘套、换挡手柄套、脚垫、翼子板护围安装状况	
3	万用表、专用解码器、常用拆卸工具	
4	外部后视镜开关、外部后视镜电动机、线束若干	
5	纸质或电子版维护手册	
6	蓄电池电压情况	

二、故障现象确认

(1)驾驶员侧后视镜上下调节。　□正常 □不正常

(2)驾驶员侧后视镜左右调节。　□正常 □不正常

(3)前乘员侧后视镜上下调节。　□正常 □不正常

(4)前乘员侧后视镜左右调节。　□正常 □不正常

三、故障码检查

连接专用故障诊断仪,读取故障码(有内容时填写检查代码,如果没有时填写“无”)。

____。

四、确定故障范围

根据上述检查进行判断,并填写可能故障范围(表7-2)。

可能故障范围　　表7-2

电源及熔断丝线路	□ 是	□ 否
后视镜加热开关及相连线路	□ 是	□ 否
后视镜调节开关及相连线路	□ 是	□ 否
驾驶员侧后视镜水平调节电动机及相连线路	□ 是	□ 否
驾驶员侧后视镜垂直调节电动机及相连线路	□ 是	□ 否
乘员侧后视镜水平调节电动机及相连线路	□ 是	□ 否
乘员侧后视镜垂直调节电动机及相连线路	□ 是	□ 否
搭铁线路	□ 是	□ 否

五、基本检查(在不作部件拆装的情况所做的外观检查)

(1)线路/插接器外观及连接情况。　　□ 正常 □ 不正常

(2)零件安装等。　　□ 正常 □ 不正常

六、部件及电路测试

1. 对被怀疑的部件进行测试

对被怀疑的部件进行测试见表7-3。

部件测试结果　　表7-3

部　　件	检查或测试后的判断结果	
□ 正常	□ 正常	□ 不正常
	□ 正常	□ 不正常
	□ 正常	□ 不正常
	□ 正常	□ 不正常

2. 后视镜开关S52及相连线路检测

将点火开关置于OFF(关闭)位置,断开S52后视镜开关插接器,检测后视镜开关,见表7-4。后视镜开关插接器如图7-7所示。如果不符合要求,则更换后视镜开关。如果符合要求,则进行相连线路检测。

检测后视镜开关　　表7-4

检测对象	开关状态	规定状态
4—2、1—5	驾驶员侧后视镜向上倾斜挡	电阻小于2Ω
4—1、2—5	驾驶员侧后视镜向下倾斜挡	电阻小于2Ω
4—2、3—5	驾驶员侧后视镜向左倾斜挡	电阻小于2Ω
4—3、2—5	驾驶员侧后视镜向右倾斜挡	电阻小于2Ω
4—8、7—5	前乘员侧后视镜向上倾斜挡	电阻小于2Ω

续上表

检测对象	开关状态	规定状态
4—7、8—5	前乘员侧后视镜向下倾斜挡	电阻小于2Ω
4—8、9—5	前乘员侧后视镜向左倾斜挡	电阻小于2Ω
4—9、8—5	前乘员侧后视镜向右倾斜挡	电阻小于2Ω

用万用表逐段检测后视镜开关相连线路，找出短路或断路故障的部位。

3. 后视镜调节电动机及相连线路检测

以驾驶员侧后视镜为例进行介绍，前乘员侧后视镜检测方法相同。将点火开关置于OFF(关闭)位置，断开A9A驾驶员侧后视镜电动机插接器，检测电动机见表7-5。后视镜电动机插接器如图7-8所示。如果不符合要求，则更换后视镜电动机。如果符合要求，则进行相插线路检测。

驾驶员侧后视镜电动机检测　　表7-5

检测端子	检测条件	规定状态
A—B	加载蓄电池电压	正常工作
	反向加载蓄电池电压	正常工作
A－C	加载蓄电池电压	正常工作
	反向加载蓄电池电压	正常工作

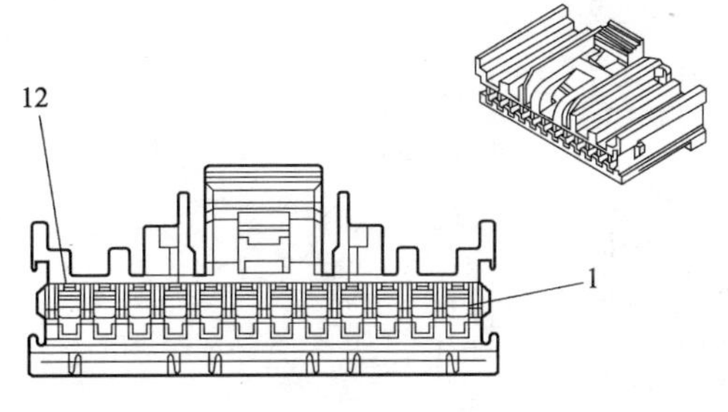

图7-7　后视镜开关插接器

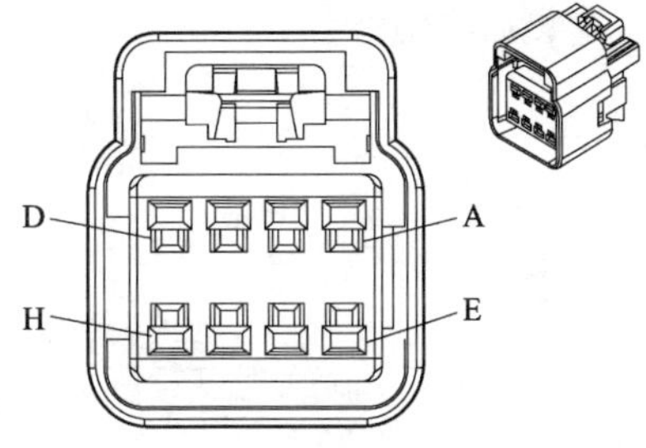

图7-8　驾驶员侧后视镜电动机插接器

用万用表逐段检查驾驶员侧后视镜电动机相连线路，找出短路或断路故障的部位。

七、故障部位确认

根据上述的所有检测结果，确认故障部位(表7-6)。

确认故障部位　　表7-6

□ 元件损坏	请写明元件名称：
□ 线路故障	请写明线路区间：
□ 其他	

八、故障点的排除处理

□ 更换	□ 维修	□ 调整

1. 后视镜开关更换

(1)拆下前侧门车窗开关嵌框。

(2)使用塑料撬具,轻轻从侧边撬开,以释放后视镜开关,如图 7-9 所示。

(3)更换新的后视镜开关。

(4)安装前侧门车窗开关嵌框。

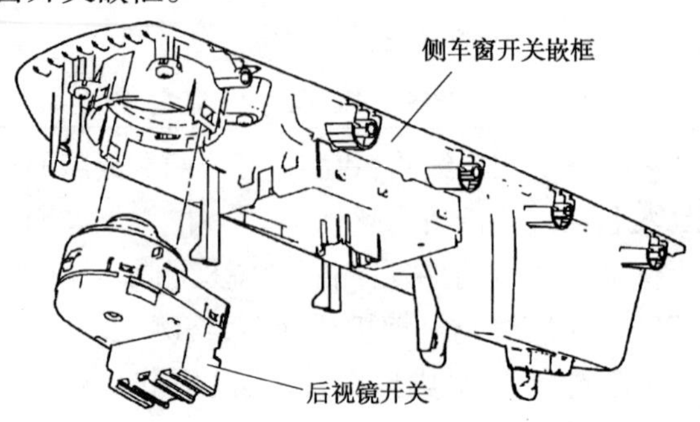

图 7-9　后视镜开关更换

2. 后视镜电动机更换

(1)向外拉后视镜玻璃衬板,将其从后视镜壳体上松开。

(2)断开电气插接器。

(3)取下后视镜电动机上螺栓,如图 7-10 所示。

(4)更换新的后视镜电动机。

(5)连接电气插接器。

(6)安装后视镜镜片。

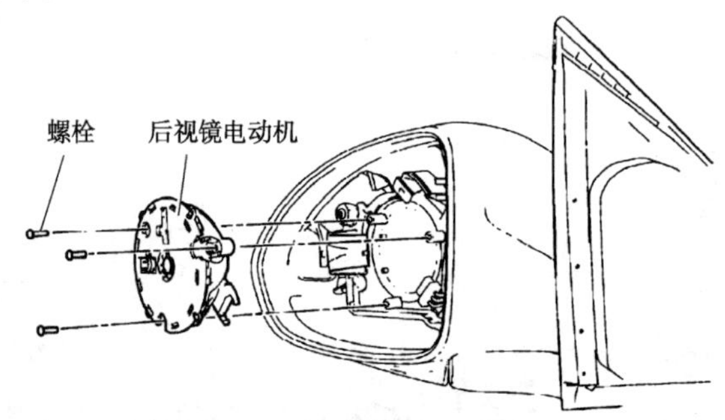

图 7-10　后视镜电动机更换

九、维修结果确认(表中项目检查有内容时填写检查结果,如果没有时填写“无”。)

(1)维修后故障码读取,并填写读取结果。

____。

(2)维修后的功能确认并填写结果。

____。

十、现场恢复

清洁工具设备并归位,拆除防护装置,清洁车辆,将车辆驶出举升机工位。

评价与反馈

对本任务进行评价,见表 7-7。

评　分　表　　　　表 7-7

考核项目	评分标准	分值	学生自评	小组互评	教师评价	小计
资料检索	熟练地查阅维修资料,能否找到诊断策略	15				
任务方案	是否根据手册提供的诊断策略进行维修	10				
操作过程	工艺步骤是否合理,方法是否正确	30				
设备、工具操作	是否正确	20				
安全生产	是否符合安全操作规程	5				
5S 规范	场地是否整洁,物品摆放是否有序	5				
记录表填写	是否按要求填写,记录值是否准确	15				
总　分		100				

注意:违反操作规程,出现人身伤害或设备严重事故,本任务考核 0 分。

任务二　电动车窗系统的检修

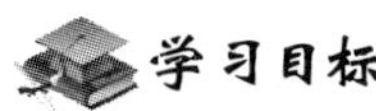

学习目标

1. 简单描述电动车窗系统的基本组成与工作原理;
2. 正确描述科鲁兹轿车的电动车窗系统电路结构特点;
3. 能熟练地查阅维修资料,确定电动车窗系统故障范围;
4. 按照维修手册提供的维修策略,正确使用诊断仪或万用表等进行故障诊断,确定电动车窗系统故障部位;
5. 根据维修手册在规定时间内,安全规范地进行电动车窗开关和车窗电动机的更换;
6. 维修过程中自觉保持场地整洁,物品摆放有序。

任务导入

客户在使用雪佛兰科鲁兹 1.6L/AT 2013 款轿车过程中,操作车窗控制总开关欲降下驾驶员侧车窗,发现车窗无动作。客户现将车开到雪佛兰服务站,服务顾问接车后开出工单,请你们小组排除此故障。

知识准备

一、电动车窗系统的组成

为了使驾驶员集中精力驾车,方便驾驶员及乘员操作,现代轿车多数采用了电动车窗。电动车窗主要由车窗玻璃、车窗玻璃升降器、电动机、电动车窗控制开关等组成,如图 7-11 所示。

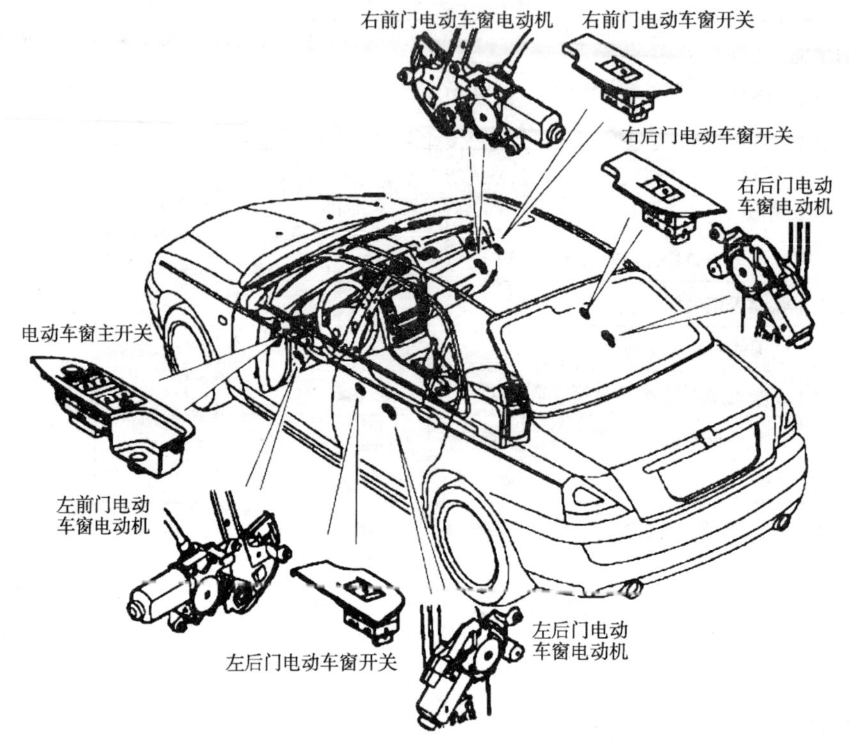

图 7-11　电动车窗组成

❶ 车窗电动机

每个电动车窗上均安装了一只车窗电动机,如图 7-12 所示,车窗电动机为双向电动机,即可正转又可反转,用以驱动车窗玻璃升降器。

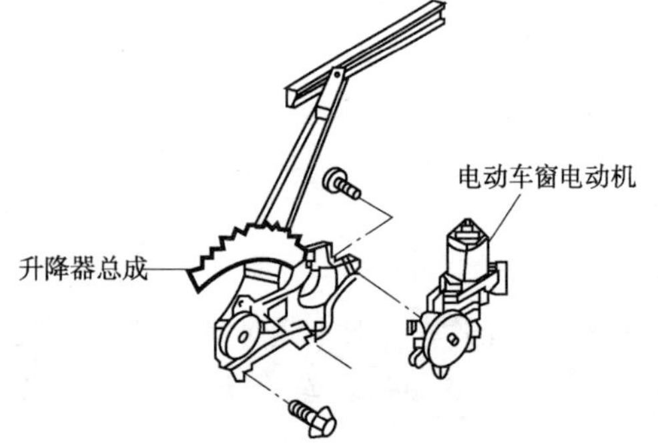

图 7-12　车窗电动机

❷ 车窗玻璃升降器

车窗玻璃升降器将电动机的旋转运动转换为直线运动,带动玻璃上升或下降。常见的车窗玻璃升降器有两种类型,一种是齿扇式玻璃升降器(图 7-13),另一种是齿条式玻璃升降器(图 7-14)。

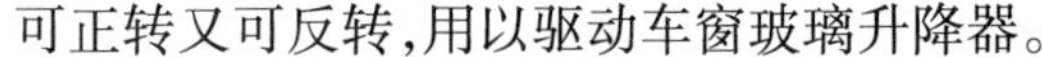

❸ 电动车窗控制开关

电动车窗控制开关包括驾驶员侧控制主开关和各个乘员侧分控开关。驾驶员侧控制主开关如图 7-15 所示,一般安装在左前车门把手上或变速杆附近,用于驾驶员对四个车窗的操纵;分控开关安装在每个车门的把手上,用于乘员对车窗的操作。

按下开关打开相应车窗,拉动开关关闭相应车窗。一般驾驶员侧控制主开关可以实现手动控制和自动控制两种功能。手动控制是指拉动或按下开关,车窗玻璃可以上升或下降,若中途松开开关,上升或下降动作即停止;自动控制是指拉动或按下开关,然后松开,车窗玻璃会自动升起或降下,若想让车窗停止移动,再次按照相同或相反方向操作开关,即可停止。

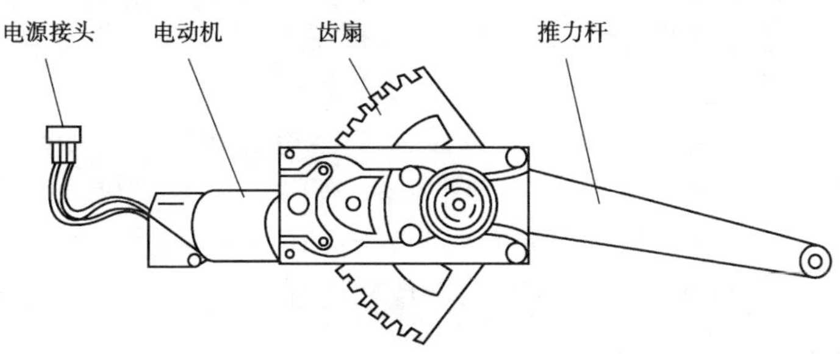

图 7-13 齿扇式玻璃升降器

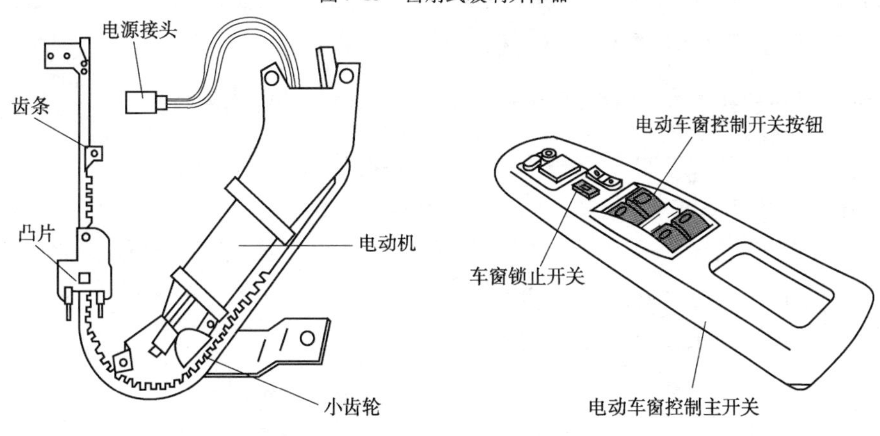

图 7-14 齿条式玻璃升降器

图 7-15 电动车窗控制主开关

二、电动车窗系统的工作原理

电动车窗工作原理如图 7-16 所示，电动车窗为双向电动机，通过开关控制通过电动机的电流方向，从而控制玻璃的升降。

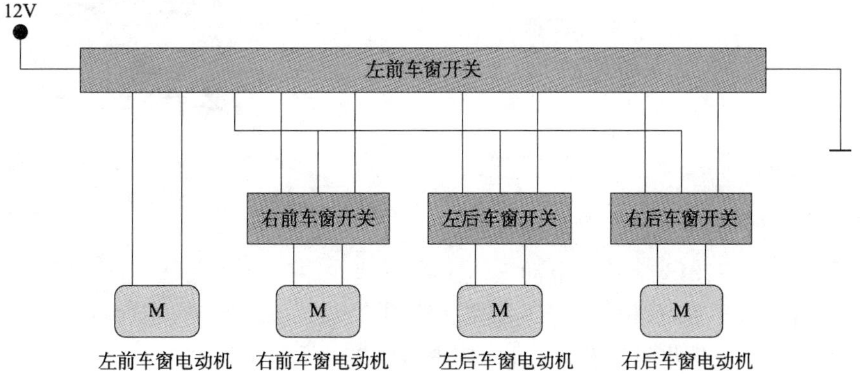

图 7-16 电动车窗工作原理图

下面以前乘员侧电动车窗为例，介绍电动车窗工作原理，如图 7-17 所示。

当驾驶员按下驾驶员侧控制主开关上的前乘员侧开关时，电流的通路为：蓄电池→点火开关→驾驶员侧控制主开关（下）→右前乘员侧分开关（下）→电动机端子 2→电动机端子 1→右前乘员侧分开关（上）→驾驶员侧控制主开关（上）→搭铁，电动机转动，车窗打开。当驾驶员拉起驾驶员侧控制主开关上的前乘员侧开关时，电流的通路为：蓄电池→点火开关→驾驶员侧控制主开关(上)→右前乘员侧分开关(上)→电动机端子1→电动机端子2→右前乘员侧分开关(下)→驾驶员侧控制主开关(下)→搭铁,电动机反转,车窗关闭。

当前乘员按下其分开关时,电流的通路为:蓄电池电压→锁止开关→右前乘员侧分开关(下)→电动机端子2→电动机端子1→右前乘员侧分开关(上)→驾驶员侧控制主开关(上)→搭铁,电动机转动,车窗打开。当前乘员拉动其分开关时,电流的通路为:蓄电池电压→锁止开关→右前乘员侧分开关(上)→电动机端子1→电动机端子2→右前乘员侧分开关(下)→驾驶员侧控制主开关(下)→搭铁,电动机反转,车窗关闭。

当驾驶员按下锁止开关时,前乘员侧电动机电路断路,前乘员不能通过分开关控制车窗升降,而驾驶员侧控制主开关仍能控制其车窗升降。

三、雪佛兰科鲁兹1.6L/AT 2013款轿车电动车窗系统结构特点

雪佛兰科鲁兹1.6L/AT 2013款轿车电动车窗系统由驾驶员侧车窗开关、前乘员侧车窗开关、左后车窗开关、右后车窗开关、各车门的车窗电动机、熔断丝、车身控制模块(BCM)等组成。车窗开关安装于各车门的门扶手上,各车门的车窗电动机安装于各车门装饰板后方,车门底部中央。

驾驶员侧车窗控制主开关如图7-18所示,为组合开关,包含驾驶员侧、前乘员侧、后排乘员侧车窗开关和车窗锁止开关。

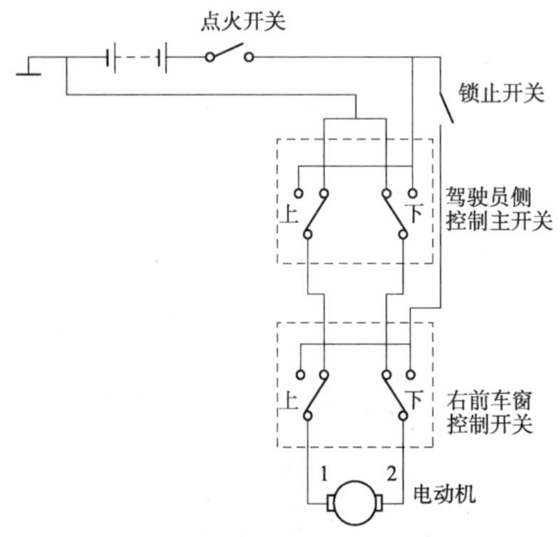

图7-17 前乘员侧电动车窗工作原理图

图7-18 驾驶员侧车窗控制主开关

科鲁兹1.6L/AT 2013款轿车电动车窗工作原理如图7-19所示。当按下驾驶员侧、乘员侧、右后和左后车窗开关时,相应车窗电动机控制电路接通,使得相应车窗打开;当拉动车窗开关时,相反方向的电压提供至车窗电动机,使得该车窗关闭。

各车窗开关通过串行数据电路与车身控制模块通信。当驾驶员使用驾驶员侧控制主开关打开或关闭前乘员侧、左后或右后乘员侧车窗时,驾驶员侧控制主开关将请求指令的串行数据信息发送至车身控制模块,随后车身控制模块向相应车窗开关发送串行数据信息,指令相应车窗按要求的方向移动。

当驾驶员按下车窗锁止开关时,向车身控制模块发送串行数据信息,该模块向后车窗开关发送停用指令,将开关停用,而驾驶员侧车窗开关仍能控制后车窗工作。

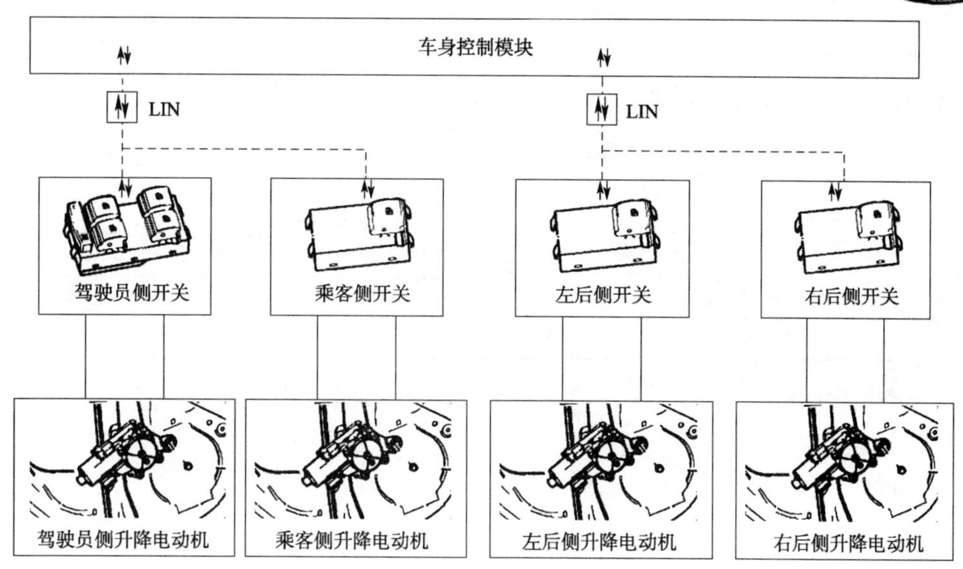

图 7-19　科鲁兹轿车电动车窗工作原理图

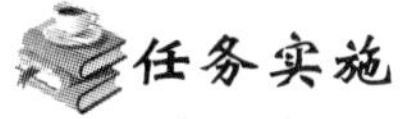

任务实施

驾驶员侧车窗无法升降故障诊断与排除

一、作业准备

作业准备见表 7-8。

作　业　准　备　　表 7-8

序号	项　　目	作业记录
1	汽车停放和三角块放置状况	
2	座椅套、转向盘套、换挡手柄套、脚垫、翼子板护围安装状况	
3	万用表、专用解码器、常用拆卸工具	
4	驾驶员侧电动车窗控制主开关、电动机、线束若干	
5	纸质或电子版维护手册	
6	蓄电池电压情况	

二、故障现象确认

使用驾驶员侧控制主开关升降驾驶员侧、前乘员侧、左后和右后乘员侧车窗，确认下列情况。

(1)驾驶员侧车窗升降情况。　□ 正常 □ 不正常

(2)前乘员侧车窗升降情况。　□ 正常 □ 不正常

(3)左后乘员侧车窗升降情况。　□ 正常 □ 不正常

(4)右后乘员侧车窗升降情况。　□ 正常 □ 不正常

(5)驾驶员侧控制主开关情况。　□ 正常 □ 不正常

三、故障码检查

连接专用故障诊断仪，读取故障码(有内容时填写检查代码，如果没有时填写“无”)。

____。

四、确定故障范围

根据上述检查进行判断,并填写可能故障范围(表7-9)。

可能故障范围 表7-9

电源及熔断丝线路	□是	□否
驾驶员侧控制主开关及相连线路	□是	□否
驾驶员侧车窗电动机及相连线路	□是	□否
车身控制模块	□是	□否
搭铁线路	□是	□否

五、基本检查(在不作部件拆装的情况所做的外观检查)

(1)线路/插接器外观及连接情况。 □正常 □不正常

(2)零件安装等。 □正常 □不正常

六、部件及电路测试

1. 对被怀疑的部件进行测试

对被怀疑的部件进行测试见表7-10。

部件测试结果 表7-10

部　件	检查或测试后的判断结果	
	□正常	□不正常
	□正常	□不正常
	□正常	□不正常
	□正常	□不正常

2. 驾驶员侧车窗控制主开关及相连线路检测

将点火开关置于ON(打开)位置,按下和拉起驾驶员侧车窗控制主开关上的驾驶员侧、前乘员侧、左后和右后车窗开关时,确认故障诊断仪参数变化与表7-11相同。

驾驶员侧车窗控制主开关参数对照表 表7-11

操作开关	参　数	规定状态
驾驶员侧车窗控制主开关上驾驶员侧开关	Driver Window Main Control Down Switch (驾驶员侧车窗主控制下降开关)	未激活和激活
	Driver Window Main Control Express Switch (驾驶员侧车窗主控制快速开关)	未激活和激活
	Driver Window Main Control Up Switch (驾驶员侧车窗主控制上升开关)	未激活和激活
驾驶员侧车窗控制主开关上前乘员侧开关	Front Passenger Window Main Control Down Switch (前乘员车窗主控制下降开关)	未激活和激活
	Front Passenger Window Main Control Express Switch (前乘员车窗主控制快速开关)	未激活和激活
	Front Passenger Window Main Control Up Switch (前乘员车窗主控制上升井关)	未激活和激活

续上表

操作开关	参　数	规定状态
驾驶员侧车窗控制主开关上左后乘员侧开关	Left Rear Window Main Control Down Switch（左后车窗主控制下降开关）	未激活和激活
	Left Rear Window Main Control Express Switch（左后车窗主控制快速开关）	未激活和激活
	Left Rear Window Main Control Up Switch（左后车窗主控制上升开关）	未激活和激活
驾驶员侧车窗控制主开关上右后乘员侧开关	Right Rear Window Main Control Down Switch（右后车窗主控制下降开关）	未激活和激活
	Right Rear Window Main Control Express Switch（右后车窗主控制快速开关）	未激活和激活
	Right Rear Window Main Control Up Switch（右后车窗主控制上升开关）	未激活和激活

如果参数不在规定值之间切换，则进行驾驶员侧车窗控制主开关及相连线路检测。用万用表逐段检查驾驶员侧车窗控制主开关相连线路，找出短路或断路故障的部位。若线路检测正常，则更换驾驶员侧车窗控制主开关。

3. 驾驶员侧车窗电动机及相连线路检测

将点火开关置于ON(打开)位置，使用故障诊断仪指令“驾驶员侧车窗电动机”上升和下降，确认驾驶员侧车窗电动机正常工作。如果没有按指令向上和向下移动，则进行驾驶员侧车窗电动机及相连线路检测。

将点火开关置于OFF(关闭)位置，拆下M74D驾驶员侧车窗电动机，按表7-12所示进行检测。M74D驾驶员侧车窗电动机插接器如图7-20所示。如果不符合要求，则更换驾驶员侧车窗电动机。如果符合要求，则进行相连线路检测。

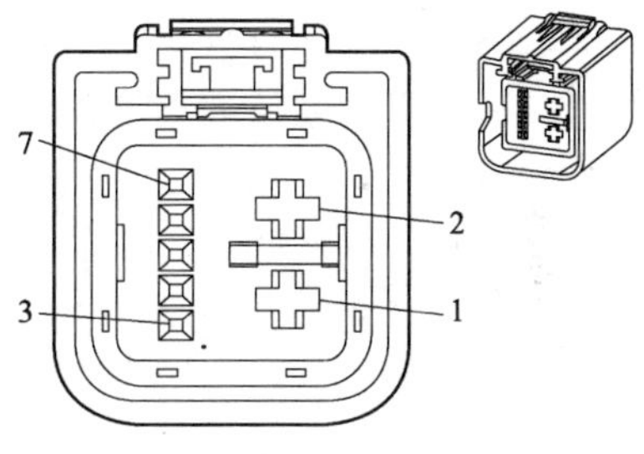

图7-20　驾驶员侧车窗电动机插接器

检测驾驶员侧车窗电动机　　表7-12

检测端子	检测条件	规定状态
1—2	正向加蓄电池电压	正常工作
	反向加蓄电池电压	正常工作

用万用表逐段检查驾驶员侧车窗电动机相连线路，找出短路或断路故障的部位。

七、故障部位确认

根据上述的所有检测结果，确认故障部位(表7-13)。

确认故障部位　　表7-13

□ 元件损坏	请写明元件名称：
□ 线路故障	请写明线路区间：
□ 其他	

八、故障点的排除处理

□ 更换	□ 维修	□ 调整

1. 驾驶员侧车窗主开关更换

(1)使用专用拆卸工具,将前侧车门装饰盖从车门上分开。

(2)使用合适的工具将装饰盖松开,向后拉动把手以拆下装饰盖。

(3)拆下车门装饰板背面的螺钉。

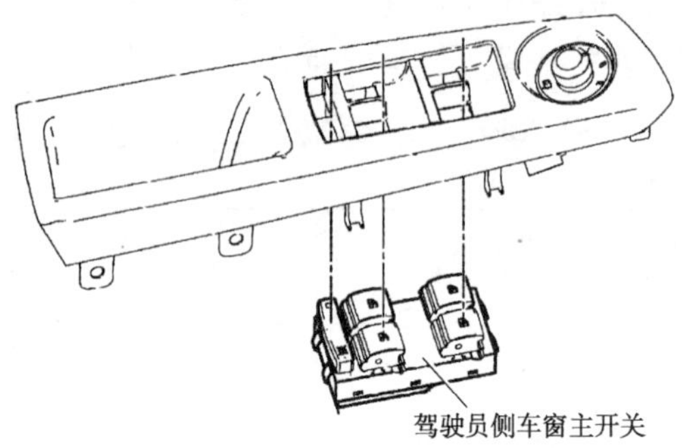

图 7-21 拆下驾驶员侧车窗主开关

(4)将驾驶员侧车窗开关嵌框从车门装饰板上提起并拆下。

(5)拆下驾驶员侧车窗主开关,如图 7-21 所示。

(6)更换新驾驶员侧车窗主开关。

(7)安装步骤与拆卸步骤相反。

2. 驾驶员侧车窗电动机更换

(1)将车窗置于车门大约一半处位置。

(2)拆下前侧门挡水板。

(3)拆卸前侧门车窗外密封条。

(4)松开车窗玻璃升降器窗框螺母,向上拉起以便从窗框上松开车窗玻璃。

(5)必要时旋转前门车窗以便将其从车门上拆下。

(6)取下驾驶员侧车窗玻璃升降器总成螺钉,拆下驾驶员侧车窗玻璃升降器总成,如图 7-22所示。

(7)取下驾驶员侧车窗玻璃升降器电动机总成螺钉,拆下驾驶员侧车窗玻璃升降器电动机,如图 7-23 所示。

(8)更换新的驾驶员侧车窗玻璃升降器电动机。

(9)安装步骤与拆卸步骤相反。

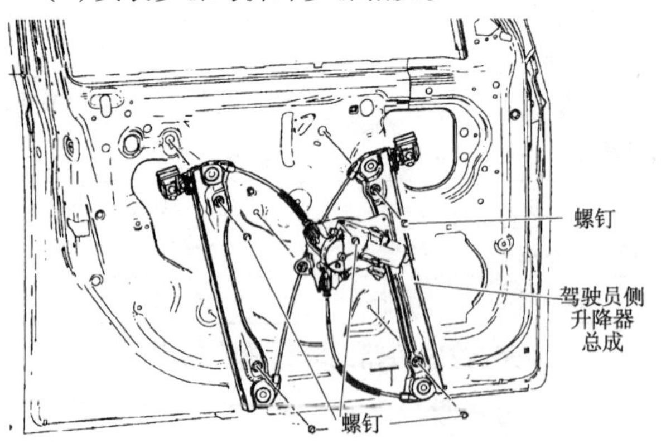

图 7-22 拆卸驾驶员侧车窗升降器总成

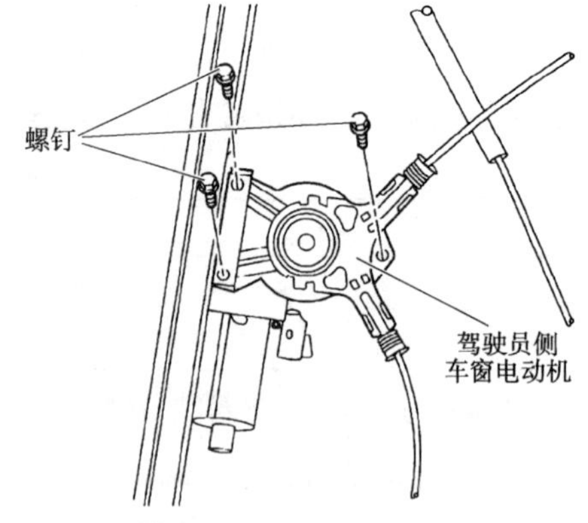

图 7-23 拆卸驾驶员侧车窗升降器电动机

九、维修结果确认(表中项目检查有内容时填写检查结果,如果没有时填写“无”。)

(1)维修后故障码读取,并填写读取结果。

____。

(2)维修后的功能确认并填写结果。

____。

十、现场恢复

清洁工具、设备并归位,拆除防护装置,清洁车辆,将车辆驶出举升机工位。

评价与反馈

对本任务进行评价,见表7-14。

评　分　表　　　　表7-14

考核项目	评分标准	分值	学生自评	小组互评	教师评价	小计
资料检索	熟练地查阅维修资料,能否找到诊断策略	15				
任务方案	是否根据手册提供的诊断策略进行维修	10				
操作过程	工艺步骤是否合理,方法是否正确	30				
设备、工具操作	是否正确	20				
安全生产	是否符合安全操作规程	5				
5S规范	场地是否整洁,物品摆放是否有序	5				
记录表填写	是否按要求填写,记录值是否准确	15				
总　分		100				

注意:违反操作规程,出现人身伤害或设备严重事故,本任务考核0分。

任务三　电动风窗刮水器和洗涤装置的检修

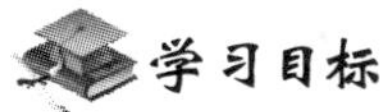

学习目标

1. 简单描述电动风窗刮水器和洗涤装置的基本组成及工作原理;
2. 正确描述科鲁兹轿车的电动风窗刮水器和洗涤装置控制电路结构特点;
3. 能熟练地查阅维修资料,确定电动风窗刮水器控制系统故障范围;
4. 按照维修手册提供的维修策略,正确使用诊断仪或万用表等进行故障诊断,确定电动风窗刮水器控制系统故障部位;
5. 根据维修手册在规定时间内,安全规范地进行风窗刮水器电动机和风窗刮水器开关的更换;
6. 维修过程中自觉保持场地整洁,物品摆放有序。

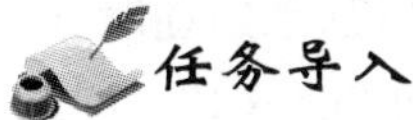

任务导入

客户在使用雪佛兰科鲁兹1.6L/AT 2013款轿车过程中,发现操作风窗刮水器开关各个挡位,刮水器均不工作。客户现将车开到雪佛兰服务站,服务顾问接车后开出工单,请你们小组排除此故障。

知识准备

一、电动风窗刮水器和洗涤装置的组成

1 电动风窗刮水器组成

电动风窗刮水器主要由直流电动机、传动机构、刮水臂、刮水片等组成,如图 7-24 所示。电动机产生刮水器的动力,传动机构由蜗轮-蜗杆副和若干个连杆组成,蜗轮-蜗杆副将直流电动机的动力通过连杆传递至刮水臂,使其带动刮水片(图 7-25)摆动。

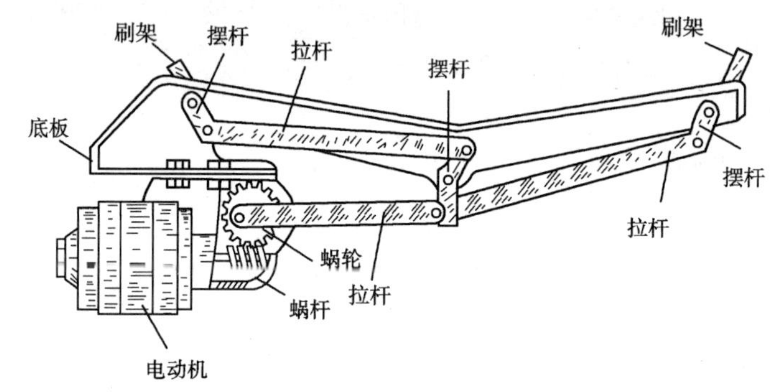

图 7-24　电动刮水器的结构

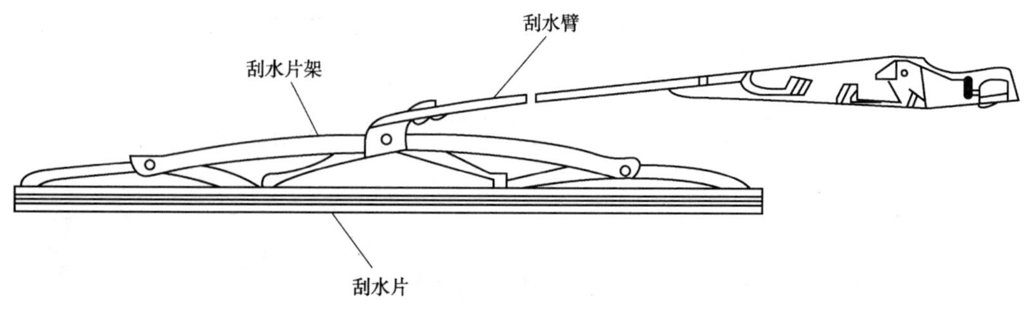

图 7-25　刮水臂及刮水片结构

2 风窗玻璃洗涤装置的组成

风窗刮水器与洗涤装置配合使用可以更好地消除附在风窗玻璃上的灰尘污物,获得更好的刮水效果。风窗玻璃洗涤装置的结构如图 7-26 所示,主要由储液罐、洗涤泵、软管、喷嘴等组成。洗涤泵由直流电动机和离心叶片泵组成,其作用是将清洗液加压。一般安装在储液罐上,也有安装在管路内的。喷嘴的安装一般有两种形式,一种是在前围板总成的左右两面各安装一个喷嘴,各自冲洗规定区域。另一种是安装在刮水臂内,当刮水臂作弧形刮水运动时,喷嘴即可向风窗玻璃喷射洗涤液。洗涤液盛放于储液罐中,一般为硬度不超过 205×10^{-6} 的清水或由水与添加剂制成。为了能刮掉风窗玻璃上的油、蜡等物,可在水中添加少量的去垢剂和防锈剂。冬季使用洗涤装置时,为防止洗涤液冻结,应添加甲醇、异丙醇、甘醇等防冻剂,再添加少量的去垢剂和防锈剂,即成为低温洗涤液。

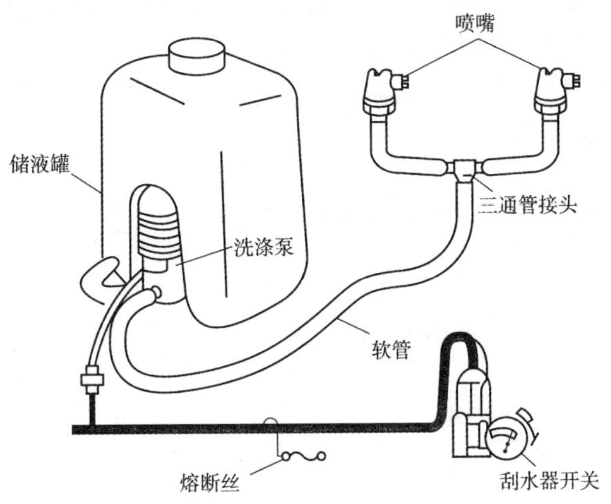

图 7-26 洗涤装置的结构

二、电动风窗刮水器和洗涤装置的工作原理

1 电动风窗刮水器开关

刮水器开关为组合开关(图 7-27),一般安装于转向盘的右下侧,上下拨动可实现间歇、低速、高速和点动刮水,向转向盘方向拉动操纵杆,将起动风窗清洗刮水功能。驾驶员可根据雨量大小选择高速或低速刮水。

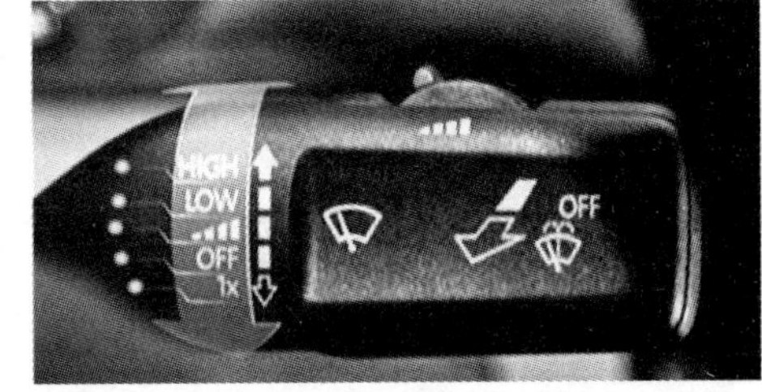

图 7-27 电动风窗刮水器开关

2 变速原理

如图 7-28 所示,永磁式刮水器电动机是利用三个电刷,通过改变正、负电刷之间串联线圈的个数来实现变速的。

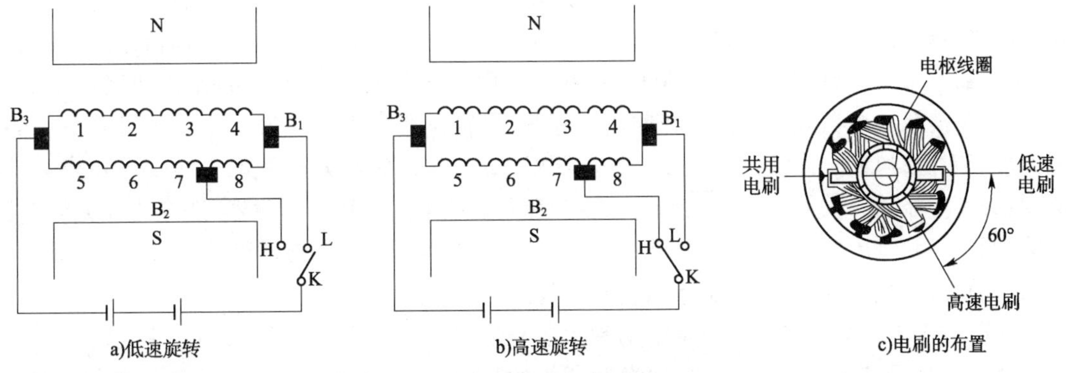

图 7-28 永磁式刮水器电动机变速原理

3 复位原理

当驾驶员关闭刮水器开关,而刮水片停留在风窗玻璃中间,将会影响驾驶员视线。因此当

刮水片未停留在固定位置时,刮水器电动机将在刮水器开关关闭的状态下,继续运转直至刮水片到达固定位置。固定位置为刮水片静止在风窗玻璃最下端。此功能为复位功能,常见的有铜环式(图 7-29)和凸轮式(图 7-30)两种。

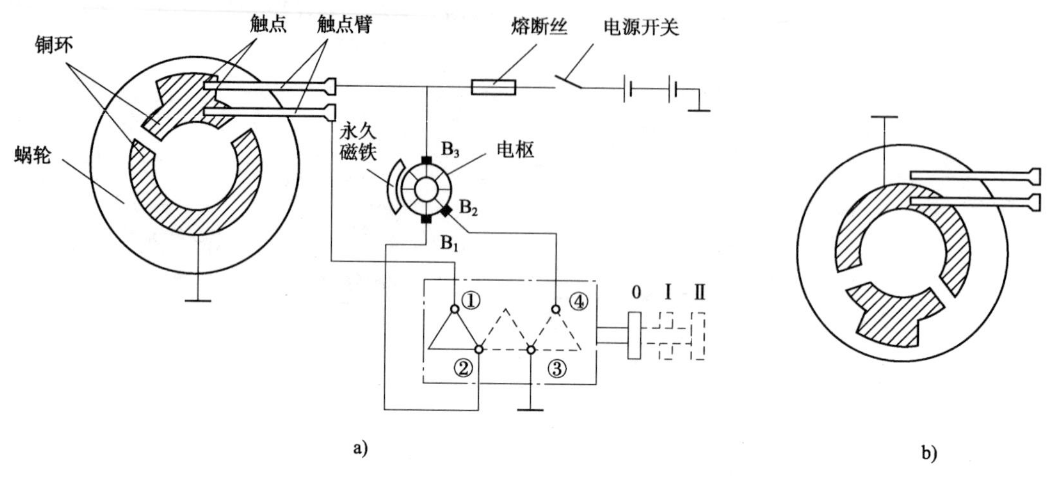

图 7-29 铜环式刮水器复位控制电路

铜环式刮水器复位装置在蜗轮上嵌有铜环。此铜环由两部分组成,其中一部分与电动机外壳相连(即搭铁)。触点臂具有弹性,蜗轮转动时,触点、蜗轮的端面和铜环保持接触。开关在 OFF(关闭)挡位时,如果刮水片没有停止到规定的位置[如图 7-29b)],由于触点与铜环相接触,则电流继续流入电枢,电动机仍以低速运转直至蜗轮旋转至图 7-29a)位置,电路中断。

凸轮式刮水器自动复位装置,凸轮与电枢轴连动,复位开关触点由凸轮控制,当断开刮水器开关时,刮水片没有停在规定位置,触点继续闭合,电动机持续运动。

三、雪佛兰科鲁兹 1.6L/AT 2013 款轿车电动刮水器和洗涤装置控制电路结构特点

科鲁兹 1.6L/AT 2013 款轿车电动刮水器和洗涤装置控制电路主要由风窗刮水器继电器、风窗刮水器速度控制继电器、风窗清洗泵继电器、风窗刮水器电动机、风窗洗涤液泵、风窗刮水器/洗涤器开关、车身控制模块(BCM)等组成。风窗刮水器继电器、风窗刮水器速度控制继电器、风窗清洗泵继电器安装于发动机舱熔断丝盒;风窗刮水器电动机安装于发动机舱左后侧,风窗玻璃附近;风窗洗涤液泵安装于左侧前照灯总成下,固定在发动机舱中的洗涤液罐上;风窗刮水器/洗涤器开关如图 7-31 所示,安装于转向盘右下方。风窗刮水器/洗涤器开关可进行高速、低速、间歇、除雾、关闭挡位的选择,当控制杆在间歇位置时,转动调节轮调节刮水间隔。拉动控制杆,喷洒洗涤液,同时刮水器会刮水数次。

科鲁兹 1.6L/AT 2013 款轿车电动刮水器和洗涤装置工作原理如图 7-32 所示。车身控制模块通过监测来自风窗刮水器/洗涤器开关的信号,确定刮水器/洗涤器系统的操作模式选择的功能(高速、低速、间歇 1 ~5、除雾、关闭),进而确定风窗刮水器继电器、风窗刮水器速度控制继电器和风窗清洗泵继电器接通或断开,使风窗刮水器电动机或风窗洗涤液泵工作。

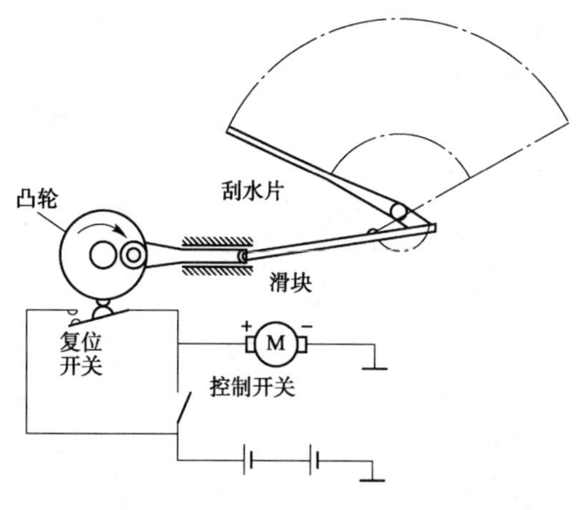

图7-30　凸轮式刮水器复位控制电路

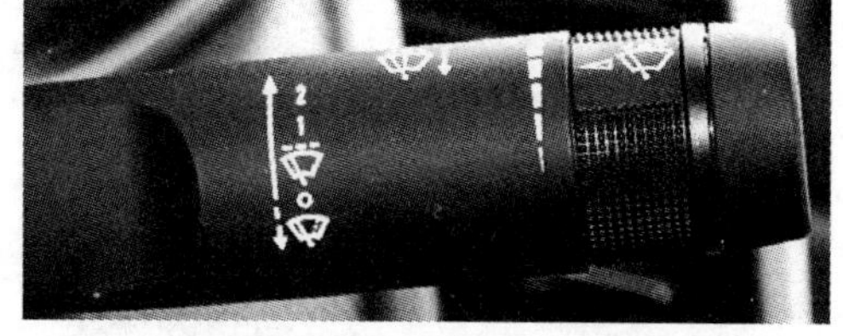

图7-31　风窗刮水器/洗涤器开关

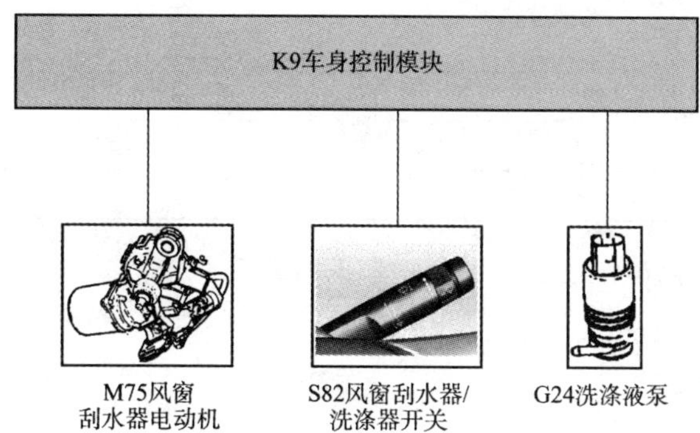

图7-32　科鲁兹轿车电动刮水器和洗涤装置工作原理图

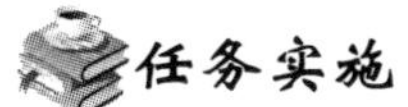
任务实施

风窗刮水器不工作故障诊断与排除

一、作业准备

作业准备见表7-15。

作　业　准　备　　表7-15

序号	项　目	作业记录
1	汽车停放和三角块放置状况	
2	座椅套、转向盘套、换挡手柄套、脚垫、翼子板护围安装状况	
3	万用表、专用解码器、常用拆卸工具	
4	风窗刮水器/洗涤器开关、风窗刮水器电动机、洗涤液泵、线束若干	
5	纸质或电子版维护手册	
6	蓄电池电压情况	

二、故障现象确认

(1)风窗刮水器高速挡工作情况。　□ 正常 □ 不正常

(2)风窗刮水器低速挡工作情况。　□ 正常 □ 不正常

(3)风窗刮水器间歇挡工作情况。 □ 正常 □ 不正常

(4)风窗刮水器除雾挡工作情况。 □ 正常 □ 不正常

(5)风窗刮水器开关工作情况。 □ 正常 □ 不正常

三、故障码检查

连接专用故障诊断仪,读取故障码(有内容时,填写检查代码;如果没有内容时,填写"无")。

____。

四、确定故障范围

根据上述检查进行判断,并填写可能故障范围(表7-16)。

可能故障范围 表7-16

电源及熔断丝线路	□ 是	□ 否
风窗刮水器/洗涤器开关及相连线路	□ 是	□ 否
风窗刮水器电动机及相连线路	□ 是	□ 否
洗涤液泵及相连线路	□ 是	□ 否
车身控制模块	□ 是	□ 否
搭铁线路	□ 是	□ 否

五、基本检查(在不作部件拆装的情况所做的外观检查)

(1)线路/插接器外观及连接情况。 □ 正常 □ 不正常

(2)零件安装等。 □ 正常 □ 不正常

六、部件及电路测试

1. 对被怀疑的部件进行测试

对被怀疑的部件进行测试见表7-17。

部件测试结果 表7-17

部　　件	检查或测试后的判断结果	
	□ 正常	□ 不正常
	□ 正常	□ 不正常
	□ 正常	□ 不正常
	□ 正常	□ 不正常

2. 风窗刮水器/洗涤器开关及相连线路检测

点火开关置于ON(打开)位置,将刮水器开关置于关闭、低速、高速、间歇位置时,确认故障诊断仪上显示参数与表7-18中规定状态相同。

风窗刮水器/洗涤器开关参数规定状态 表7-18

操作开关	参　　数	规定状态
关闭	Windshield Wiper Switch (风窗玻璃刮水器开关)	OFF(关闭)
	Windshield Wiper High Speed Switch (风窗玻璃刮水器高速开关)	Inactive(未激活)

续上表

操作开关	参　数	规定状态
低速位置	Windshield Wiper Switch (风窗玻璃刮水器开关)	Low(低速)
高速位置	Windshield Wiper High Speed Switch (风窗玻璃刮水器高速开关)	Active(激活)
INT 间歇	Windshield Wiper Switch (风窗玻璃刮水器开关)	从 D_1 切换至 D_5

如果参数不是规定状态,则进行风窗刮水器/洗涤器开关及相连线路检测。用万用表逐段检查风窗刮水器/洗涤器开关相连线路,找出短路或断路故障的部位。若线路检测正常,则更换风窗刮水器/洗涤器开关。

3. 风窗刮水器电动机及相连线路

将点火开关置于 OFF(关闭)位置,拆下 M75 风窗刮水器电动机插接器,按表 7-19 所示进行检测。风窗刮水器电动机插接器如图 7-33 所示。如果不符合要求,则更换风窗刮水器电动机。

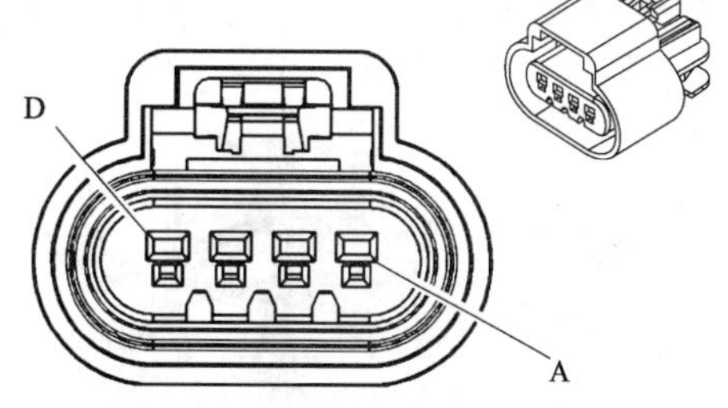

图 7-33　风窗刮水器电动机插接器

检测风窗刮水器电动机　　表 7-19

检测端子	检测条件	规定状态
B—C	未加蓄电池电压	不工作
	加蓄电池电压	高速工作
D—C	未加蓄电池电压	不工作
	加蓄电池电压	低速工作

刮水器/洗涤器开关置于高速或低速挡位,当刮水片运动到非停止规定位置时,关闭刮水器,确认车身控制模块“Wiper Park Switch(刮水器停止开关)”参数为“Active(激活)”,如果参数始终为“Active(激活)”或“Inactive(未激活)”或刮水器不停止,则进行刮水器停止电路检测。用万用表逐段检查风窗刮水器电动机相连线路,查找短路或断路故障的部位。

七、故障部位确认

根据上述的所有检测结果,确认故障部位(表 7-20)。

确认故障部位　　表 7-20

□ 元件损坏	请写明元件名称:
□ 线路故障	请写明线路区间:
□ 其他	

八、故障点的排除处理

□ 更换	□ 维修	□ 调整

1. 风窗刮水器/洗涤器开关更换

(1)分离转向柱上装饰盖和转向柱下装饰盖,拆下转向柱上装饰盖。

(2)旋转转向盘直到螺栓均可接触,拆下转向柱下装饰盖。

(3)必要时,断开任何电气插接器。

(4)松开塑料固定凸舌以便拆下风窗刮水器/洗涤器开关,如图 7-34 所示。

(5)更换新风窗刮水器/洗涤器开关。

(6)安装步骤与拆卸步骤相反。

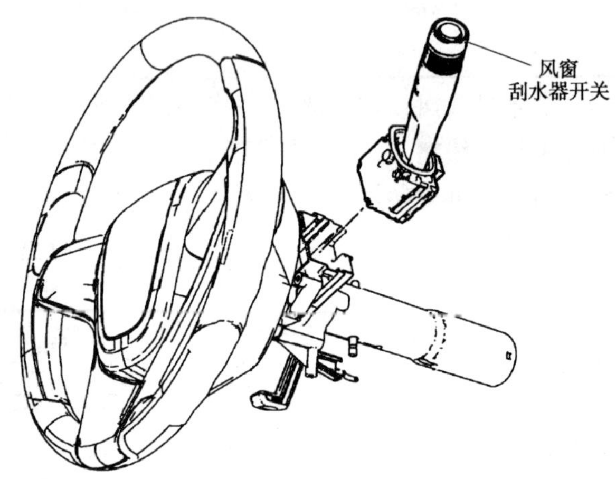

图 7-34　拆下风窗刮水器/洗涤器开关

2. 风窗刮水器电动机更换

(1)拆下风窗刮水臂。

(2)拆下进风口格栅板。

(3)拆下刮水器驱动系统模块。

(4)拆卸风窗刮水器电动机总成螺栓,如图 7-35 所示。

(5)拆卸风窗刮水器电动机总成。

(6)更换风窗刮水器电动机。

(7)安装步骤与拆卸步骤相反。

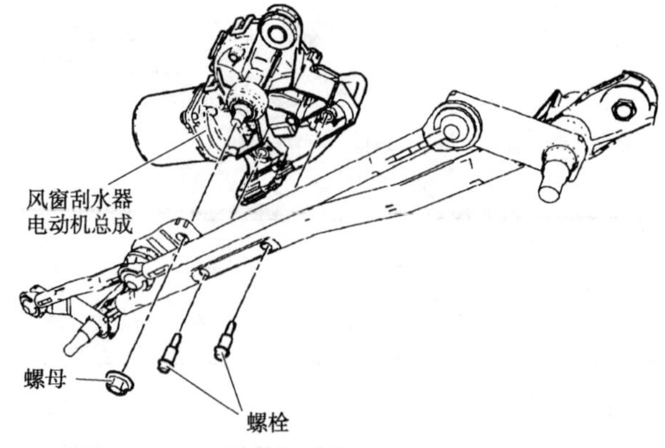

图 7-35　拆卸风窗刮水器电动机总成螺栓

九、维修结果确认(表中项目检查有内容时填写检查结果,如果没有时填写“无”。)

(1)维修后故障码读取,并填写读取结果。

____。

(2)维修后的功能确认并填写结果

____。

十、现场恢复

清洁工具、设备并归位,拆除防护装置,清洁车辆,将车辆驶出举升机工位。

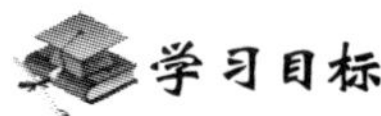

对本任务进行评价,见表7-21。

评 分 表 表7-21

考核项目	评分标准	分值	学生自评	小组互评	教师评价	小计
资料检索	熟练地查阅维修资料,能否找到诊断策略	15				
任务方案	是否根据手册提供的诊断策略进行维修	10				
操作过程	工艺步骤是否合理,方法是否正确	30				
设备、工具操作	是否正确	20				
安全生产	是否符合安全操作规程	5				
5S规范	场地是否整洁,物品摆放是否有序	5				
记录表填写	是否按要求填写,记录值是否准确	15				
总 分		100				

注意:违反操作规程,出现人身伤害或设备严重事故,本任务考核0分。

任务四 汽车电动座椅系统的检修

学习目标

1. 简单描述电动座椅的基本组成及工作原理;
2. 正确描述科鲁兹轿车的电动座椅系统电路结构的特点;
3. 能熟练地查阅维修资料,确定电动座椅系统故障范围;
4. 按照维修手册提供的维修策略,正确使用诊断仪或万用表等进行故障诊断,确定电动座椅系统故障部位;
5. 根据维修手册在规定时间内,安全规范地进行电动座椅开关和电动机的更换;
6. 维修过程中自觉保持场地整洁,物品摆放有序。

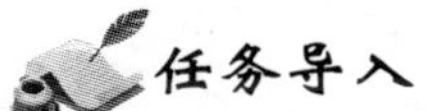

客户在使用雪佛兰科鲁兹1.6L/AT 2013款轿车过程中,操作电动座椅开关,发现座椅不工作。客户现将车开到雪佛兰服务站,服务顾问接车后开出工单,请你们小组排除此故障。

知识准备

一、电动座椅系统的组成及工作原理

为了给驾驶员和乘员提供不易疲劳、安全舒适的乘坐位置,现在很多汽车都安装了座椅调节装置。按照调节方式的不同,座椅调节装置可以分为手动调节式和动力调节式。电动座椅因操作方便,结构简单被广泛使用。按着座椅电动机的数目和调节方向数目的不同,电动座椅一般有两向、四向、六向、八向和多向可调式,如图 7-36 所示。

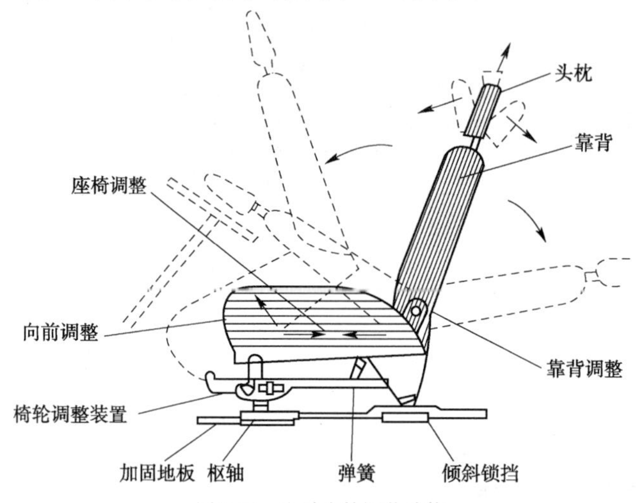

图 7-36 电动座椅调节功能

1 电动座椅系统的组成

电动座椅系统主要包括电动机、传动装置、控制电路和控制开关等。各组成部分的安装位置如图 7-37 所示。电动座椅中使用的电动机一般为永磁式双向直流电动机,其产生动力,再通过传动装置把动力传至座椅,实现座椅不同方向的调节。控制开关改变流经电动机内部的电流方向,从而实现转动方向的改变。

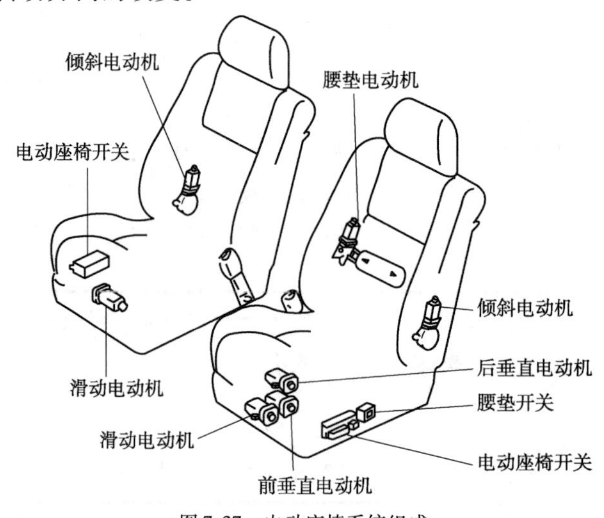

图 7-37 电动座椅系统组成

电动座椅的传动装置(图 7-38)主要包括变速器、联轴器、软轴及齿轮传动机构等。电动机轴通过软轴和变速器相连,动力经过变速器降速增矩后,经过蜗杆或齿轮,带动座椅支架产生位移。

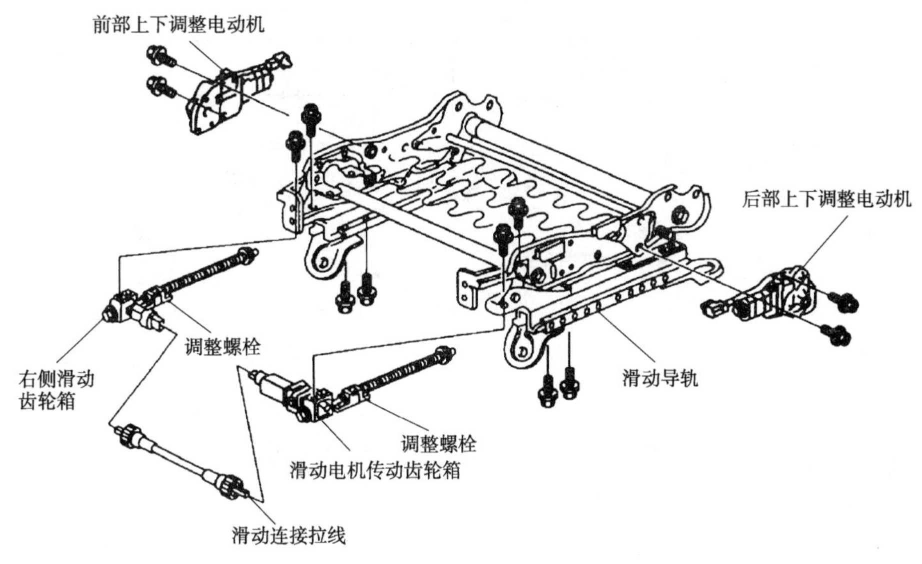

图 7-38　电动座椅传动机构

❷ 电动座椅系统的工作原理

电动座椅系统控制电路如图 7-39 所示,该电动座椅包括水平调节电动机、上下调节电动机、靠背前后倾斜电动机,可以实现座椅的前后滑移、椅垫高度调节、靠背倾斜调节。下面以座椅靠背前后倾斜调节为例,介绍电动座椅系统控制电路的工作原理。

当驾驶员通过调节电动座椅开关实现靠背向前倾斜时,靠背倾斜开关向“前”触点闭合,电流的通路为:电源(＋)→座椅开关的端子 3→电动机端子 2→电动机端子 1→座椅开关的端子 2→座椅开关的端子 4(搭铁)→蓄电池负极,电动机运转,座椅靠背向前倾斜。

当驾驶员调节靠背向后倾斜时,靠背倾斜开关向“后”触点闭合,电流的通路为:电源(＋)→座椅开关的端子 2→电动机端子 1→电动机端子 2→座椅开关的端子 3→座椅开关的端子 4(搭铁)→蓄电池负极,电动机反向运转,座椅靠背向后倾斜。

雪佛兰科鲁兹 1.6L/AT 2013 款轿车电动座椅控制电路结构特点

科鲁兹 1.6L/AT 2013 款轿车电动座椅控制电路由电动座椅开关、座椅水平调节电动机、座椅前部垂直调节电动机、座椅后部垂直调节电动机等组成。所有座椅电动机都为双向电动机。

科鲁兹轿车电动座椅系统控制电路如图 7-40 所示,当操作座椅水平向前开关使整个座椅向前滑移时,开关内部电路接通,使水平调节电动机转动以驱动整个座椅向前移动,直到开关松开。向后移动的操作过程类似,不同的是蓄电池电压和搭铁通过相反的电路施加在电动机上,从而使电动机反向运转。

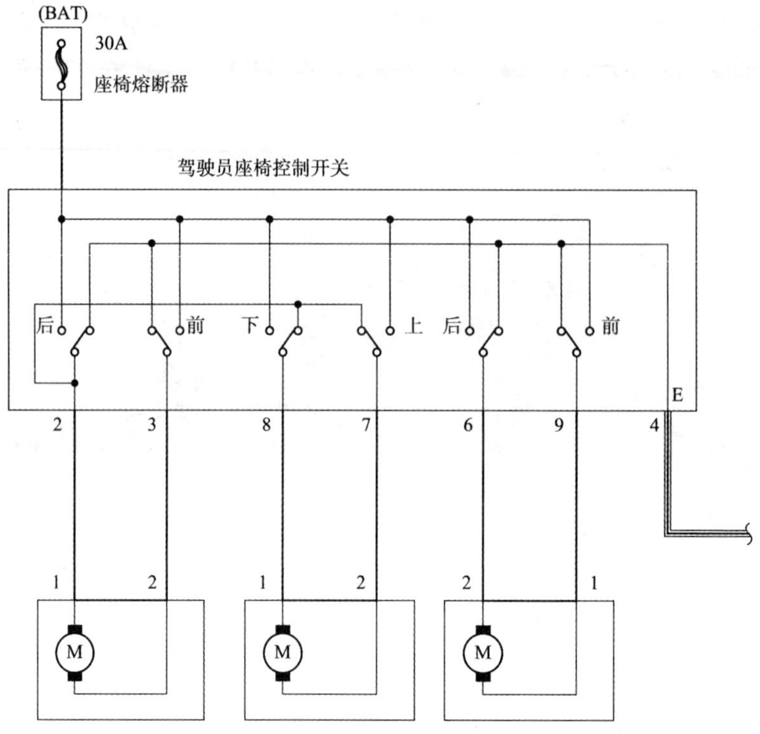

图 7-39　电动座椅控制电路原理图

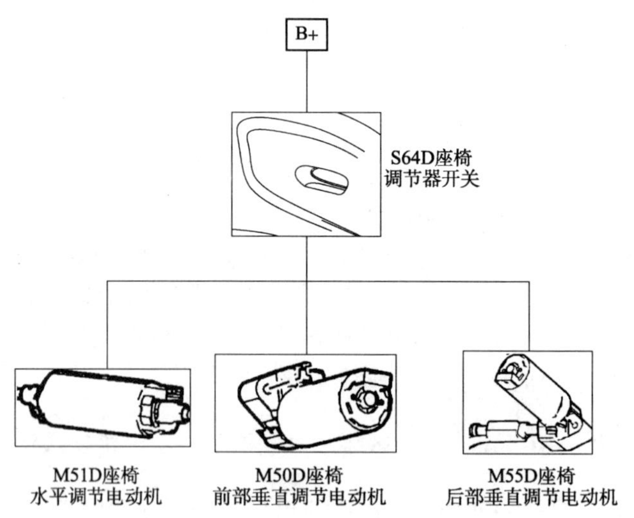

图 7-40　科鲁兹轿车电动座椅工作原理图

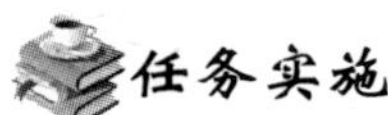

任务实施

电动座椅不工作故障诊断与排除

一、作业准备

作业准备见表 7-22。

作 业 准 备　　表7-22

序号	项　　目	作业记录
1	汽车停放和三角块放置状况	
2	座椅套、转向盘套、换挡手柄套、脚垫、翼子板护围安装状况	
3	万用表、专用解码器、常用拆卸工具	
4	电动座椅开关、水平调节电动机、前垂直调节电动机、后垂直调节电动机、线束若干	
5	纸质或电子版维护手册	
6	蓄电池电压情况	

二、故障现象确认

(1)座椅开关工作情况。　☐ 正常 ☐ 不正常

(2)座椅水平调节情况。　☐ 正常 ☐ 不正常

(3)座椅前部垂直调节情况。　☐ 正常 ☐ 不正常

(4)座椅后部垂直调节情况。　☐ 正常 ☐ 不正常

三、故障码检查

连接专用故障诊断仪,读取故障码(有内容时填写检查代码,如果没有时填写“无”)。

____。

四、确定故障范围

根据上述检查进行判断,并填写可能故障范围(表7-23)。

可 能 故 障 范 围　　表7-23

电源及熔断丝线路	☐ 是	☐ 否
电动座椅开关及相连线路	☐ 是	☐ 否
座椅水平调节电动机及相连线路	☐ 是	☐ 否
座椅前垂直调节电动机及相连线路	☐ 是	☐ 否
座椅前垂直调节电动机及相连线路	☐ 是	☐ 否
搭铁线路	☐ 是	☐ 否

五、基本检查(在不作部件拆装的情况所做的外观检查)

(1)线路/插接器外观及连接情况。　☐ 正常 ☐ 不正常

(2)零件安装等。　☐ 正常 ☐ 不正常

六、部件及电路测试

1.对被怀疑的部件进行测试

对被怀疑的部件进行测试见表7-24。

部 件 测 试 结 果　　表7-24

部　　件	检查或测试后的判断结果	
	☐ 正常	☐ 不正常
	☐ 正常	☐ 不正常
	☐ 正常	☐ 不正常
	☐ 正常	☐ 不正常

2. 电动座椅开关及相连线路检测

将点火开关置于OFF(关闭)位置,拆下电动座椅开关,检测导通性,见表7-25。如果不符合要求,则更换电动座椅开关。如果符合要求,则进行相连线路检测。

检测电动座椅开关　表7-25

检测端子	开关状态	规定状态
D—C	—	电阻小于2Ω
	前滑移挡	不导通
D—F	—	电阻小于2Ω
	后滑移挡	不导通
D—G	—	电阻小于2Ω
	前部向上倾斜挡	不导通
D—E	—	电阻小于2Ω
	前部向下倾斜挡	不导通
D—A	—	电阻小于2Ω
	后部向上倾斜挡	不导通
D—H	—	电阻小于2Ω
	后部向下倾斜挡	不导通

万用表逐段检查电动座椅开关相连线路,找出短路或断路故障的部位。

3. 调节电动机及相连线路检测

下面以座椅水平调节电动机为例进行检测,座椅前垂直调节电动机和后垂直电动机检测方法相同。将点火开关置于OFF(关闭)位置,拆下M51D座椅水平调节电动机,按表7-26所示进行检测。如果不符合要求,则更换座椅水平调节电动机。如果符合要求,则进行相连线路检测。

检测座椅水平调节电动机　表7-26

检测端子	检测条件	规定状态
1—5	正向加蓄电池电压	正常工作
	反向加蓄电池电压	正常工作

用万用表逐段检查座椅水平调节电动机相连线路,找出短路或断路故障的部位。

七、故障部位确认

根据上述的所有检测结果,确认故障部位(表7-27)。

确认故障部位　表7-27

□ 元件损坏	请写明元件名称:
□ 线路故障	请写明线路区间:
□ 其他	

八、故障点的排除处理

□ 更换	□ 维修	□ 调整

1. 电动座椅开关更换

(1)拆下前排座椅调节器把手。

(2)拆下前排座椅倾角调节器把手。

(3)拆下前排坐垫外装饰板,如图7-41所示。

(4)断开电气插接器。

(5)更换新电动座椅开关。

(6)连接电气插接器。

(7)安装步骤与拆装步骤相反。

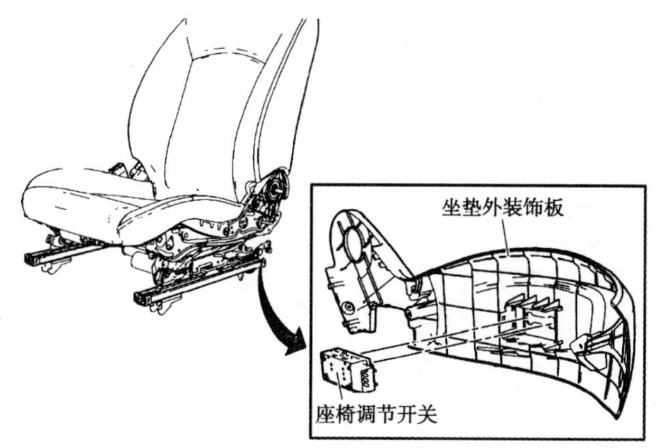

图7-41　拆下前排坐垫外装饰板

2. 座椅水平调节电动机更换

(1)解除辅助充气式约束系统(SIR)。

(2)从座椅安全带张紧器上断开前排座椅安全带。

(3)松开并断开前排座椅的线束插头。

(4)将前排座椅从前滑轨上拆下,如图7-42所示。

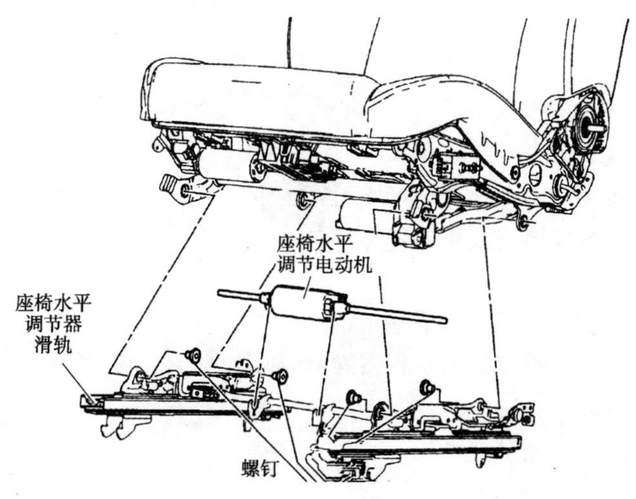

图7-42　将前排座椅从前滑轨上拆下

(5)断开电气插接器。

(6)更换新座椅水平调节电动机。

(7)连接电气插接器。

(8)安装步骤与拆装步骤相反。

3. 座椅前垂直调节电动机更换

(1)解除辅助充气式约束系统(SIR)。

(2)从座椅安全带张紧器上断开前排座椅安全带。

(3)松开并断开前排座椅的线束插头。

(4)将前排座椅从前滑轨上拆下。

(5)使用锤子和小的圆形工具将滚柱销钉敲出。

(6)取下前排座椅倾斜执行器螺钉,如图 7-43 所示。

(7)断开电气插接器。

(8)更换新座椅前垂直调节电动机。

(9)连接电气插接器。

(10)安装步骤与拆装步骤相反。

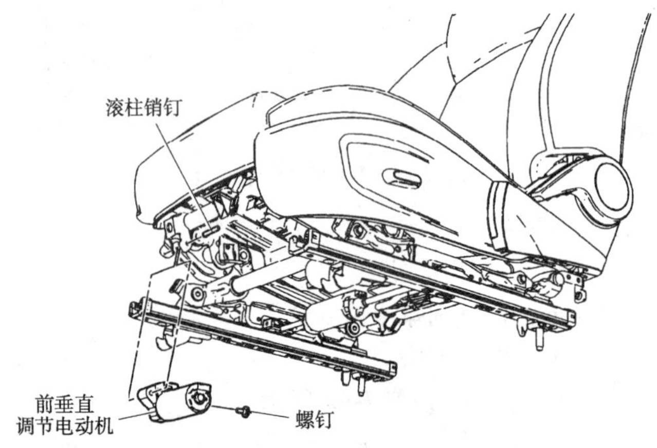

图 7-43　取下前排座椅倾斜执行器螺钉

4. 座椅后垂直调节电动机更换

(1)解除辅助充气式约束系统(SIR)。

(2)从座椅安全带张紧器上断开前排座椅安全带。

(3)松开并断开前排座椅的线束插头。

(4)将前排座椅从前滑轨上拆下。

(5)使用锤子和小的圆形工具将滚柱销钉敲出。

(6)取下前排座椅后部垂直调节执行器螺钉,如图 7-44 所示。

(7)断开电气插接器。

(8)更换新座椅后垂直调节电动机。

(9)连接电气插接器。

(10)安装步骤与拆装步骤相反。

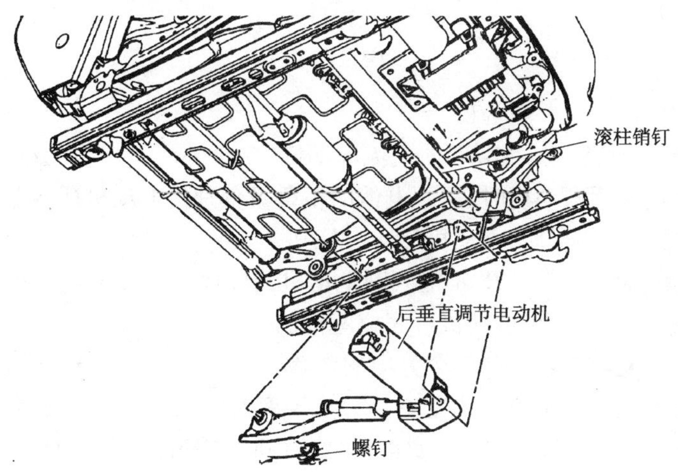

图 7-44 取下前排座椅后部垂直调节执行器螺钉

九、维修结果确认(表中项目检查有内容时填写检查结果,如果没有时填写“无”。)

(1)维修后故障码读取,并填写读取结果。

____。

(2)维修后的功能确认并填写结果。

____。

十、现场恢复

清洁工具、设备并归位,拆除防护装置,清洁车辆,将车辆驶出举升机工位。

评价与反馈

对本任务进行评价,见表 7-28。

评 分 表 表 7-28

考核项目	评分标准	分值	学生自评	小组互评	教师评价	小计
资料检索	熟练地查阅维修资料,能否找到诊断策略	15				
任务方案	是否根据手册提供的诊断策略进行维修	10				
操作过程	工艺步骤是否合理,方法是否正确	30				
设备、工具操作	是否正确	20				
安全生产	是否符合安全操作规程	5				
5S 规范	场地是否整洁,物品摆放是否有序	5				
记录表填写	是否按要求填写,记录值是否准确	15				
总 分		100				

注意:违反操作规程,出现人身伤害或设备严重事故,本任务考核 0 分。

思考与练习

一、选择题

1. 电动车窗中的电动机一般为(　　)。

A. 单向直流电动机　　B. 双向交流电动机　　C. 永磁双向直流电动机

2. 检查电动车窗左后电动机时,用蓄电池的正负极分别接电动机插接器端子后,电动机转动,互换正负极和端子的连接后,电动机反转,说明(　　)。

A. 电动机状况良好　　B. 不能判断电动机的好坏　　C. 电动机损坏

3. 在电动座椅中,一般一个电动机可完成座椅的(　　)。

A. 1 个方向的调整　　B. 2 个方向的调整　　C. 3 个方向的调整

4. 永磁式刮水器电动机是通过改变(　　)实现变速的。

A. 磁场强弱　　B. 正、负电刷之间串联线圈的个数　　C. 电流大小

二、判断题

1. 具有自动复位装置的刮水器系统关刮水器时,刮水片落在风窗玻璃下部不挡驾驶员视线的位置。(　　)

2. 电动车窗一般装有两套开关,分别为主开关和分开关。(　　)

3. 每个电动后视镜的镜片后面都有 4 个电动机来实现后视镜四个方向的调整。(　　)

三、简答题

1. 结合电动车窗、电动座椅、电动后视镜和中控门锁的相关知识,分析双向电动机的检查思路。

2. 叙述科鲁兹轿车电动车窗的工作原理。

3. 列出电动车窗主要组成部件和升降机构的分类。

4. 解释电动车窗手动升降和自动升降。

项目八　汽车空调系统的维护与检修

任务一　认识汽车空调系统

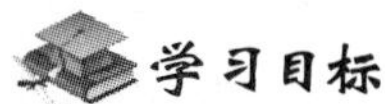

学习目标

1. 简单描述汽车空调系统的功能和基本组成；
2. 正确描述科鲁兹轿车空调系统控制面板按键功能；
3. 自觉保持场地整洁，物品摆放有序。

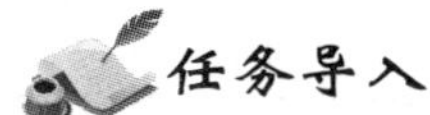

任务导入

客户来店咨询科鲁兹1.6 L/AT 2013款轿车，在操作空调控制按键时，对某些按键功能不了解，请你为客户介绍空调控制按键功能，并进行空调系统各功能演示。

知识准备

一　汽车空调系统的功用

汽车空调系统是实现对车厢内空气的温度、湿度进行控制的装置，可以为乘车人员提供舒适的乘车环境。汽车空调系统通常具有以下几个功能：

(1)调节温度：调节车厢内温度至舒适的水平。

(2)调节湿度：排出空气中的湿气，调节至更舒适的环境。

(3)调节气流：吸入新鲜空气，并调节车内出风口的位置、出风方向及风量的大小。

(4)净化空气：过滤空气，滤出空气中的灰尘和花粉，并对空气进行杀菌消毒。

二　汽车空调系统的基本组成

为实现上述功能，汽车空调系统通常由以下几部分组成(图8-1)：

(1)制冷系统。

(2)暖风系统。

(3)通风配气装置。

(4)空气净化装置。

(5)控制装置。

三　汽车空调系统的分类

按照控制方式不同，汽车空调系统可以分为手动、半自动和全自动(智能)空调系统。

手动空调系统是指使用者根据需要对温度、风量及空气配送方式进行人工调节,通常使用在普及型轿车和中、大型货车上。

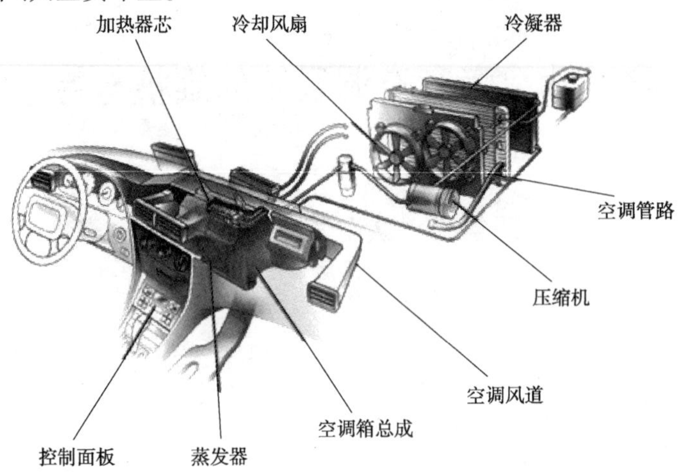

图 8-1　汽车空调系统

半自动空调系统具备温度和空气配送的调节功能,但如风量等部分功能仍需要使用者调节,配有电子控制和保护电路,通常使用在普及型或中档轿车上。

全自动空调具有自动调节和控制车内温度、风量以及空气配送方式的功能,同时具有故障诊断和网络通信功能,通常使用在中、高档轿车和大型豪华客车上。

四、汽车空调系统控制面板

图 8-2 所示为典型手动空调系统的控制面板。图 8-3 所示为典型半自动空调系统的控制面板。图 8-4 所示为自动空调系统的控制面板。

图 8-2　典型手动空调控制面板

图 8-3　半自动空调控制面板

图 8-4　自动空调控制面板

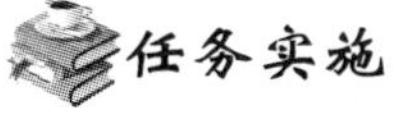任务实施

认知空调控制面板

一、作业准备

作业准备见表 8-1。

作　业　准　备　　表 8-1

序号	项　　目	作业记录
1	汽车停放和三角块放置状况	
2	座椅套、转向盘套、换挡手柄套、脚垫、翼子板护围安装状况	
3	纸质或电子版使用手册情况	

提示：在车辆使用过程中，必须确保车辆电池电量充足

二、查找空调控制面板各个按键功能

请利用用户手册查找空调控制面板（图 8-5）各个按键功能，并在实车上演示车辆空调系统各个功能，完成下面功能描述（表 8-2）。

图 8-5　科鲁兹轿车空调系统控制面板

空调控制面板功能描述　　表 8-2

操作图示	功能描述
	温度调节： 风量调节： 送风模式：

续上表

操作图示	功能描述
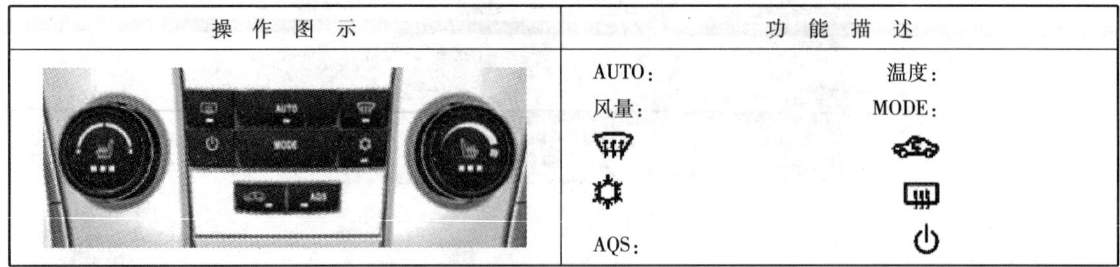	AUTO:　　温度: 风量:　　MODE: AQS:

三、现场恢复

清洁工具、设备并归位,拆除防护装置,清洁车辆,将车辆驶出举升机工位。

评价与反馈

对本任务进行评价,见表8-3。

评分表　　表8-3

考核项目	评分标准	分值	学生自评	小组互评	教师评价	小计
资料检索	熟练地查阅维修资料,能否找到诊断策略	15				
任务方案	是否根据手册提供的诊断策略进行维修	10				
操作过程	工艺步骤是否合理,方法是否正确	30				
设备、工具操作	是否正确	20				
安全生产	是否符合安全操作规程	5				
5S规范	场地是否整洁,物品摆放是否有序	5				
记录表填写	是否按要求填写,记录值是否准确	15				
总分		100				

注意:违反操作规程,出现人身伤害或设备严重事故,本任务考核0分。

任务二　制冷系统的检修

学习目标

1. 简单描述空调制冷系统的基本组成及工作原理;
2. 简单描述空调制冷系统主要组成元件的作用;
3. 根据维修手册在规定时间内,安全规范的完成制冷剂的回收、净化及加注;
4. 按照维修手册提供的维修策略,正确使用压力表检查制冷系统压力;
5. 能熟练地查阅维修资料,确定空调制冷系统故障范围;
6. 按照维修手册提供的维修策略,正确使用诊断仪或万用表等进行故障诊断,确定空调制冷系统故障部位;
7. 根据维修手册在规定时间内,安全规范地进行压缩机、制冷剂压力传感器、空调控制装

置的更换；

8. 维修过程中自觉保持场地整洁，物品摆放有序。

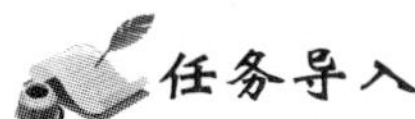

任务导入

客户在使用科鲁兹1.6L/AT 2013款轿车过程中，打开空调开关，温度调节为冷风时，发现空调出风口吹出热风；温度调节为暖风时，工作正常。客户现将车开到雪佛兰服务站，服务顾问接车后开出工单，请你们小组排除此故障。

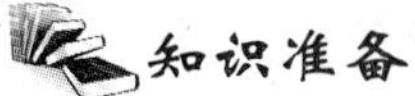

知识准备

一、空调制冷系统概述

1 空调制冷系统的作用

车辆制冷系统是将车厢内的热量转移到车外，从而实现车厢内温度下降，主要通过制冷剂在制冷系统中循环实现，其工作情况如图8-6所示。

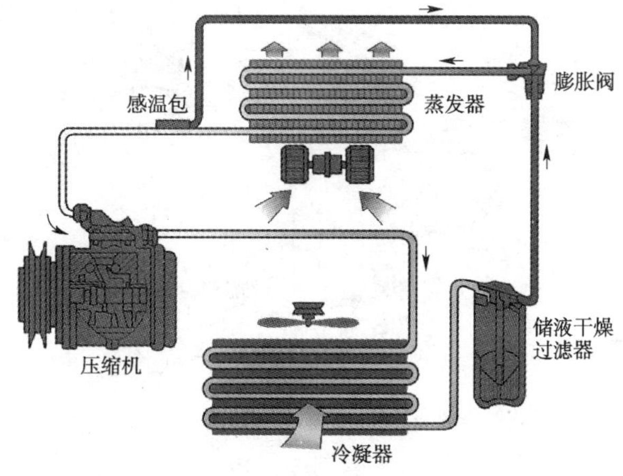

图8-6　制冷系统工作情况

2 空调制冷系统的基本组成

制冷系统由制冷循环系统和控制系统组成。制冷循环系统主要由压缩机、冷凝器、节流降压装置、蒸发器、储液干燥器及管路等部件组成(图8-7)。目前车辆上采用的制冷循环系统中，冷凝器和蒸发器的结构大同小异，压缩机分为不可变排量压缩机和可变排量压缩机两种，节流降压装置分为膨胀阀式和膨胀管式。

3 空调制冷循环

1)制冷基本原理

液体在蒸发过程中需要吸收周围环境中的热量，制冷的基本原理就是利用制冷剂在由液态蒸发为气态过程中需要吸收大量的热量来实现制冷的。

2)制冷循环的工作过程

为了使制冷过程持续下去，有必要设置一套装置使制冷剂能够在装置中循环，不断地将热量带走。由于物质的沸点会随着压强的降低而降低，使其更容易蒸发而吸收热量；物质的沸点会随着压强的提高而升高,使其更容易转化为液体而释放热量。制冷循环系统可以设置一些装置来提高或降低压强,以便于制冷剂的形态变化,更易于其吸收或释放热量。

制冷循环系统的工作过程包括蒸发、压缩、冷凝、降压四个过程,如图 8-8 所示。

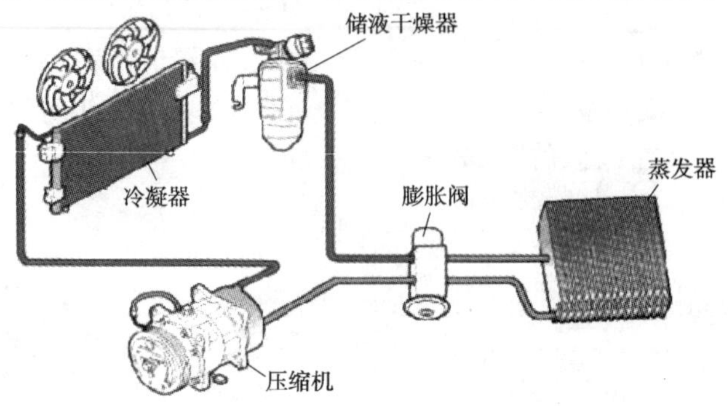

图 8-7 制冷系统的基本组成

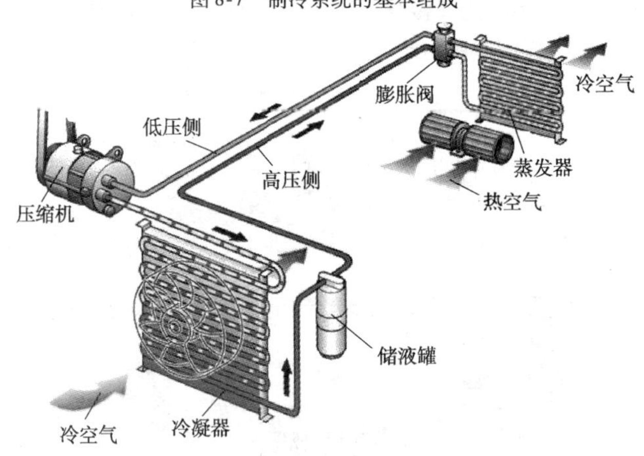

图 8-8 制冷循环系统的工作过程

蒸发过程:在蒸发器中,制冷剂与车内空气进行热量交换,液气混合态制冷剂吸收车内空气热量,蒸发为低温低压的气态制冷剂,随后被吸入压缩机。

压缩过程:压缩机吸入从蒸发器出来的低温低压的气态制冷剂,压缩后变为高温高压的气态制冷剂,更利于其液化放热,随后送入冷凝器。

冷凝过程:制冷剂在冷凝器中与车外空气进行热量交换,高温高压的气态制冷剂对外释放热量,变为液态制冷剂,流入节流装置。

降压节流过程:高温高压的液态制冷剂经过节流降压变为低温低压的液气混合态,更利于其蒸发,然后进入蒸发器,在蒸发器中吸热变为气态制冷剂,进行下一个循环。

4 制冷剂和冷冻润滑油

制冷剂为制冷循环中热量传递的载体,通过其状态变化,吸收和放出热量。为满足环境保护法规的要求,目前已经广泛采用 R134a 制冷剂代替 R12(氟利昂),其具有不破坏臭氧层的显著优点,同时其传热性能优于 R12。R134a 在大气压力下的沸腾点为 -26.9℃,在 98kPa 的压力下沸腾点为 -10.6℃。若在常温常压的情况下将其释放,R134a 便会立即吸收热量开始沸腾并转化为气体,对其加压后,也很容易转化为液体。在使用中注意两种制冷剂不可互换使用。

在空调制冷系统中,使用专门的冷冻润滑油来润滑相对运动的部件,同时润滑油要随着制冷剂一起循环,则要求其与制冷剂相容。在冷冻润滑油的选用上,一定要注意正确选用冷冻润滑油的型号,切不可乱用,否则将产生严重后果。

二、空调制冷系统的组成部件

空调制冷系统中各组成部件在车上的安装位置,如图 8-9 所示。

1 压缩机

1)压缩机的作用

在外力的驱动下,压缩机将从蒸发器出来的低温低压的气态制冷剂通过压缩转变为高温高压气态制冷剂,并送入冷凝器。

2)压缩机的分类

汽车空调系统中所采用的压缩机有多种类型,按照其运动方式可分为往复式和旋转式两类。往复式压缩机分为曲轴连杆式(图 8-10)、斜盘式(图 8-11)和摇板式(图 8-12),旋转式压缩机分为叶片式(图 8-13)、涡旋式(图 8-14)。

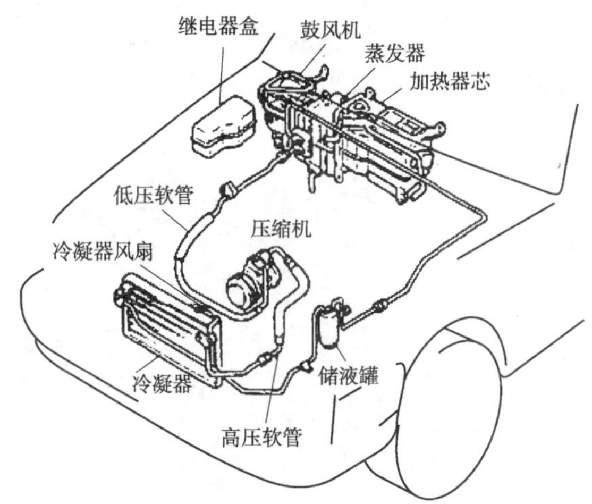

图 8-9　制冷系统安装位置

图 8-10　曲轴连杆式压缩机

图 8-11　斜盘式压缩机

图 8-12　摇板式压缩机

图 8-13　叶片式压缩机

图 8-14　涡旋式压缩机

按照工作时工作容量是否变化又可分为定排量式和变排量式两种类型。

定排量式压缩机的排气量随着发动机的转速的升高而提高,不能根据制冷负荷的大小而自动改变功率输出,而且对发动机油耗的影响比较大。变排量压缩机如图 8-15 所示,在制冷的全过程中,压缩机始终是工作的,其排气量可以根据发动机的转速、车内的温度,自动地调节压缩机内部的压力调节阀来控制其压缩比,进而控制压缩机输出的制冷量,达到压缩机能量的输出与车内制冷负荷的完美匹配,从而进一步提高舒适性和降低燃油消耗。

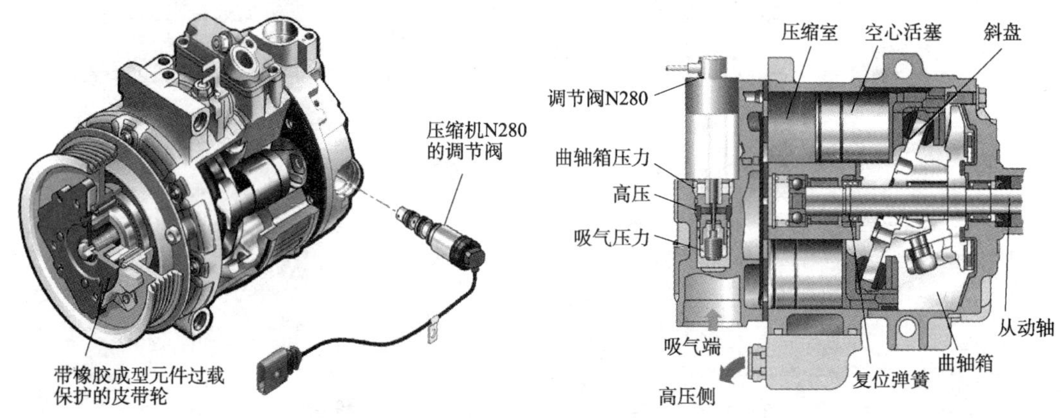

图 8-15　变排量式压缩机结构图

❷ 冷凝器

1)冷凝器的作用

冷凝器是一个热交换器,将吸收了车内热量的高温高压的气态制冷剂中的热量散发到大气中,同时制冷剂由气态转变为液态。

2)冷凝器的分类

为使用和安装方便,在汽车空调系统中冷凝器常采用空气冷却式,一般称为风冷式。常见类型有管片式(图 8-16)、平流式(图 8-17)、管带式(图 8-18)。

汽车空调冷凝器大多数安装在汽车头部,经常有尘土和泥浆水飞溅在冷凝器上,会降低冷凝器的传热性能,使用时应经常对冷凝器外部进行清理。

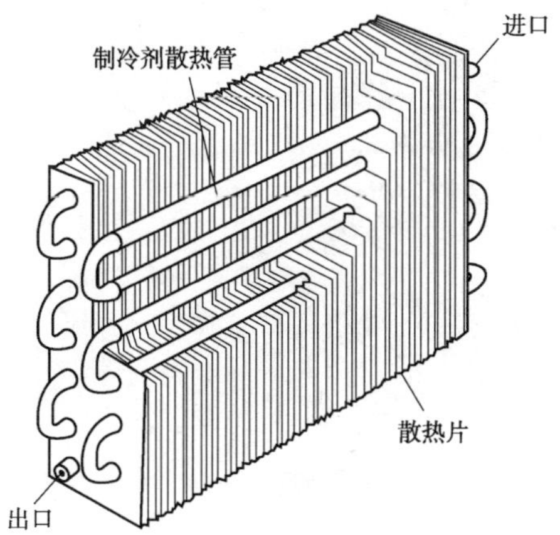

图 8-16　管片式冷凝器

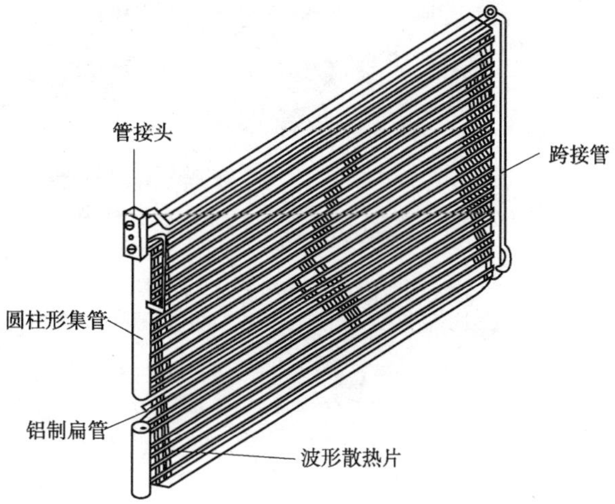

图 8-17　平流式冷凝器

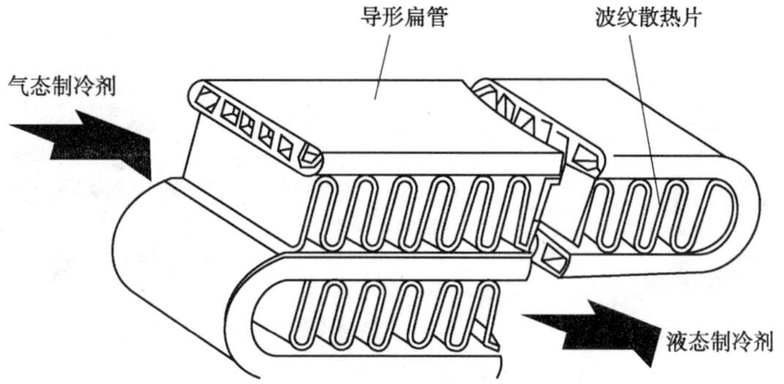

图 8-18　管带式冷凝器

❸ 节流装置

1）节流装置的作用

节流装置安装在蒸发器的入口，其作用是将高温高压的液态制冷剂从节流装置喷出，使其降压，体积膨胀，转化为雾状制冷剂。

2）节流装置的分类

汽车空调系统中采用的降压节流装置为膨胀阀或膨胀管，从制冷的工作原理上看，采用这两种装置的制冷系统无本质差别。

从结构上看，膨胀阀可以根据制冷负荷的大小调节制冷剂流量，而膨胀管结构更简单，但取消了调节流量的功能，如图 8-19 所示。

目前汽车空调系统中采用的膨胀阀有外平衡式膨胀阀（图 8-20）、内平衡式膨胀阀（图 8-21）和 H 形膨胀阀（图 8-22）。

❹ 储液干燥器和集液器

储液干燥器（图 8-23）用于膨胀阀式制冷系统，安装于冷凝器出口处，其作用如下：

（1）存储。暂时存储制冷剂，使制冷剂的流量与制冷负荷相适应。

（2）过滤。清除杂物和污物，防止造成制冷系统堵塞。

(3)干燥。吸收制冷剂中的水分,防止压缩机组成元件造成液击损伤,节流装置处结冰。

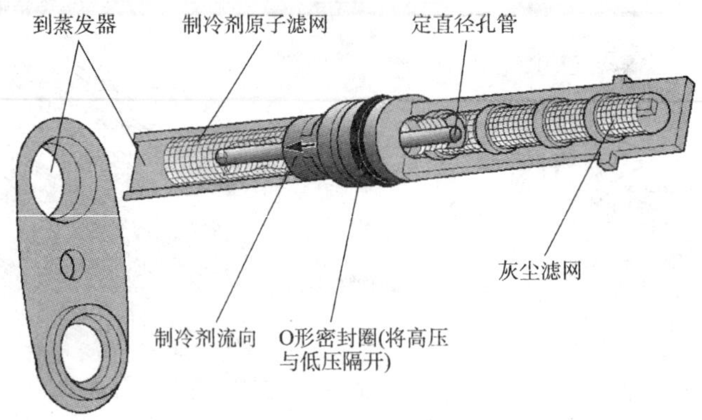

图 8-19　膨胀管

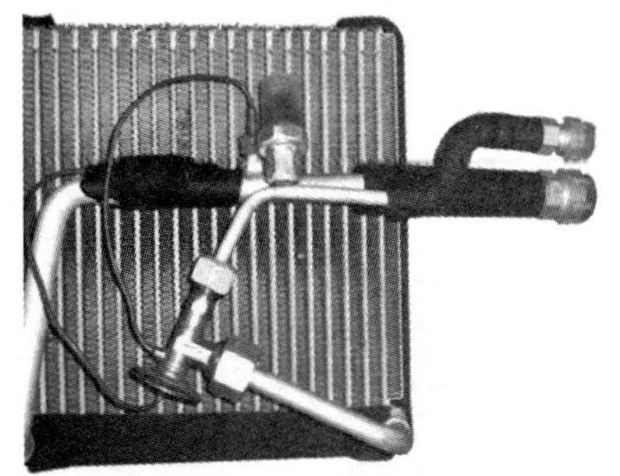

图 8-20　外平衡式膨胀阀

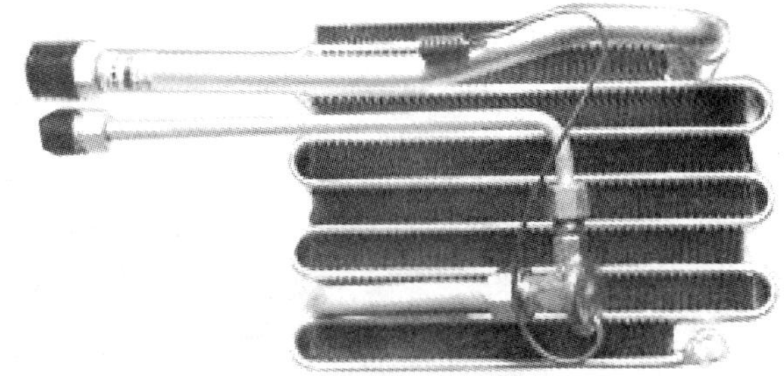

图 8-21　内平衡式膨胀阀

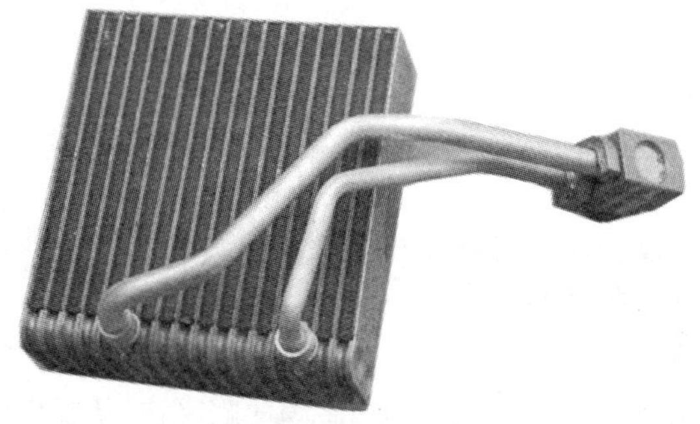

图 8-22　H 形膨胀阀

集液器(图 8-24)用于膨胀管式制冷系统,安装于蒸发器出口处的管路。其作用与储液器相同,但由于膨胀管无法调节制冷剂流量,会导致经蒸发器流出的制冷剂中可能有部分液体,为防止压缩机损坏,在进入压缩机之前,集液器将制冷剂进行气液分离。

5 蒸发器

蒸发器安装在驾驶室仪表台的后面,也是一个热交换器,经过节流装置节流降压后的制冷剂进入蒸发器蒸发,吸收蒸发器周围空气中的热量,使车内降温,以达到制冷的目的。蒸发器还要将空气中由于温度降低而凝结出来的水分排出车外,达到除湿的目的,在蒸发器的下方还有接水盘和排水管。

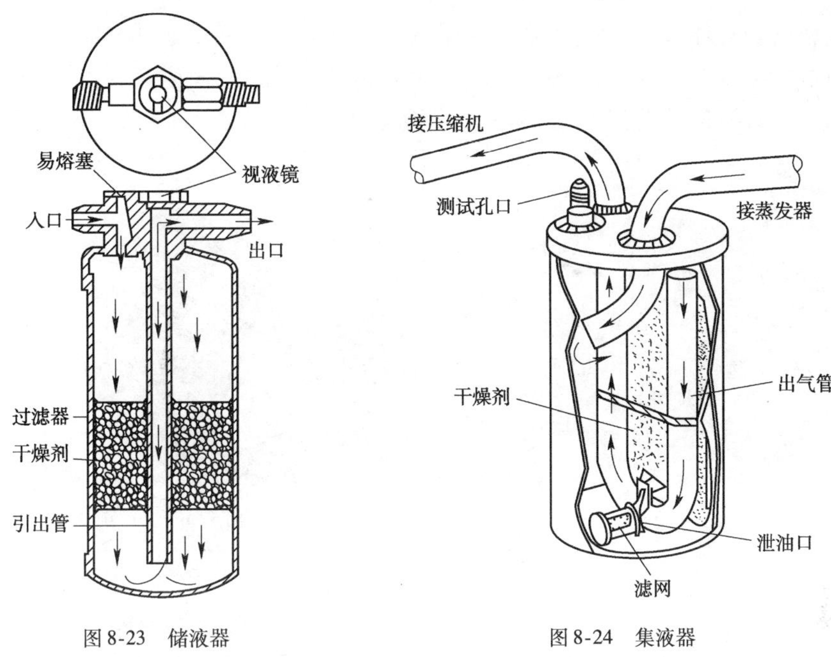

图 8-23　储液器

图 8-24　集液器

汽车空调系统中常用的蒸发器有管带式(图 8-25)、层叠式(图 8-26)和管片式(图 8-27)三种。

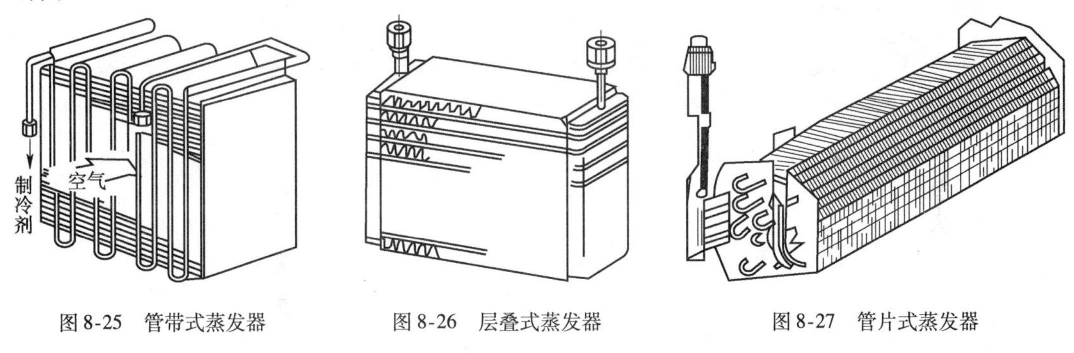

图 8-25　管带式蒸发器

图 8-26　层叠式蒸发器

图 8-27　管片式蒸发器

6 冷凝器风扇

空调制冷时,冷凝器需对外释放大量的热量,冷凝器风扇如图 8-28 所示,其作用为增大冷凝器的散热,加速制冷剂的液化。

7 鼓风机

鼓风机将空气吹经加热器芯或者蒸发器,使空气温度升高或降低并送入车厢。鼓风机如图 8-29 所示,有可调速的直流电动机和鼠笼式风扇组成,通过调节电动机速度,可调节向车内的送风量。鼓风机通常安装在副驾驶室仪表台右后方。

三、空调制冷系统的控制原理

1 空调制冷系统的控制电路基本组成

汽车空调制冷系统的控制电路,主要实现蒸发器温度控制、制冷循环系统压力控制、压缩机控制、鼓风机转速控制、冷凝风扇控制等。本书主要介绍压缩机的工作控制。空调压缩机基本控制电路如图 8-30 所示,由蓄电池、点火开关、继电器、压缩机、电磁离合器、压力开关、蒸发器温度传感器、发动机转速检测电路、车内温度检测电路等组成。

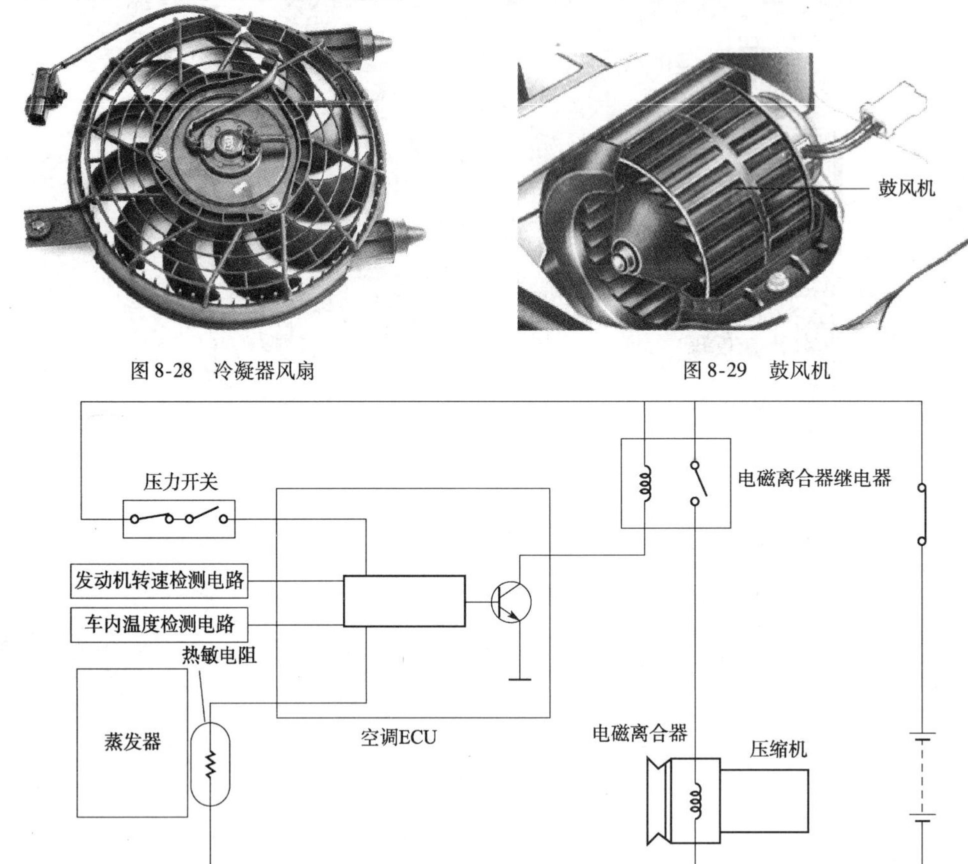

图 8-28　冷凝器风扇

图 8-29　鼓风机

图 8-30　汽车空调压缩机基本控制电路

❷ 压缩机电磁离合器控制原理

压缩机上装有电磁离合器,用以接通或切断发动机与压缩机的动力传递。电磁离合器的结构如图 8-31,主要包括压力板、皮带轮和定子线圈等主要部件。压力板与压缩机轴相连,皮带轮和定子线圈安装在压缩机的壳体上。

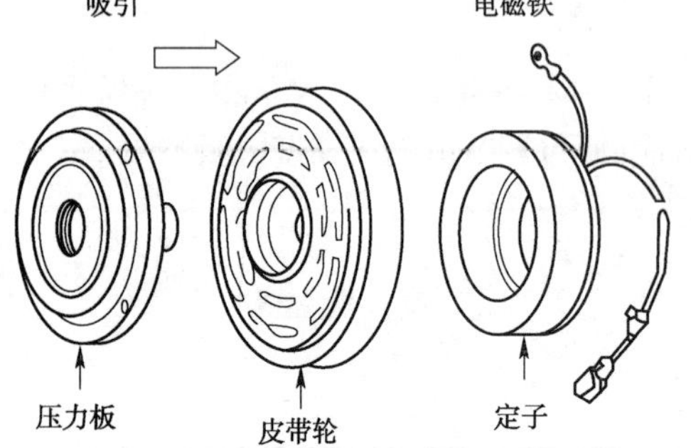

图 8-31　电磁离合器的结构

空调开关接通后,制冷系统进入工作状态,电磁离合器定子线圈通电,产生电磁力,将压力板吸向皮带轮,使两者接合在一起,发动机的动力便通过皮带轮传递到压力板,带动压缩机轴转动,驱动压缩机工作,如图 8-32 所示。

当制冷系统停止工作时,定子线圈断电,电磁力消失,压力板与皮带轮分离,动力切断,压缩机停止工作,如图 8-33 所示。

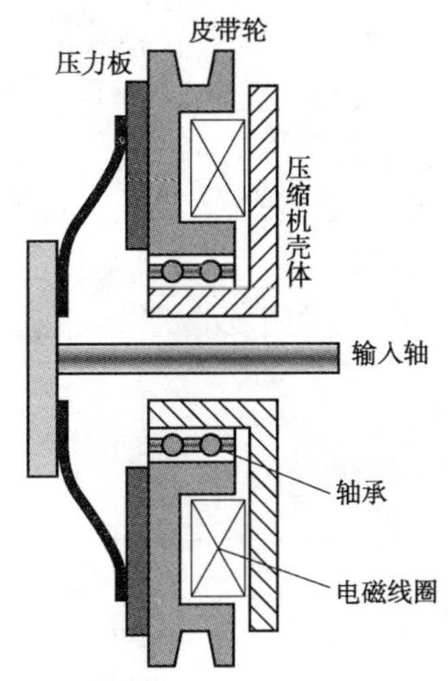

图 8-32　电磁离合器的接合状态

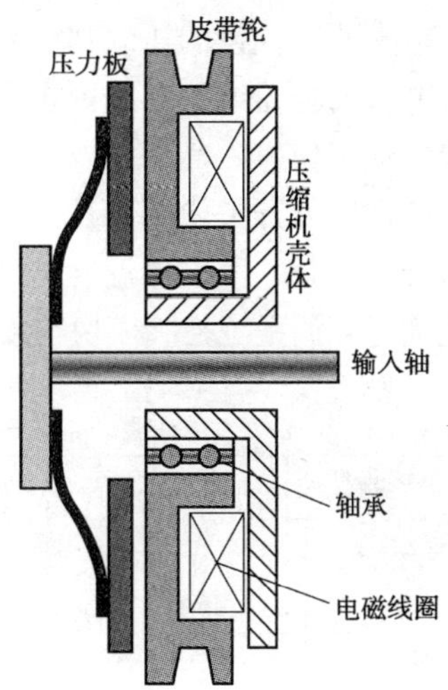

图 8-33　电磁离合器的分离状态

3 压缩机的控制原理

蒸发器温度控制是指为了防止蒸发器结霜，定排量压缩机的控制系统一般采集蒸发器出风口的温度信号进行控制，当温度达到设定的温度，压缩机电磁离合器松开，压缩机停止工作。当温度升高后，电磁离合器接合，压缩机开始工作。

制冷循环系统压力控制是指为了避免制冷系统中出现压力异常而造成系统部件的损坏，当管路内压力过高时，压缩机停止工作。

当接通空调开关使制冷系统进入工作状态时，系统内压力正常，蒸发器温度正常，发动机转速检测电路与车内检测电路检测相应参数符合制冷系统工作要求，电磁离合器继电器线圈电路接通，继电器开关吸合，压缩机在发动机皮带轮的带动下运转。

四、雪佛兰科鲁兹 1.6L/AT 2013 款轿车空调压缩机工作原理

1 科鲁兹 1.6L/AT 2013 款轿车空调压缩机起动条件

(1)蓄电池电压为 9～18V。

(2)发动机冷却液温度低于 124℃。

(3)发动机转速为 600～5500r/min。

(4)空调制冷系统高压侧压力为 269～2929kPa。

(5)节气门开度低于 100%。

(6)蒸发器温度高于 3℃。

(7)发动机控制模块未检测到转矩负载过大。

(8)发动机控制模块未检测到怠速不良。

(9)环境温度高于 1℃。

2 空调压缩机控制电路

图 8-34 为科鲁兹轿车空调压缩机的控制电路示意图，按下空调控制开关(HVAC 控制开关)，空调系统控制模块(HVAC 控制模块)将信息通过 CAN 总线传递给发动机控制模块，发动

机控制模块先检查所有预设的压缩机工作条件,如果所有的条件都符合则发动机控制模块接通空调压缩机电磁离合器继电器线圈电路。继电器触点闭合后,空调压缩机离合器通电吸合,压缩机由皮带带动工作。

当空调制冷剂压力开关检测高压侧压力,当压力太高或太低时,发动机控制模块将不允许空调压缩机离合器接合。蒸发器温度传感器安装在蒸发器处,测量蒸发器的温度,如果温度降至低于3℃,则通过空调系统控制模块与发动机控制模块通信,关闭压缩机以防止蒸发器冻结。

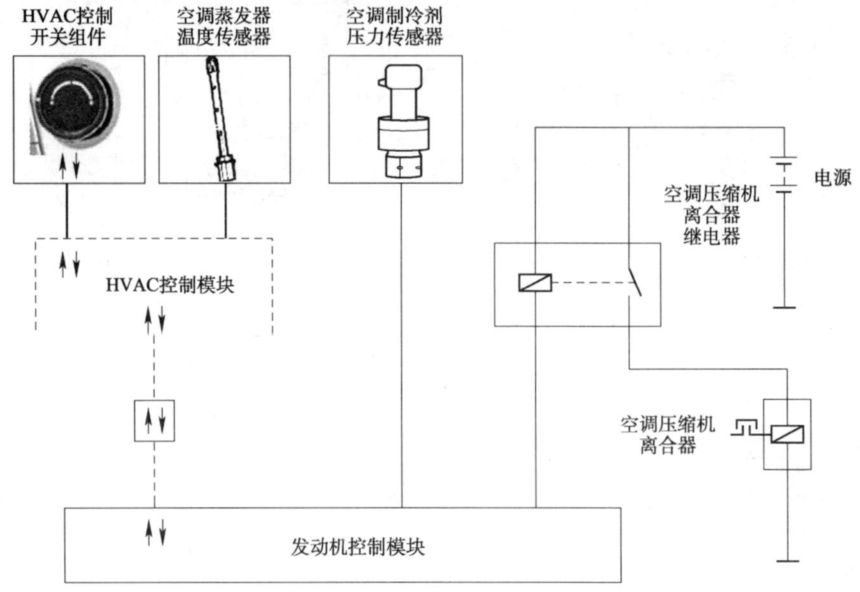

图 8-34　科鲁兹轿车空调压缩机的控制电路示意图

任务实施

一、空调制冷剂的回收、净化、加注

(一)直观检查

(1)检查压缩机驱动皮带是否过松,如果皮带过松按标准调整,如图 8-35 所示。

(2)检查冷凝器散热片上是否有脏物覆盖,如果有,将脏物清除。

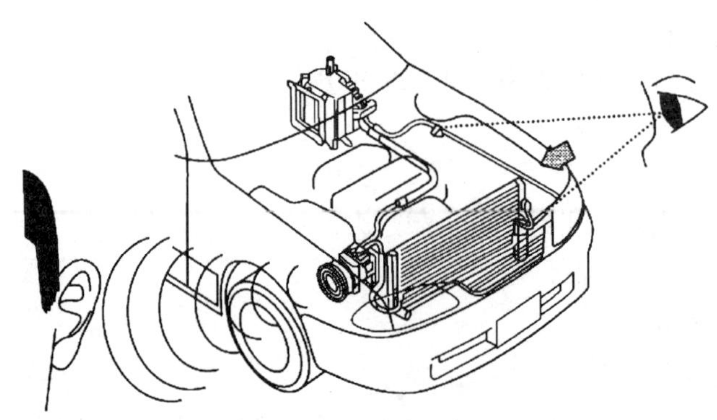

图 8-35　空调制冷系统直观检测

(3)听压缩机内部是否有杂音，这种杂音通常都是由压缩机内部零件损坏所引起。

(4)听压缩机附近是否有非正常的响声，如果有，检查压缩机的安装情况。

(5)检查空调出风口的出风量，如果出风量不足，检查进风滤清器，如有杂物需立刻清除。

(6)检查制冷循环系统的各连接处是否有油渍，如果有油渍，说明该处有泄漏，应紧固该连接处或更换该处的零件。

(7)将鼓风机开至低、中、高挡。听鼓风机处是否有杂音，检查鼓风机是否运转正常，如果有杂音或运转不正常，应更换鼓风机(鼓风机进入异物或安装有问题也会引起杂音或运转不正常，所以在更换之前要仔细检查)。

空调制冷系统直观检查记录见表 8-4。

空调制冷系统直观检查记录　　表 8-4

项　　目	作　业　记　录
制冷系统各部件情况	压缩机检查结果:
	冷凝器检查结果:
	鼓风机检查结果:
制冷系统连接线路情况	检查结果:

(二)检查制冷剂的数量

1. 通过系统视液镜检查

(1)检查条件:发动机转速为 1500r/min，鼓风机速度控制开关处于最大转速，空调开关打开，温度调节开关处于温度最低状态，打开所有车门。

(2)检查结果如图 8-36 所示:

①几乎无气泡，说明制冷剂量正常。

②有连续气泡，说明制冷剂量不足。

③完全看不到气泡，说明制冷剂过量。

2. 检测系统压力

使用歧管压力表进行检测，连接歧管压力表，蓝色软管连接低压侧，红色软管连接高压侧。

(1)检测条件:起动发动机，空调运行。

(2)检测结果如图 8-37 所示。

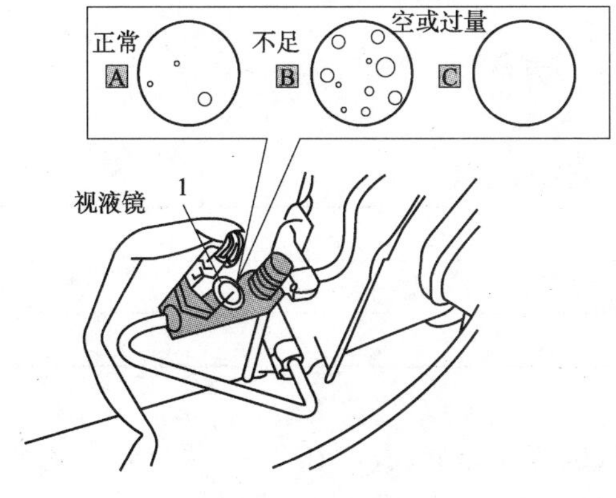

图 8-36　视镜检查情况

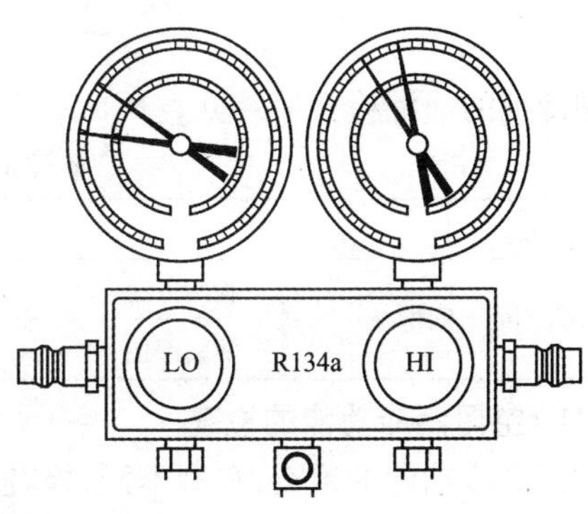

图 8-37　正常压力显示

①低压侧压力表显示:0.15~0.25MPa。

②高压侧压力表显示:1.37~1.57MPa。

注意:压力表的显示值可能会受环境温度的影响而略有不同。

空调系统压力检测记录见表8-5。

空调系统压力检测记录 表8-5

项　目	作 业 记 录		
空调初始压力检查	运行状态 / 项目	空调系统未工作	空调系统工作
	发动机转速		
	高压侧压力		
	低压侧压力		
	检查结果:		

(三)检查制冷剂的泄漏

使用电子式检测仪或荧光检测仪检测主要可能的泄漏部位,如图8-38所示。

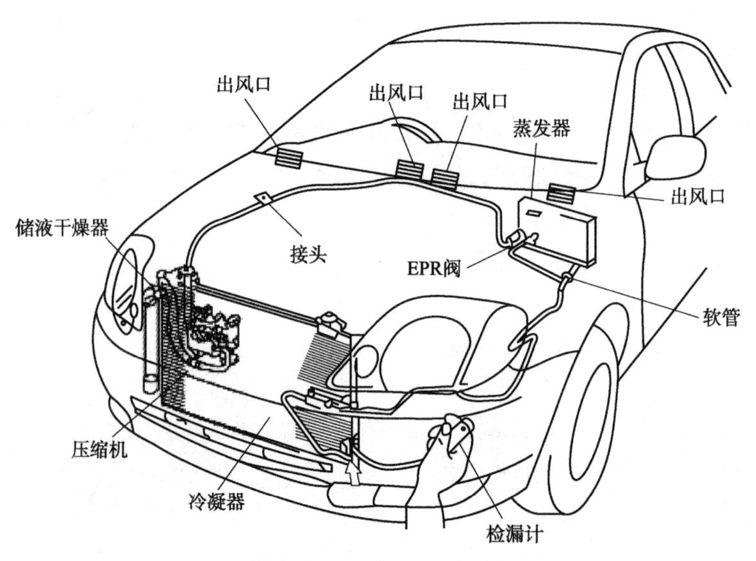

图8-38　主要可能泄漏部位

制冷剂的泄漏检查记录见表8-6。

制冷剂的泄漏检查记录 表8-6

项　目	作 业 记 录
制冷剂的泄漏检查	检漏方法:
	泄漏部位:

(四)空调制冷功能的检查

空调制冷功能的检查,车型不同,检查方法也有所差异,我国在2010年出台了行业标准,检查时可参照执行,也可按照各个制造厂规定的检查方法进行检查。检查步骤如下:

(1)车辆停放在阴凉处,将干湿球温度计放置在空调进风口位置。

(2)打开车窗、车门。

(3)打开发动机罩。

(4)打开所有空调出风口,调节到全开。

(5)设置空调调制器:外循环位置;强冷;A/C 开;风机转速最高(HI);若是自动空调应设为手动并将温度设为最低值。

(6)将温度计探头放置在空调出风口内 50mm 处。

(7)起动发动机,将发动机转速控制在 1500 ~ 2000r/min,使压力表指针稳定。

(8)待温度计显示数值趋于稳定后,读取压力表和温度计的显示值,将所测得的高低侧压力、相对温度、空调进风温度、出风温度与汽车制造商提供的空调性能参数或图表上的参数比较(图 8-39、图 8-40),如压力表、温度计显示的高、低侧压力和空调出风温度不在规定的范围内,应对制冷装置做进一步的诊断和检修。

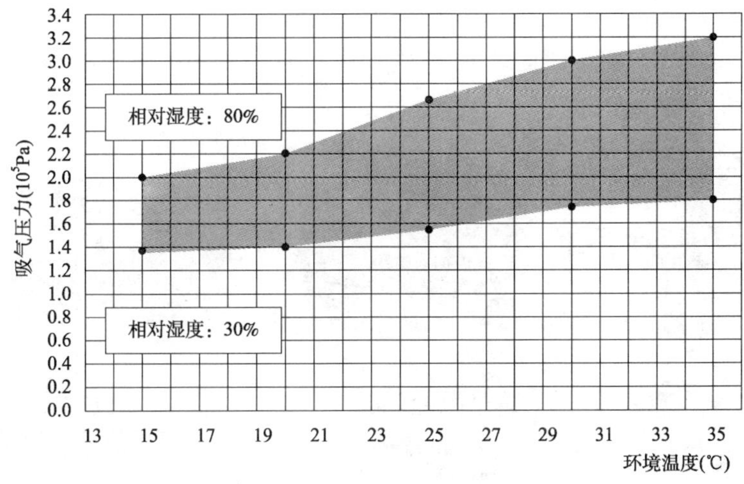

图 8-39 吸气压力与环境温度图

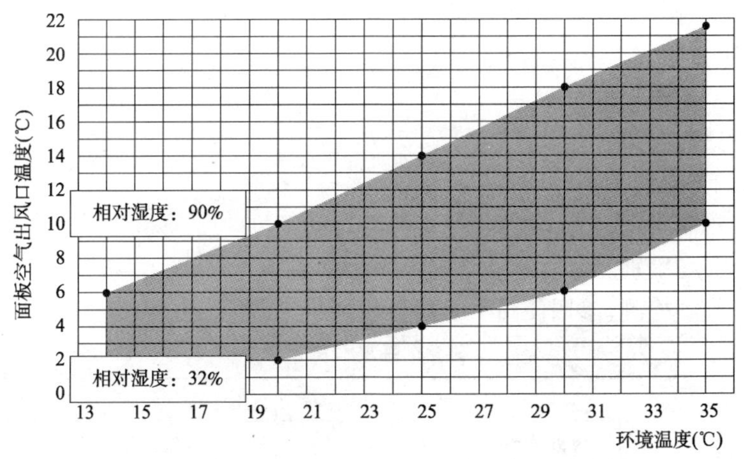

图 8-40 空调出风温度与环境温度图

空调制冷功能的检查记录见表 8-7。

空调制冷功能的检查记录　　表8-7

项　目	作　业　记　录	
空调制冷功能检查	检测时发动机转速:	
	空调系统类型设置:	
	环境温度:	环境湿度:
	高压侧压力:	低压侧压力:
	空调出风口温度:	空调出风口湿度:
	根据吸气压力与周围环境温度图表进行标注	
	根据送风温度与周围环境温度图表进行标注	
	检查结果:	

(五)制冷剂回收作业

1.设备准备

设备准备:AC350C制冷剂回收加注机(图8-41),16910制冷剂鉴别仪(图8-42),RG5410A回收机(图8-43)。

图8-41　AC350C回收加注机

图8-42　16910制冷剂鉴别仪

图8-43　RG5410A回收机

2.作业准备

(1)添加真空泵油。　□任务完成

(2)连接管路和电源。　□任务完成

(3)工作罐初始化。　□任务完成

(4)回收首批制冷剂。　□任务完成

(5)制冷剂类型鉴别。　□任务完成

(6)制冷剂纯度检测(参照使用手册),见表8-8。　□任务完成

制冷剂纯度检测记录　　表8-8

项　目	作　业　记　录
制冷剂纯度检测	海拔设定:
	纯度检测结果:
	检测结果判断:

提示：

(1)真空泵每工作10h更换一次润滑油。

(2)RG5410A回收机适用所有制冷剂，当制冷剂鉴别检测结果为未知类型、两种以上类型混合或不符合汽车空调使用时，应使用RG5410A回收机进行回收。

(3)制冷剂纯度检测结果纯度高于96%时，则无需净化，否则，需净化。

3. 制冷剂回收

(1)打开AC350C回收加注机电源开关。　□ 任务完成

(2)进行回收前数据记录。　□ 任务完成

(3)进行AC350C的自检漏。　□ 任务完成

(4)起动汽车空调制冷系统。　□ 任务完成

(5)根据车型确认回收量并设定。　□ 任务完成

(6)打开高低压开关进行制冷剂回收。　□ 任务完成

(7)进行排油。　□ 任务完成

(8)排油完成，关闭高低压阀门。　□ 任务完成

(9)记录制冷剂回收量及冷冻油排出量(表8-9)。　□ 任务完成

制冷剂回收量及冷冻油排出量记录　表8-9

名　称		数　值	回　收　量
制冷剂	回收前的净重		
	回收后的净重		
冷冻油	回收前的净重		
	回收后的净重		

提示：

(1)自检漏过程中，指针应指在负压下，否则，说明回收机或管路有较大泄漏。

(2)自检漏过程中，若指针有回位，则说明系统有泄漏。

(3)空调制冷系统应运行3~5min，以便充分回收制冷剂。

(4)打开高低压开关进行制冷剂回收时应放慢速度，防止冷冻油被制冷剂带出系统。

(5)回收过程中应注意观察压力表指针，当压力达到－33864Pa并稳定后，应及时按取消键，防止损坏压缩机。

制冷剂回收记录见表8-10。

制冷剂回收记录　表8-10

项　目	作　业　记　录
制冷剂回收	制冷剂回收结果：

(六)制冷剂净化作业

AC350C制冷剂回收加注机可进行制冷剂自循环，净化的时间与制冷剂纯度有关，纯度越低时间越长，净化完成，设备将自动停止工作。

制冷剂净化记录见表8-11。

制冷剂净化记录　　表8-11

项　目	作 业 记 录
制冷剂净化	制冷剂净化结果:

(七)制冷剂加注作业

(1)检查空调制冷系统有无泄漏。　□ 任务完成

(2)根据制冷剂类型鉴别及纯度检测结果视情清洗。　□ 任务完成

(3)对制冷系统进行抽真空并检漏。　□ 任务完成

(4)加注冷冻油。　□ 任务完成

(5)加注制冷剂。　□ 任务完成

(6)管路清理。　□ 任务完成

(7)空调系统检查。　□ 任务完成

提示:

(1)检漏过程中,保持真空度时间至少为15min,若压力有回升,则继续抽真空,累计时间超过30min,压力仍回升,则可判定制冷系统有泄漏,应进行检修。

(2)加注冷冻油的量建议为排出量+20mL,且必须选择与系统一致的型号。

(3)加注制冷剂时,应查询设备数据库、查阅《车辆使用手册》或车体标签,确认制冷剂的类型和加注量。

制冷剂加注记录见表8-12。

制冷剂加注记录　　表8-12

项　目	作 业 记 录	
初抽真空	抽真空时间设定:	
	抽真空结果:	
保压	保压后真空度:	
	结果判断:	
注油	排出油量:	注油瓶的油量:
	设定注油量:	实际注油量:
抽真空	抽真空时间设定:	
	抽真空结果:	
定量加注制冷剂	加注量设定:	
	加注结果:	
管路回收	管路回收结果:	

(八)空调制冷功能检查

同第四步骤的制冷功能检查,检查记录见表8-13。

空调制冷功能检查记录　　表 8-13

项　　目	作　业　记　录
空调制冷功能检查	检测时发动机转速:
	空调系统类型设置:
	环境温度:　　　　环境湿度:
	高压侧压力:　　　　低压侧压力:
	空调出风口温度:　　　　空调出风口湿度:
	根据吸气压力与周围环境温度图表进行标注
	根据送风温度与周围环境温度图表进行标注
	检查结果:

二、汽车空调制冷系统不工作故障诊断与排除

(一)作业准备

作业准备见表 8-14。

作　业　准　备　　表 8-14

序号	项　　目	作业记录
1	汽车停放和三角块放置状况	
2	座椅套、转向盘套、换挡手柄套、脚垫、翼子板护围安装状况	
3	万用表、专用解码器、常用拆卸工具	
4	机油液位、冷却液液位	
5	蓄电池电压情况	
6	空调传动带松紧度	
7	压缩机、制冷剂压力传感器、空调控制装置、线束若干	
8	纸质或电子版维护手册	

(二)故障现象确认

(1)发动机运转状况。　□ 正常 □ 不正常

(2)鼓风机工作情况。　□ 正常 □ 不正常

(3)冷却风扇工作情况。　□ 正常 □ 不正常

(4)空调操作面板情况。　□ 正常 □ 不正常

(5)压缩机情况。　□ 正常 □ 不正常

(6)仪表状况。　□ 正常 □ 不正常

(三)故障码检查

连接专用故障诊断仪,读取故障码(有内容时填写检查代码,如果没有时填写“无”)。

____。

(四)确定故障范围

根据上述检查进行判断,并填写可能故障范围(表 8-15)。

可能故障范围　表8-15

电源线路及熔断丝	□ 是	□ 否
压缩机离合器继电器及相连线路	□ 是	□ 否
空调压缩机离合器及相连线路	□ 是	□ 否
蒸发器温度传感器及相连线路	□ 是	□ 否
空调制冷剂压力传感器及相连线路	□ 是	□ 否
HVAC 控制开关组件 S34	□ 是	□ 否
HVAC 控制模块	□ 是	□ 否
发动机控制模块	□ 是	□ 否

(五)基本检查(在不作部件拆装的情况所做的外观检查)

(1)线路/插接器外观及连接情况。　□ 正常 □ 不正常

(2)零件安装等。　□ 正常 □ 不正常

(六)部件及电路测试

1. 对被怀疑的部件进行测试

对被怀疑的部件进行测试见表8-16。

部件测试结果　表8-16

部　件	检查或测试后的判断结果	
	□ 正常	□ 不正常
	□ 正常	□ 不正常
	□ 正常	□ 不正常
	□ 正常	□ 不正常

2. 压缩机离合器继电器及相连线路检测

将点火开关置于OFF位置,拆下空调压缩机离合器继电器,如表8-17所示,检查空调压缩机离合器继电器工作情况。空调压缩机离合器继电器如图8-44所示。如果不符合要求,则更换空调压缩机离合器继电器。

检测空调压缩机离合器继电器　表8-17

检测对象	检查条件	规定状态
30—87	85—86 端子加蓄电池电压	导通
	85—86 端子未加蓄电池电压	不导通

用万用表逐段检查空调压缩机离合器继电器线路,找出短路或断路故障的部位。

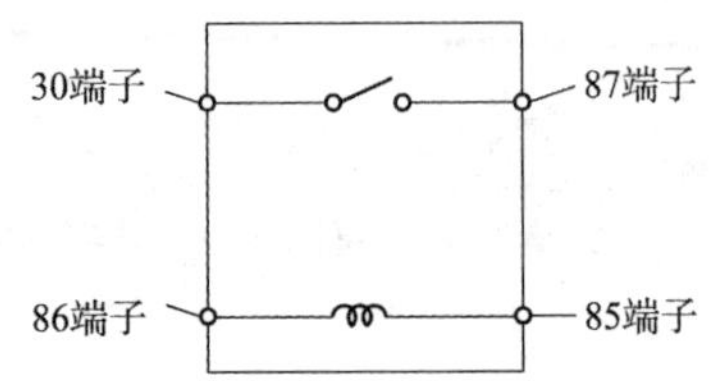

图8-44　空调压缩机离合器继电器

3. 空调压缩机离合器及相连线路检测

使用故障诊断仪驱动“发动机控制模块空调继电器”输出功能“ON”(通电)和“OFF”(断电)之间切换,确认空调压缩机发出“咔嗒”声。如果空调压缩机未发出“咔嗒”声,则进行空调压缩机离合器及相连线路检测。

将点火开关置于 OFF 位置,断开 Q2 空调压缩机离合器插接器,拆下空调压缩机,检测其工作情况见表 8-18。空调压缩机离合器插接器如图 8-45 所示。如果不符合要求,则更换空调压缩机。如果符合要求,则进行相连线路检测。

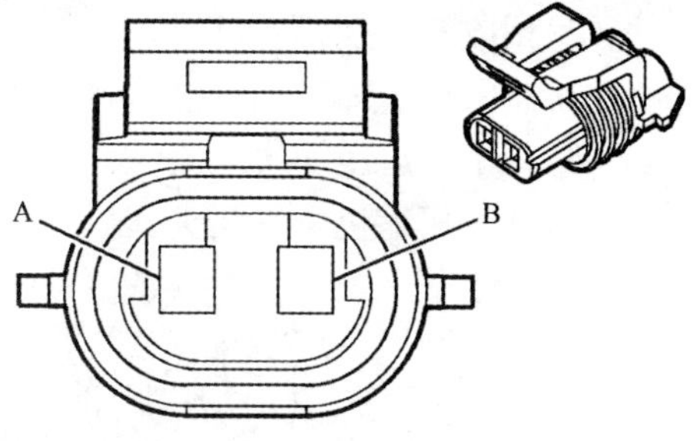

图 8-45　空调压缩机离合器插接器

检测空调压缩机离合器　表 8-18

检测对象	检查条件	规定状态
1—2	未加蓄电池电压	—
	加蓄电池电压	正常工作

用万用表逐段检查空调压缩机离合器相连线路,找出短路或断路故障的部位。

4. 空调制冷剂压力传感器及相连线路检测

使用故障诊断仪读取“A/C High Side Pressure Sensor(空调高压侧压力传感器)”参数应为 0.2 ~4.8V,若不在规定范围,则进行空调制冷剂压力传感器及相连线路检测。

将点火开关置于 OFF(关闭)位置,断开 B1 空调制冷剂压力传感器和 K20 发动机控制模块的线束插接器。用万用表逐段检查相连线路,找出短路或断路故障的部位。若线路检测正常,则更换空调制冷剂压力传感器。

5. HVAC 控制开关组件

将点火开关置于 ON(打开)位置,起动和关闭空调开关。确认故障诊断仪“A/C Switch(空调开关)”参数在“Active(起动)”和“Inactive(未起动)”之间变化。如果参数不在规定值之间切换,则进行 HVAC 控制开关更换。

6. HVAC 控制模块检测

将点火开关置于 ON 位置,起动和关闭空调开关。确认发动机控制模块故障诊断仪“A/C Request Signal(空调请求信号)”参数在“Active(激活)”和“Inactive(未激活)”之间变化。如果参数未变化,则更换 HVAC 控制模块。

(七)故障部位确认

根据上述的所有检测结果,确认故障部位(表 8-19)。

确 认 故 障 部 位　表 8-19

□ 元件损坏	请写明元件名称:
□ 线路故障	请写明线路区间:
□ 其他	

(八)故障点的排除处理

□ 更换	□ 维修	□ 调整

1. 压缩机的更换

(1)断开蓄电池负极。

(2)回收制冷剂,拆下传动带。

(3)将空调压缩机和冷凝器软管从空调压缩机上松开。

(4)拆下空调压缩机螺栓,如图 8-46 所示。

(5)断开压缩机电气插头,取下压缩机,更换新的压缩机。

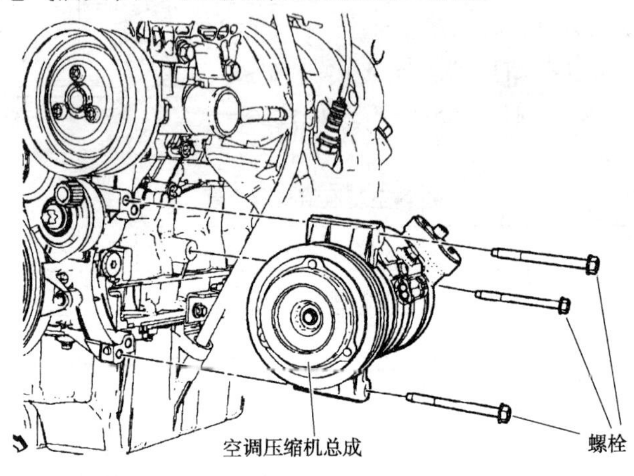

图 8-46　拆下空调压缩机螺栓

2. HVAC 控制装置的更换

(1)拆卸仪表板中央上装饰条。

(2)拆下前地板控制台储物托盘。

(3)拆下仪表板附件嵌框螺钉,轻轻地撬动嵌框的外部边缘,以松开卡子,如图 8-47 所示。

(4)断开电气插接器,取下 HVAC 控制装置,如图 8-48 所示。

(5)更换新的 HVAC 控制装置,安装仪表板附件嵌框螺钉及仪表板中央上装饰条。

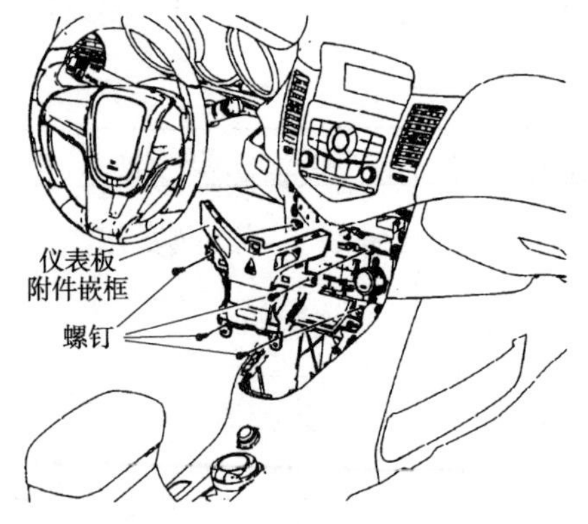

图 8-47　拆下仪表板附件嵌框

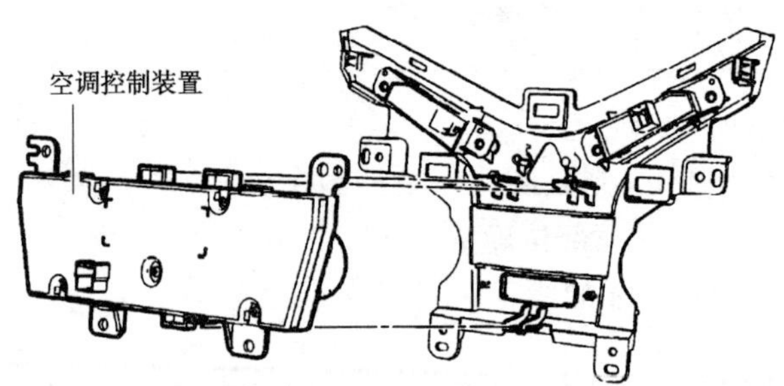

图 8-48　取下 HVAC 控制装置

3. HVAC 控制模块

(1)拆卸仪表板储物箱及地板右侧出风管。

(2)拆卸 HVAC 控制模块螺栓,如图 8-49 所示。

(3)断开电气插接器,取下 HVAC 控制模块。

(4)更换新的 HVAC 控制模块,紧固 HVAC 控制模块螺栓,连接电气插接器。

(5)安装仪表板储物箱及地板右侧出风管。

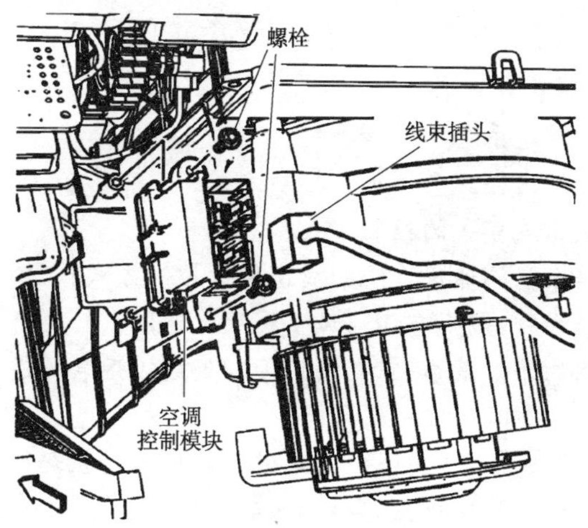

图 8-49　拆卸 HVAC 控制模块螺栓

(九)维修结果确认(表中项目检查有内容时填写检查结果,如果没有时填写“无”。)

(1)维修后故障码读取,并填写读取结果。

______________________________。

(2)维修后的功能确认并填写结果。

______________________________。

(十)现场恢复

清洁工具、设备并归位,拆除防护装置,清洁车辆,将车辆驶出举升机工位。

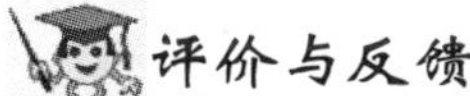

评价与反馈

对本任务进行评价,见表 8-20。

评　分　表　　　　表 8-20

考核项目	评分标准	分值	学生自评	小组互评	教师评价	小计
资料检索	熟练地查阅维修资料,能否找到诊断策略	15				
任务方案	是否根据手册提供的诊断策略进行维修	10				
操作过程	工艺步骤是否合理,方法是否正确	30				
设备、工具操作	是否正确	20				
安全生产	是否符合安全操作规程	5				
5S 规范	场地是否整洁,物品摆放是否有序	5				
记录表填写	是否按要求填写,记录值是否准确	15				
总　分		100				

注意:违反操作规程,出现人身伤害或设备严重事故,本任务考核 0 分。

任务三　通风系统的检修

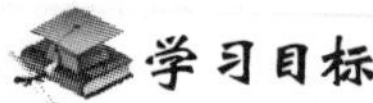

学习目标

1. 简单描述汽车空调通风系统功能和类型；

2. 简单描述汽车空调的内循环与外循环控制方式；

3. 简单描述汽车空调出风模式的控制方式；

4. 简单描述科鲁兹轿车空调通风系统组成及风速控制方式；

5. 能熟练地查阅维修资料，确定空调通风系统故障范围；

6. 按照维修手册提供的维修策略，正确使用诊断仪或万用表等进行故障诊断，确定空调通风系统故障部位；

7. 根据维修手册在规定时间内，安全规范地进行鼓风电动机和鼓风电动机控制模块、空调控制装置、模式门执行器、空气再循环风门作动器的更换；

8. 维修过程中自觉保持场地整洁，物品摆放有序。

任务导入

客户在使用科鲁兹 1.6 L/AT 2013 款轿车过程中，打开空调开关，各个出风口都无风吹出，调节风量控制开关，仍无风吹出。客户现将车开到雪佛兰服务站，服务顾问接车后开出工单，请你们小组排除此故障。

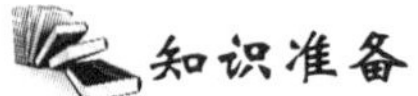

知识准备

一、汽车空调通风系统的概述

汽车空调通风系统可以将车外的新鲜空气引入车内，将车内的污浊空气排出，还可以对风窗进行除霜，使车内空气保持新鲜，提高车辆舒适性。目前汽车上采用的通风有自然通风、强制通风和综合通风。

1 自然通风

自然通风又称动压通风，如图 8-50 所示，利用汽车在行驶时各部位所产生的不同压力进行通风。在车身内外壁面上开设进出风口。一般进风口开在车身正压区，并且是不容易带入灰尘、烟气和雨水的部位。动压通风不需要外加动力，因此较经济，但在汽车行驶速度较低时，通风效果较差。

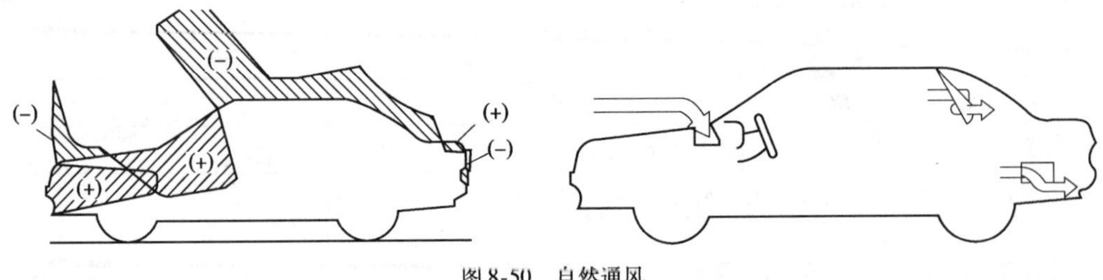

图 8-50　自然通风

❷ 强制通风

强制通风是利用鼓风机进行通风，如图 8-51 所示，在进风口安装鼓风机将车外的空气吸入车内，车内的空气从排风口排出。强制通风不受车速限制，通风效果较好。

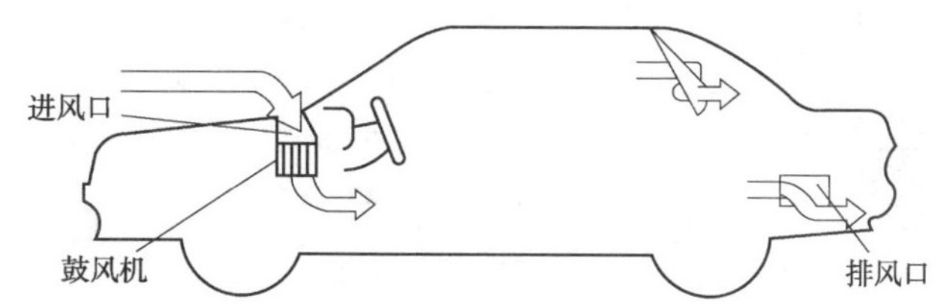

图 8-51 动压通风

❸ 综合通风

将上述两种通风方式结合起来，就形成了综合通风。汽车在低速行驶时采用强制通风，高速行驶时采用动压通风，如此可以保证汽车在各种工况下都能保持良好的通风效果，同时也降低了能耗。目前小型汽车上多数采用综合通风。

三、汽车空调进气选择

空调系统在进行进气选择时，可以选择进入车内的空气是车外空气还是车内空气。若选择车外新鲜空气称为外循环，选择车内空气称为内循环。进气选择可以通过控制面板上的内外循环选择按钮控制进气口处的调节风门实现，如图 8-52 所示。

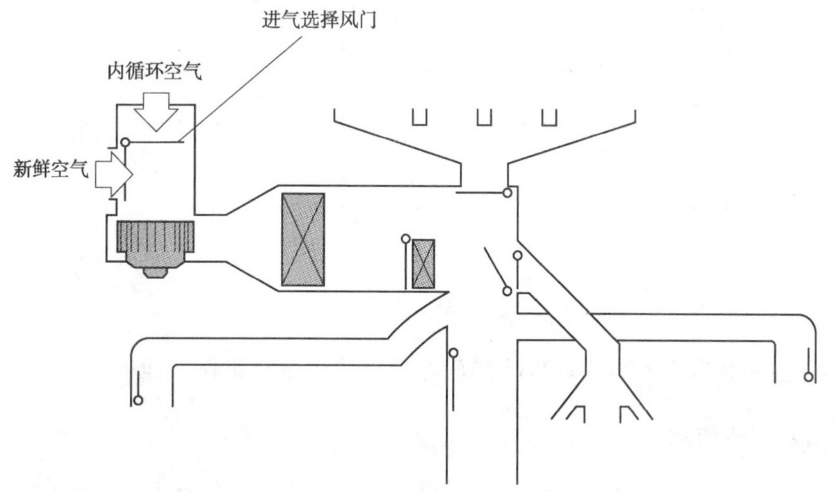

图 8-52 空气进气选择风门

四、汽车空调出风模式选择

汽车空调系统的出风口分别设置了中央出风口、边出风口、脚下出风口和风窗玻璃出风口等，可以根据不同需求，选择不同出风口出风。这种功能是通过控制面板上的气流选择调节按钮实现的，如图 8-53、图 8-54 所示。

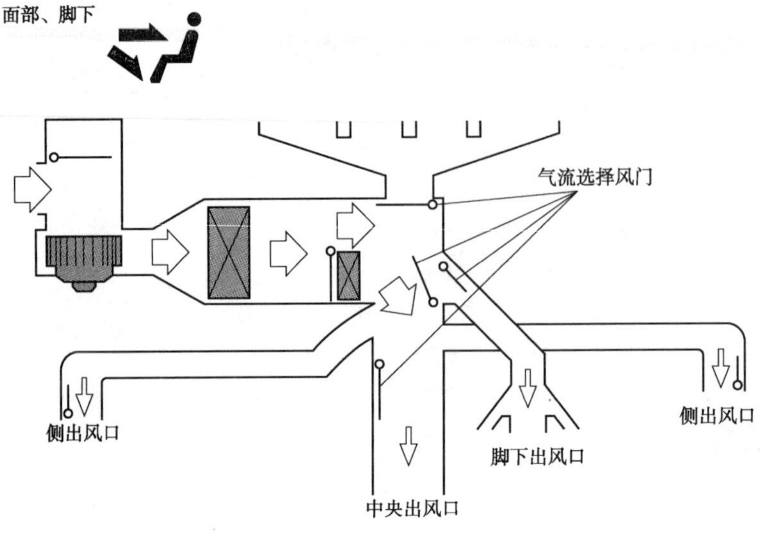

图 8-53　面部和脚下出风位置

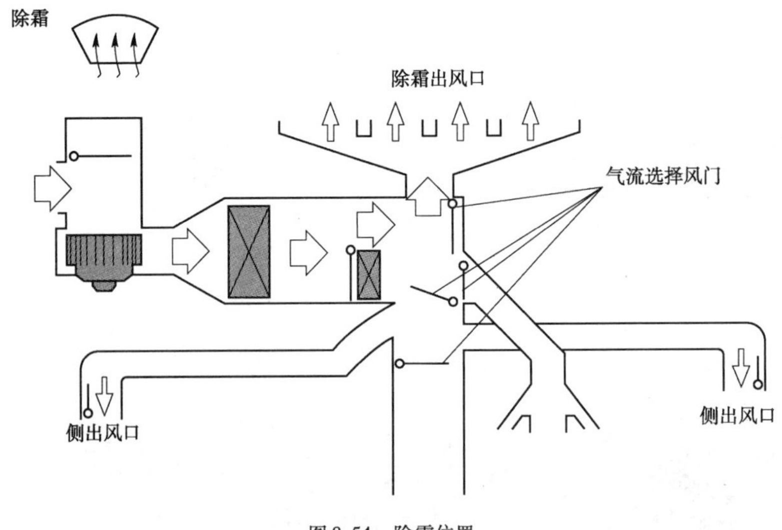

图 8-54　除霜位置

四、雪佛兰科鲁兹 1.6L /AT 2013 款轿车空调通风系统工作原理

1 鼓风机工作原理

空调出风口风速是由鼓风机转速变化来调节的。鼓风电动机控制开关将增大或减小转速信号发送给空调系统控制模块(HVAC 控制模块),空调系统控制模块通过鼓风电动机控制模块指令鼓风电动机转速,如图 8-55 所示。

2 进气选择和出风模式选择

雪佛兰科鲁兹 1.6 L/AT 2013 款轿车空调进风选择和出风模式选择控制电路,如图 8-56 所示。通过空调控制面板的除霜开关、脚部出风开关、头部出风开关等可以选择相应的出风模式,所选择的参数通过 LIN 总线传送到 HVAC 控制模块。HVAC 模块控制电动机工作,将气流

选择风门移至所选位置。

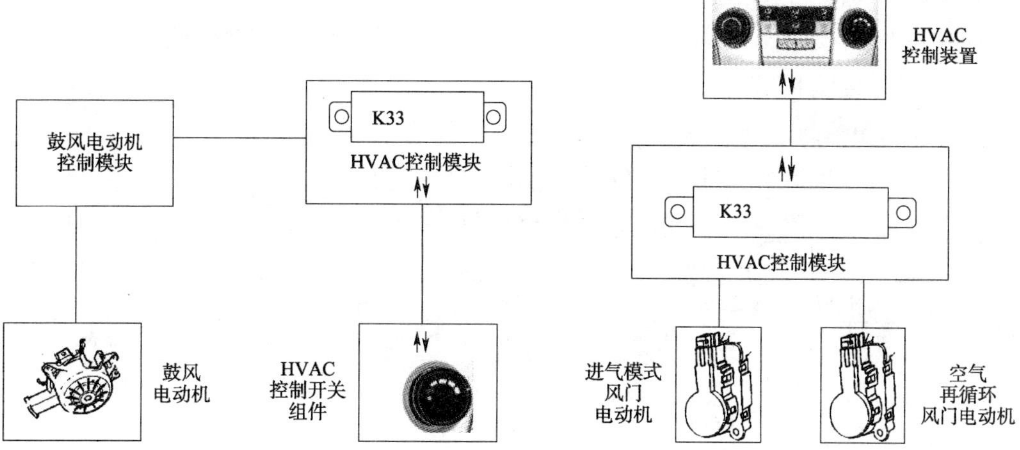

图8-55　鼓风机工作原理图

图8-56　进气选择和出风模式选择工作原理图

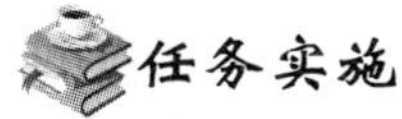

通风系统不工作故障诊断与排除

一、作业准备

作业准备见表8-21。

作　业　准　备　　　　表8-21

序号	项　　目	作业记录
1	汽车停放和三角块放置状况	
2	座椅套、转向盘套、换挡手柄套、脚垫、翼子板护围安装状况	
3	万用表、专用解码器、常用拆卸工具	
4	机油液位、冷却液液位	
5	蓄电池电压情况	
6	空调传动带松紧度	
7	鼓风电动机及控制模块、空调控制装置、进气模式风门电动机、空气再循环风门电动机、线束若干	
8	纸质或电子版维护手册	

二、故障现象确认

(1)发动机运转状况。　□ 正常 □ 不正常

(2)鼓风机工作情况。　□ 正常 □ 不正常

(3)前除霜、除霜出风情况。　□ 正常 □ 不正常

(4)头部出风情况。　□ 正常 □ 不正常

(5)脚部出风情况。　□ 正常 □ 不正常

(6)空调控制面板情况。　□ 正常 □ 不正常

(7)仪表情况。 □ 正常 □ 不正常

三、故障码检查

连接专用故障诊断仪,读取故障码(有内容时填写检查代码,如果没有时填写“无”)。

____。

四、确定故障范围

根据上述检查进行判断,并填写可能故障范围(表8-22)。

可能故障范围 表8-22

电源及熔断丝	□ 是	□ 否
鼓风电动机及相连线路	□ 是	□ 否
S34 HVAC 控制开关组件	□ 是	□ 否
A26 HVAC 控制装置	□ 是	□ 否
进气模式风门电动机及相连线路	□ 是	□ 否
空气再循环风门电动机及相连线路	□ 是	□ 否
鼓风电动机控制模块	□ 是	□ 否
HVAC 控制模块	□ 是	□ 否

五、基本检查(在不作部件拆装的情况所做的外观检查)

(1)线路/插接器外观及连接情况。 □ 正常 □ 不正常

(2)零件安装等。 □ 正常 □ 不正常

六、部件及电路测试

1. 对被怀疑的部件进行测试

对被怀疑的部件进行测试见表8-23。

表8-23

部 件	检查或测试后的判断结果	
	□ 正常	□ 不正常
	□ 正常	□ 不正常
	□ 正常	□ 不正常
	□ 正常	□ 不正常

2. S34 HVAC 控制开关组件检测

将点火开关置于ON(打开)位置,将鼓风机电动机旋钮设置到高速,然后转为低速。确认故障诊断仪“Blower Motor Switch(鼓风机电动机开关)”参数读数应与选择的鼓风机步骤相对应。如果参数与选择的鼓风机步骤不对应,则更换HVAC控制装置A26。

3. A26 HVAC 控制装置检测

将点火开关置于ON(打开)位置,按下并松开开关以送风至面部,确认故障诊断仪“Instrument Panel Vents switch(仪表板通风开关)”参数在“Active(激活)”和“Inactive(未激活)”之间变化。如果参数未变化,则更换HVAC控制装置A26。

同样方法检测其他出风模式开关,观察相对应参数,若无变化,需更换HVAC控制装置A26。

4. 鼓风电动机及相连线路的检查

鼓风电动机检测见表8-24，如果不符合要求，则更换鼓风电动机。鼓风电动机插接器如图8-57所示。

检测鼓风电动机 表8-24

检测对象	检查条件	规定状态
1—2	未加蓄电池电压	不工作
	加蓄电池电压	[illegible]

用万用表逐段检查鼓风电动机相连线路，找出短路或断路故障部位。

5. 进气模式风门电动机及相连线路检测

将点火开关置于OFF（关闭）位置，断开K33HVAC控制模块和M37进气模式风门电动机的线束插接器。依次检测两元件间的相连线路，如果检查结果大于2Ω，则电路中存在开路/电阻过大故障；如果检查正常，则更换M37进气模式风门电动机。

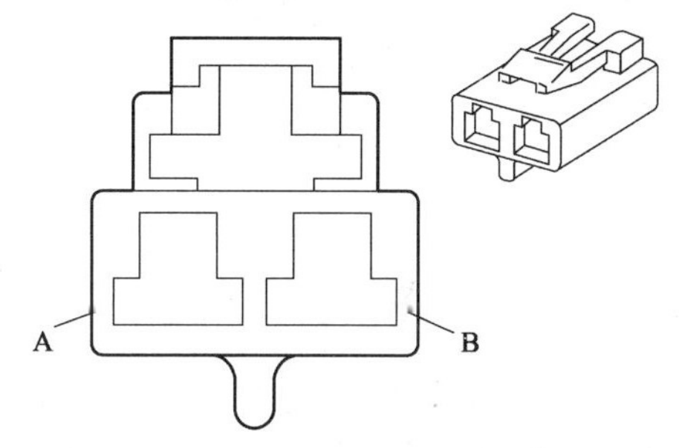

图8-57 鼓风电动机插接器

6. 空气再循环风门电动机及相连线路检测

空气再循环风门电动机及相连线路检测方法参照模式门执行器及相连线路检测方法。

七、故障部位确认

根据上述的所有检测结果，确认故障部位（表8-25）。

确认故障部位 表8-25

□ 元件损坏	请写明元件名称：
□ 线路故障	请写明线路区间：
□ 其他	

八、故障点的排除处理

□ 更换	□ 维修	□ 调整

1. 鼓风电动机的更换

(1) 拆下鼓风电动机线束插接器。

(2)拆下鼓风电动机座圈螺栓。

(3)将鼓风电动机座圈从鼓风电动机上拆下。

(4)拆下鼓风电动机螺栓，如图8-58所示。

(5) 将鼓风电动机从加热器壳体上拆下。

(6)将鼓风电动机安装至加热器壳体。

(7)安装鼓风电动机螺栓，紧固至4.5N·m。

(8)将鼓风电动机座圈安装至鼓风电动机，安装螺栓并紧固至2.5N·m。

(9)安装鼓风电动机线束插接器。

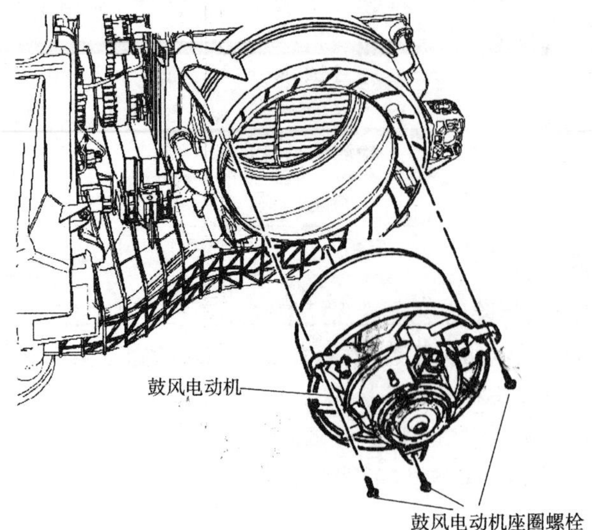

图 8-58　鼓风电动机的更换

2. 进气模式风门电动机的更换

(1)拆下仪表板总成。

(2)断开电气插接器。

(3)拆下进气模式风门电动机螺栓,如图 8-59 所示。

(4)取下进气模式风门电动机。

(5)更换新的进气模式风门电动机。

(6)连接电气插接器,安装仪表板总成。

3. 空气再循环风门电动机的更换

(1)断开蓄电池负极,拆下地板左侧出风口。

(2)拆下空气再循环风门电动机螺栓,如图 8-60 所示。

(3)断开电气插接器,取下空气再循环风门电动机。

(4)更换新的空气再循环风门电动机,连接电气插接器。

(5)紧固空气再循环风门电动机螺栓。

(6)安装地板左侧出风口,连接蓄电池负极。

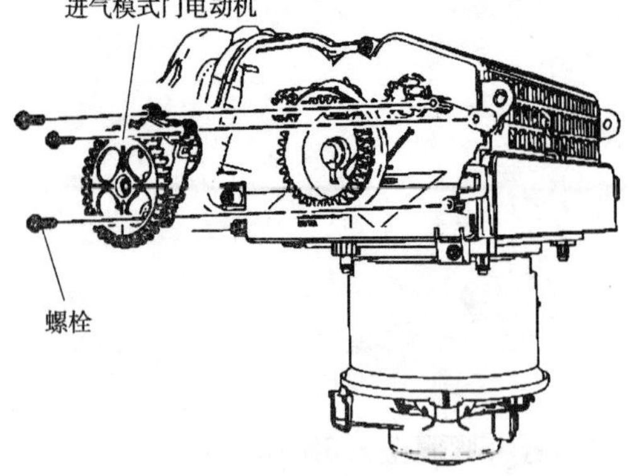

图 8-59　拆下进气模式风门电动机螺栓

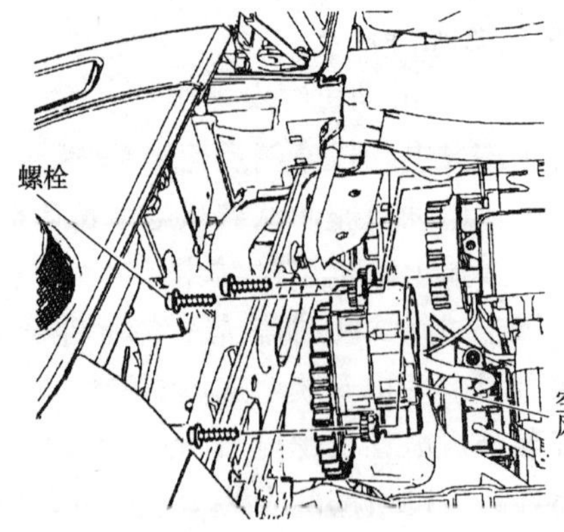

图 8-60　拆下空气再循环风门电动机螺栓

九、维修结果确认(表中项目检查有内容时填写检查结果,如果没有时填写“无”。)

(1)维修后故障码读取,并填写读取结果。

____。

(2)维修后的功能确认并填写结果。

____。

十、现场恢复

清洁工具、设备并归位,拆除防护装置,清洁车辆,将车辆驶出举升机工位。

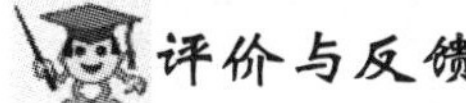

评价与反馈

对本任务进行评价,见表8-26。

评　分　表　　表8-26

考核项目	评分标准	分值	学生自评	小组互评	教师评价	小计
资料检索	熟练地查阅维修资料,能否找到诊断策略	15				
任务方案	是否根据手册提供的诊断策略进行维修	10				
操作过程	工艺步骤是否合理,方法是否正确	30				
设备、工具操作	是否正确	20				
安全生产	是否符合安全操作规程	5				
5S规范	场地是否整洁,物品摆放是否有序	5				
记录表填写	是否按要求填写,记录值是否准确	15				
总　分		100				

注意:违反操作规程,出现人身伤害或设备严重事故,本任务考核0分。

任务四　采暖系统的检修

学习目标

1.简单描述空调采暖系统的类型与组成;

2.简单叙述常见汽车空调采暖系统的基本工作原理;

3.正确描述科鲁兹轿车空调采暖系统的类型及工作原理;

4.能熟练地查阅维修资料,确定空调采暖系统故障范围;

5.按照维修手册提供的维修策略,正确使用诊断仪或万用表等进行故障诊断,确定空调采暖系统故障部位;

6.根据维修手册在规定时间内,安全规范地进行空气温度风门作动器、空调控制装置的更换;

7.维修过程中自觉保持场地整洁,物品摆放有序。

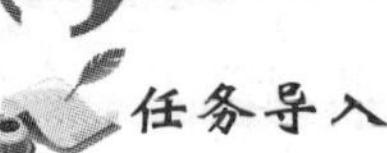

任务导入

客户在使用科鲁兹1.6 L/AT 2013款轿车过程中,打开空调开关,出风口吹出冷风,调节温度开关,发现仍无暖风吹出。客户现将车开到雪佛兰服务站,服务顾问接车后开出工单,请你们小组排除此故障。

知识准备

汽车空调采暖系统有许多类型,按所使用的热源可分为热水采暖系统、燃气采暖系统、废气采暖系统、电能采暖系统等。目前轿车、货车和中小型客车上主要采用热水采暖系统,而大型车辆上主要采用燃气取暖系统。

一、热水采暖系统的组成和工作原理

热水采暖系统主要由加热器芯、鼓风机、控制面板等组成,如图8-61所示。加热器芯由水管和散热器片组成,安装位置及实物图如图8-62 、图8-63所示。

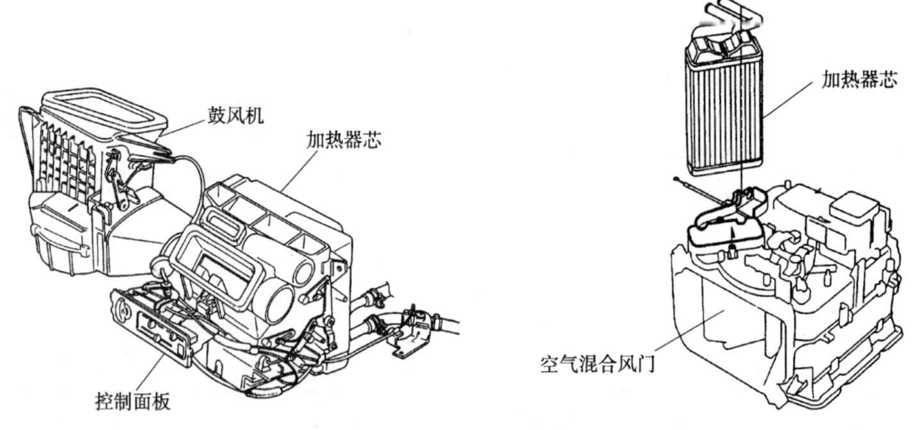

图8-61　采暖系统组成　　图8-62　加热器芯安装位置

如图8-64所示,发动机的冷却液进入加热器芯水管,鼓风机将空气吹过加热器芯加热并送入车内,使车内温度升高。加热器芯通过散热器片散热后,返回发动机的冷却系统。

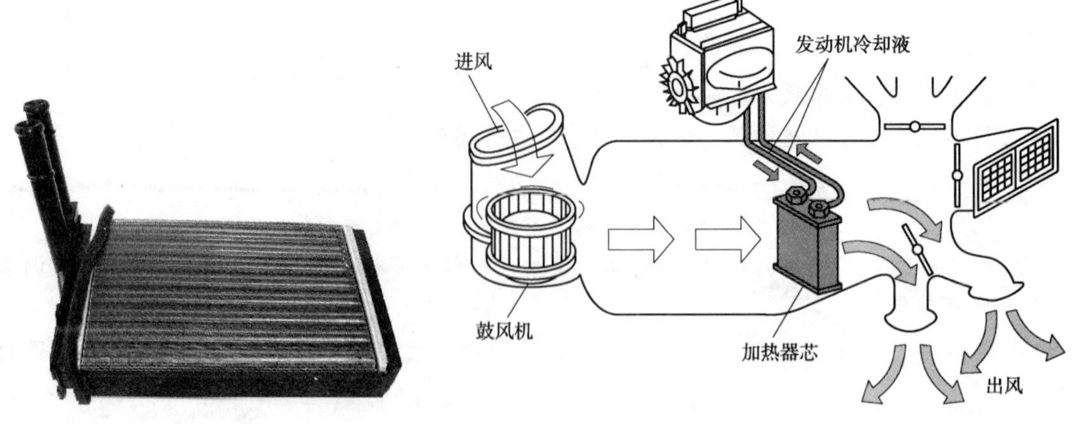

图8-63　加热器芯实物　　图8-64　热水采暖系统工作原理

二、热水采暖系统温度调节方式

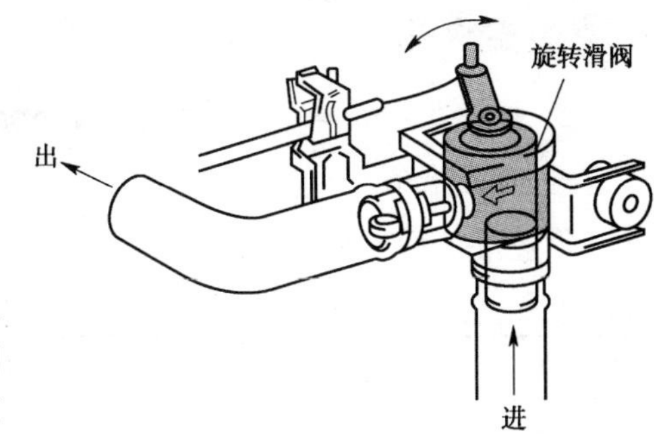

图 8-65　水阀

热水采暖系统温度调节方式有两种，水流调节式和空气混合式。水流调节式由水阀（图 8-65）调节流经加热器芯的热水量，调节加热器芯本身温度，从而调节温度。目前，轿车多数采用空气混合式温度调节。空气混合式在采暖气道中安装空气混合调节风门，该风门可以调节通过加热器芯的空气和不通过加热器芯的空气比例，从而实现温度调节。两种方式的示意图如图 8-66 、图 8-67 所示。

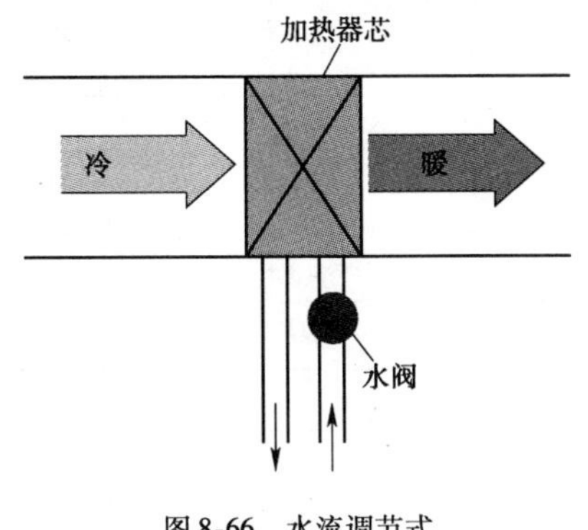

图 8-66　水流调节式

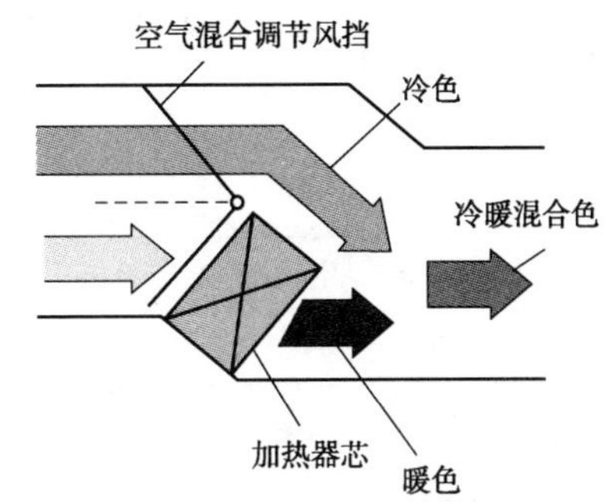

图 8-67　空气混合式

三、雪佛兰科鲁兹 1.6L /AT 2013 款轿车空调温度调节系统工作原理

科鲁兹轿车空调采暖系统采用的是热水采暖系统，由加热器芯、温度调节风门电动机、鼓风机等组成。空调温度调节系统工作原理如图 8-68 所示，通过旋动温度调节开关（安装于 HVAC 控制装置上），进行温度高低的选择，所选择的信息通过 LIN 总线传送到 HVAC 控制模块。HVAC 模块控制电动机工作，将温度调节风门移至所选位置，控制分配到乘客舱的暖风量。

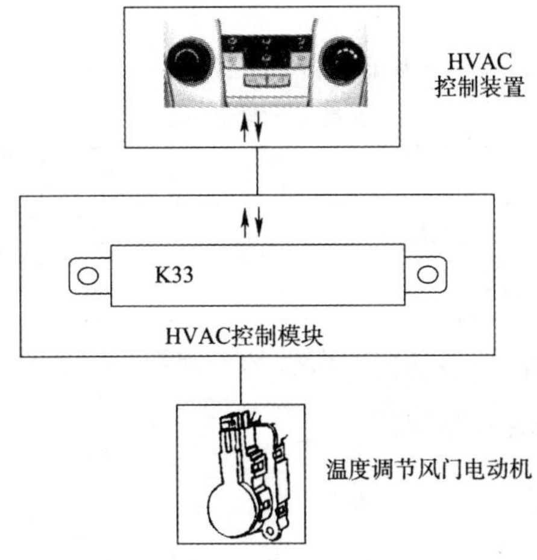

图 8-68　空调温度调节系统工作原理

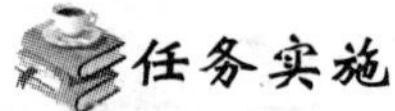

任务实施

温度调节系统不工作故障诊断与排除

一、作业准备

作业准备见表8-27。

作 业 准 备　　表8-27

序号	项　　目	作业记录
1	汽车停放和三角块放置状况	
2	座椅套、转向盘套、换挡手柄套、脚垫、翼子板护围安装状况	
3	万用表、专用解码器、常用拆卸工具	
4	机油液位、冷却液液位	
5	蓄电池电压情况	
6	空调传动带松紧度	
7	温度调节风门电动机、空调控制装置、线束若干	
8	纸质或电子版维护手册	

二、故障现象确认

(1)空调取暖系统工作情况。　□ 正常 □ 不正常

(2)鼓风机工作情况。　□ 正常 □ 不正常

(3)空调控制面板情况。　□ 正常 □ 不正常

(4)仪表情况。　□ 正常 □ 不正常

三、故障码检查

连接专用故障诊断仪,读取故障码(有内容时填写检查代码,如果没有时填写"无")。

____。

四、确定故障范围

根据上述检查进行判断,并填写可能故障范围(表8-28)。

可 能 故 障 范 围　　表8-28

S34 温度调节开关	□ 是	□ 否
M6 温度调节风门电动机及相连线路	□ 是	□ 否
K33 HVAC 控制模块	□ 是	□ 否

五、基本检查(在不做部件拆装的情况所做的外观检查)

(1)线路/插接器外观及连接情况。　□ 正常 □ 不正常

(2)零件安装等。　□ 正常 □ 不正常

六、部件及电路测试

1. 对被怀疑的部件进行测试(表8-29)。

部件测试结果　　表 8-29

部　件	检查或测试后的判断结果	
	□ 正常	□ 不正常
	□ 正常	□ 不正常
	□ 正常	□ 不正常
	□ 正常	□ 不正常

2. S34 温度调节开关检测

将点火开关置于 ON(打开)位置,将温度旋钮置于其所有的位置。确认故障诊断仪“Left Temperature Knob Position(左侧温度旋钮位置)”参数读数应该为 -7 ~ +7,并随旋钮位置的改变而改变。左侧末端位置的读数应该为 18,右侧末端位置的读数应该为 -18。如果未在规定值之间变化,则更换 A26 HVAC 控制装置。

3. M6 温度调节风门电动机及相连线路检测

点火开关置于 OFF(关闭),断开 K33HVAC 控制模块和 M6 温度调节风门电动机的 X3 线束插接器。依次检测两元件间的相连线路,如果检查结果大于 5Ω,则电路中存在开路/电阻过大故障;如果检查正常,则更换 M6 温度调节风门电动机。

七、故障部位确认

根据上述的所有检测结果,确认故障部位(表 8-30)。

确认故障部位　　表 8-30

□ 元件损坏	请写明元件名称:
□ 线路故障	请写明线路区间:
□ 其他	

八、故障点的排除处理

□ 更换	□ 维修	□ 调整

温度调节风门电动机:

(1)断开蓄电池负极,拆下仪表外装饰盖、仪表下装饰盖和地板出风管。

(2)拆下温度调节风门电动机螺钉,如图 8-69 所示。

(3)断开电气插接器,取下温度调节风门电动机。

(4)更换新的温度调节风门电动机,连接电气插接器。

(5)拧紧温度调节风门电动机。

(6)安装仪表外装饰盖、仪表下装饰盖和地板出风管,连接蓄电池负极。

九、维修结果确认(表中项目检查有内容时填写检查结果,如果没有时填写“无”。)

(1)维修后故障码读取,并填写读取结果。

____。

(2)维修后的功能确认并填写结果。

____。

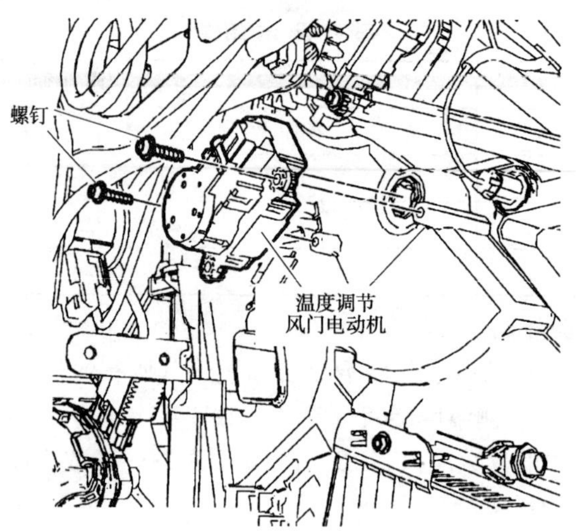

图 8-69　拆下温度调节风门电动机螺钉

十、现场恢复

清洁工具、设备并归位，拆除防护装置，清洁车辆，将车辆驶出举升机工位。

评价与反馈

对本任务进行评价，见表 8-31。

评　分　表　　表 8-31

考核项目	评分标准	分值	学生自评	小组互评	教师评价	小计
资料检索	熟练地查阅维修资料，能否找到诊断策略	15				
任务方案	是否根据手册提供的诊断策略进行维修	10				
操作过程	工艺步骤是否合理，方法是否正确	30				
设备、工具操作	是否正确	20				
安全生产	是否符合安全操作规程	5				
5S 规范	场地是否整洁，物品摆放是否有序	5				
记录表填写	是否按要求填写，记录值是否准确	15				
总　分		100				

注意：违反操作规程，出现人身伤害或设备严重事故，本任务考核 0 分。

思考与练习

一、选择题

1. 蒸发器出口处的制冷剂应(　　)。

　A. 全部汽化　　B. 部分汽化　　C. 全部液化

2. 在加注制冷剂时，如果是以液体的方式加入(　　)。

　A. 只能从低压侧加入　　B. 只能从高压侧加入　　C. 高低压侧均可加入

3. 空调在运行中,如果低压表指示过高,高压表指示过低,说明(　　)。

A. 蒸发器故障　　B. 膨胀阀故障　　C. 压缩机故障

4. 如果发动机冷却液温度过高,空调控制电路可(　　)。

A. 自动接通冷凝器风扇电路

B. 自动切断压缩机电磁离合器电路

C. 自动切断鼓风机电路

5. 如果制冷系统的制冷剂不足,接上压力表后会(　　)。

A. 高低压表均显示压力过高

B. 高低压表均显示压力过低

C. 高压表显示压力低,低压表显示压力高

二、判断题

1. 冷凝器的作用是将制冷剂从气体变为液体,同时放出热量。(　　)
2. 冷凝器冷却不良时,可能会造成高压管路中压力过高。(　　)
3. 在制冷系统抽真空时,只要系统内真空度达到规定值,即可停止。(　　)
4. 膨胀管在制冷负荷增大时,可自动增加制冷剂的排出量。(　　)
5. 科鲁兹轿车的空调系统是采用的燃气采暖系统。(　　)

三、简答题

1. 以水为例,画出水的三态变化示意图。
2. 绘制制冷循环的示意图。
3. 请总结膨胀阀和膨胀管制冷系统的异同点。
4. 如何区分冷凝器的进口和出口。
5. 压缩机上不安装电磁离合器会怎样?

附　录

本教材的编写过程参考了近两年全国职业院校技能大赛中职组“汽车运用与维修”赛项的相关资料。教材中各项目中任务实施部分可以参考“通用雪弗莱科鲁兹原厂维修手册”见下列网页。

(1)2015 年全国职业院校技能大赛中职组“汽车运用与维修”赛项规程(中职组)
http://dsw.chinaskills-jsw.org/view-content-ff8080814b79d9ab014c5827da6f02eb.html

(2)2015 年全国职业院校技能大赛中职组“汽车运用与维修”赛项作业表
http://dsw.chinaskills-jsw.org/view-content-ff8080814ead5a97014ec27718520133.html

(3)2014 年全国职业院校技能大赛中职组“雪佛兰杯”汽车运用与维修技能大赛赛项规程
http://www.nvsc.com.cn/2014/qgds-tz_0410/16624.html

(4)2014 年全国职业院校技能大赛中职组“雪佛兰杯”汽车运用与维修技能大赛作业表
http://www.camra.org.cn/zhuanlan/jineng2014/

(5)通用雪弗莱科鲁兹原厂维修手册电子版 http://www.dasairen.com/chongqing/20470314 679.html

参考文献

[1] 周建平.汽车电气设备构造与维修[M].北京:人民交通出版社,2013.

[2] 谭本忠.汽车电器构造与维修[M].济南:山东科学技术出版社,2010.

[3] 梁振华,陈新.汽车电气设备构造与维修[M].北京:人民邮电出版社,2013.

[4] 麻友良.汽车电气系统结构与故障诊断精解[M].北京:机械工业出版社,2012.

[5] 朱彩云,张忠伟.汽车电气与电子控制系统检修[M].北京:机械工业出版社,2010.

[6] 凌永成,李淑英.汽车电气设备[M].北京:北京大学出版社,2010.

[7] 孙桂芝.汽车安全与舒适系统检修[M].北京:人民邮电出版社,2013.

[8] 吴文琳,蚁文荣.汽车舒适系统和电动控制装置维修精华[M].北京:机械工业出版社,2009.

[9] 韩卫东.汽车电器与车身电子控制技术实训教程[M].重庆:重庆大学出版社,2009.

[10] 王小龙.不可不知的高级轿车电气系统知识程[M].北京:机械工业出版社,2013.

[11] 孙运生.从识读汽车电路图到学会维修就这么容易[M].北京:化学工业出版社,2014.

[12] 扈佩令,林治平.汽车电气设备构造与维修[M].北京:机械工业出版社,2010.

[13] 曾壮,黄河.不懂这些你别玩车 私车装饰与升级秘笈[M].广州:广东科技出版社,2004.

[14] 李昌凤.看图自学汽车维修底盘和车身电气系统分册[M].北京:机械工业出版社,2013.

[15] 黄建文.汽车车载网络系统检修一体化项目教程[M].上海:上海交通大学出版社,2012.

[16] 李雷.实施汽车电气设备维护(学生用书)[M].重庆:重庆大学出版社,2010.

[17] 国家职业资格培训教材编审委员会组,关文达,张凯良.汽车修理工(技师、高级技师)[M].2版.北京:机械工业出版社,2012.

[18] 张军,董长兴.汽车总线系统检修[M].北京:北京理工大学出版社,2010.

[19] 郑尧军.汽车车身电控技术[M].杭州:浙江大学出版社, 2009.

[20] 吴芷红,胡福祥.汽车电气设备[M].北京:中国水利水电出版社,2010.

[21] 袁苗达.实施汽车电子车身控制系统维修[M].北京:机械工业出版社,2009.

[22] 曾鑫,高吕和.汽车车身电器检修[M].北京:中国铁道出版社,2011.

[23] 陈新,潘天堂.汽车车身控制系统检修[M].北京:化学工业出版社 , 2011.

[24] 赵福堂.汽车电器设备与维修[M].北京:中央广播电视大学出版社 , 2006.

[25] 全国职业院校技能大赛组委会.全国职业院校技能大赛官方网站——中职组汽车运用与维修技能比赛[EB/OL].http://www.nvsc.com.cn/qcyw/.